艺术与观念

凡·高

[美] 朱迪·松德 著
赵宏伟 译

北京出版集团公司
北京美术摄影出版社

目录

引言 4

1 **播种** 凡·高的成长阶段，1853—1880年 11
2 **改变旅程，落地生根** 在城市与乡村之间徘徊，1880—1883年 41
3 **吃土豆的人** 画家成年，1884—1885年 75
4 **焕然一新** 凡·高在巴黎，1886—1888年 109
5 **日本梦** 浮世绘的影响，1887—1888年 149
6 **伟大而又平凡** 在阿尔的肖像画，1888年 195
7 **以画为药** 艺术与病痛，1889—1890年 233
8 **对大地的执着** 凡·高的最后时光 279
9 **超越生命** 凡·高的后世声望 303

附录 331

名词解释 332

人物传略 335

年表 339

拓展阅读 346

致谢 350

图片版权 351

对页
《星月夜》
（图165局部）

*本书地图系原书插图

引言

在文森特·凡·高（1853—1890 年）自杀之时，他是艺术界中一位充满希望却鲜为人知的新人。他是一个风格自我的"世间的异类"，在之后的一个世纪中，他以第一位媒体塑造的角色出现，驻留在集体意识中。心理学家、电影导演、小说家以及传记作家、艺术史学家和艺术家们在他逝世后对他进行构建，他个人的名声已经超越了他的作品。一个冲动的、自残的疯子，他的怪癖和狂躁的力量体现在他作品中生气勃勃的笔触、激进的风格和敏感的颜色中，这位传奇的画家，在他所处的时代不幸地被误解了，却在我们的时代流芳千古。

要将历史上的文森特·凡·高落在他所处的文化景观中，人们必须考虑到两点：一是西方文化通过神化凡·高给予他的独特性和"独创性"的高度评价；二是艺术史中"卓越的天才"这一概念的持续衰弱。将大众想象中过度渲染的角色限制在一组事实中已经成为 20 世纪 80 年代以来凡·高研究中的一个主要项目，这是本书的首要目标。

事实上，没有人比凡·高更专注于投身"属于他的时代"（按他的话说），或更准备好承认那些对先驱和同辈的仰慕。作为一位精通绘画史的前画商，他视自己的作品为一个连续统一体的一部分。同样对当代现实感兴趣的凡·高，经常将现代的方法和传统主义者的观念结合起来，巴黎的自画像证明了一个趋势，既有对伦勃朗·凡·莱茵（1606—1669 年）的致敬，也有拥护时下潮流的保证（图1）。从一幅来自卢浮宫的自画像我们能获得他的提示，凡·高仿效了伦勃朗的姿势，手持调色板面对一张画布。他的表达柔和，技艺纯熟。他作品中明亮的背景、丰富的色彩和深思熟虑的笔触表现出这位在巴黎的荷兰人冒险超越对祖先的崇拜投下的阴影，忙于进行印象主义者和新印象主义者的实践。

凡·高接触绘画也受到了从传教士、诗人、哲学家、小说家和作曲家那里收集到的概念的影响。同时，他的作品的通俗文化魅力表面上看起来来自刺激情绪的自发性，实际上它们是一位深思的智者怀抱强烈目的而创造的产物。正如艺术史学家罗纳德·皮克万斯观察到的，这些作品几乎很少记录其创作者的心理状态。的确，凡·高的画作掩盖私事和表现私事的频率是一样多的。例如，巴黎自画像——一张对迟钝麻木的神情的研究——给出了一些凡·高当时感觉到的不平衡的迹象。虽然由于在法国首都放荡的生活而导致"内心严重的疾病"，凡·高淡化了他的不适，这种萎靡仍然可以从他苍白的面色以及泛红的眼睛获得暗示。

凡·高的毕生作品被比作自画像前景中的画布。作为一种易识别出的表现方式，这含有特定的讯息。然而，它的布置强调了艺术家和观者之间、画作和"现实"之间的界限。在某种程度上，凡·高的许多作品保持着和避开的画布类似的不可接近的感觉。我们只能去猜测那些场景发生的场所。同时，他的素描草图和油画作品是文化的手工品——它们是特定时间和特定地区的产物，当考虑到19世纪末欧洲文化的宽广轮廓的时候，它们会即刻变得更加复杂、更加综合。特别是考虑到维多利亚福音、荷兰的工业化、法国的美学争论以及那些让凡·高和同辈人之间的互动变得活跃的创新竞争。

凡·高的职业生涯跨越了19世纪80年代，始于布道的失败。凡·高为了铅笔放弃了布道坛，自学了绘画，并在他的故乡荷兰磨炼了自己来之不易的绘图技能。在那里，他记录了国家的现代化和

图1
《画架前的自画像》
1888年
布画油画
65 cm × 50.5 cm
凡·高美术馆,阿姆斯特丹(文森特·凡·高基金会)

图2
伦勃朗·凡·莱茵
《自画像》
1660年
布画油画
111 cm × 90 cm
卢浮宫
巴黎

对青年时代所见风景的一片感怀之情。他被绘画吸引，是由于色彩再现的可能性。他也通过粗放地描绘荷兰劳动人民的油画作品，来探索结构的表现潜力，这是在他提亮调色板和在19世纪80年代中期初访巴黎之前的事。作为艺术和思想的温床，法国首都当时是自然主义者和象征主义支持者激烈交锋之地。自然主义者的实践依靠对"现实世界"主题的直接观察；象征主义运动由文学界领头，他们认为艺术作为主观经验的产物，应当要考虑非物质领域。根据诗歌评论家古斯塔夫·卡恩所述，象征主义者旨在"使主观客观化"，赋予理念以形式，然而自然主义者旨在"使客观主观化"（自然体现为一种气质）。凡·高作为自然主义小说的狂热消费者，失去模范就会倍感失落，对于象征主义的兴起，他是一名谨慎的目击者（在他抵达法国那年，卡恩撰写了声明）。至今他最知名的作品和阐述的意向都与象征主义的认知关系更近，超出了他自己的认识。

"象征主义者"一词通常指19世纪末注重观念意识的艺术家，如爱德华·蒙克（1863—1944年）、费尔南德·赫诺普夫（1858—1921年）和扬·托罗普（1858—1928年），而凡·高被划分到"后印象派画家"，这是个令人不悦的标签，它既不是通过协商一致的运动来识别，也没有一以贯之的风格，它是在20世纪初，由英国艺术批评家罗杰·弗莱构思出来的。"后印象主义"这一概念试图将多位艺术家联系起来，如乔治·修拉（1859—1891年）、保罗·塞尚（1839—1906年）、保罗·高更（1848—1903年）。和这些同辈人一样，在19世纪80年代中叶，凡·高采用了印象派色彩绚丽的颜料和可见的笔触，不过迅速从被个人感知浸染的客观（"自然体现为一种气质"）进入到了更为故意的主观。"比起复制我眼前所见"，凡·高写道："我更愿意随心所欲地使用颜色，来有力地表现自己。"这些关于巧妙处理视觉现实（与复制它截然不同）的评论证明了这些作品有所不同又始终如一地在所谓的"后印象主义艺术"中。凡·高作品中的"象征主义者"方面来自于他对于绘画中口头沟通的诉求,在这些作品中,出其不意的、放大增强的颜色和具有个人风格的线条以及空间效果结合了起来,使得平凡的主题令人回味无穷。

凡·高在书信集中生动地描绘了自己的工作和自己布置的背景。由900多封信件组成的凡·高书信集,究其本质而言,是一套精巧的作品。无论是寄给他的朋友、他的画商弟弟提奥,还是他们的小妹威尔,凡·高都会在信里滔滔不绝地提到他的创作和他对日常问题的思考。没有任何时代的任何一位艺术家留下了如此大量的和直接的关于自己的倾向和厌恶、野心和才能、足迹和错误的叙述。凡·高的书信(19世纪90年代首次出版了其中少部分)对他的作品被"阅读"产生了深远的影响。我将在下文中经常引用,这不仅仅是为了支持我对凡·高意图的解释和他作品的含义。它应当被铭记,这些书信斡旋于一连串的画作、人和环境之间,凡·高的研究者们(也包括我)有选择地引用了这些书信。

我的分析还有赖于凡·高家人和伙伴的记忆与信件,那些塑造他的愿景的艺术家和作家对凡·高作品的仔细的检视,还来自于他所处的位置及文化往来的圈子。我从未想过将凡·高风格的特性归因于在死后诊断出的身体损伤,而是将他作品的较多方面和他有意识的美学选择联系起来。

我深深感谢那些关于凡·高的学术文献。在此我引用了许多同行的研究,其他人也一定能在我的书中找到自己观点的折射。我还阅读了众多关于凡·高的通俗文学作品——这些作品偏爱最耸人听闻的艺术家的生活方面,将"文森特"表现为一名虔诚的门外汉,将自己献祭给了艺术。这些过激的作品使得我对于这类人物传记敬而远之。然而,我保持相信,正如对他的作品和方法合理的分析强调了凡·高的性格中那些被流行的传记轻描淡写的方面——自信、狡猾、活力——它们为凡·高的人生做出了标注,成为他的作品喧哗俗艳之美的基础。

20世纪晚期，研究凡·高的夸张方法本身成为研究的对象，让人感兴趣的不仅是它们围绕这位让他们大受启发的男人说了什么（以及没说什么），还有在艺术气质的珍贵概念的形成中，以及现代观众定义艺术、评价艺术标准的建立中，凡·高的神话扮演了怎样的角色。在本书最后一章我会讨论歌曲中和银幕上的凡·高。

播种 凡·高的成长阶段，1853—1880年

1

凡·高

图3
《播种者》（仿米勒）
1881年
铅笔、墨水
绿色和白色提亮
48 cm×36.5 cm
凡·高美术馆
阿姆斯特丹（文森特·凡·高基金会）

我们的画家可能是怕外国人读错凡·高的发音，也可能是为了故意疏远自己的家庭，所以他一直用"文森特"为自己署名。凡·高出生于1853年3月30日，是家中长子，巧合的是他其实还有个哥哥正巧在一年前的同一天不幸夭折。所以当第二个孩子降生之时，凡·高的父母依然沉浸在哀痛之中，可能是为了纪念他们曾经失去的孩子吧，新生儿被冠上了与早夭的哥哥相同的名字——文森特，确保了家族长男的香火兴旺。

凡·高成长的尼德兰南部乡村正处在一个对外商业扩张、对内建设发展的伟大时代，凡·高亲眼见证了身边发生的变革。19世纪60年代，荷兰布拉班特省因为工业革命得到迅速崛起。他的家乡松丹特是一个罗马天主教劳工占多数的地区，而凡·高出身于中产阶级新教家庭，所以他在成长时期总被看成一个外人。尽管尼德兰以新教为主，但在布拉班特却并非如此。在松丹特的6000多居民中，只有不足150人是荷兰归正教会成员，凡·高的父亲泰奥多鲁斯·凡·高在1849年奉命到此地传教。

如同家族传统一般，凡·高的父亲曾在莱顿大学研究神学，但是就像他那一代许多荷兰归正教会牧师一样，他遵从了格罗宁根学院的教诲，投身于一场为强烈提升虔诚心和倡导基督徒为社会公益献身的新教教会运动。平凡的传教士泰奥多鲁斯的足迹遍布了一长串被派驻的省市地区。他的妻子安娜·卡本图斯是一位受人尊敬的

播种　凡·高的成长阶段，1853—1880年　13

书商的女儿,在19世纪的尼德兰文化中心海牙长大。因为安娜年轻的时候尝试过花卉绘画,所以她成功地激发了长子在艺术方面的早期兴趣。

凡·高家一共有六个孩子,与松丹特的乡土气不同,他们都在有教养的环境中成长起来。牧师寓所中散布着各类书籍,墙上挂满了诸如保罗·德拉罗什的《痛苦的母亲》(图4)和雅各

图4
仿保罗·德拉罗什
《痛苦的母亲》
1853年
古皮尔印刷品

图5
仿雅各布·扬·凡·德·马腾
《田间行进的葬礼队伍》
1863年
石版画
附有凡·高笔记
26.1 cm × 33.6 cm
阿姆斯特丹大学图书馆

布·扬·凡·德·马腾的《田间行进的葬礼队伍》(图5)之类的绘画复制品。因为担心孩子们会被当地小孩带坏,泰奥多鲁斯和安娜为他们请了一位女家庭教师在家中进行教育,小文森特就这样在提奥的陪伴下度过了四年嬉戏时光。尽管两兄弟生活很纯朴,文森特和提奥还是一直将自己看作"布拉班特小子",一起分享着鲜活的

播种 凡·高的成长阶段，1853—1880年

童年记忆。在去世前一年,文森特还万分留恋地写到自己至今依然能够画出"松丹特花园中的每一条小径和每一株花草"。

11岁那年,文森特被送到寄宿学校读书。他的父母非常重视子女的教育。不仅文森特和兄弟们,就连他的三个妹妹也都被送去上学了,虽然这加重了家庭的财务负担而且荷兰中产阶级家庭的女孩子一般只是在家接受教育。一年后,文森特获准进入新成立的私立中学,那里开设了线描和手绘的课程(图6)。他的美术老师康斯坦丁·修伊曼斯(1810—1886年)从法国学成归来,最擅长风景画和乡村风俗画,积极推广大众艺术教育工作并著有铅笔风景画教

图6
文森特·凡·高
1866年
凡·高美术馆
阿姆斯特丹(文森特·凡·高基金会)

图7
康斯坦丁·修伊曼斯
《素描法则》手部插图
1852年

学入门书《风景画》和《素描法则》(图7)。1863年,在修伊曼斯的支持下,素描成为荷兰中学必修课程。修伊曼斯倡导"在欣赏绘画和雕塑之后,还应当勤奋地研究、努力地临摹图片和石膏像",此外,他还认为作为一名美术教师,首要的职责就是"培养学生敏锐的观察能力、发现美之本源的意识和上帝光辉的本性"。凡·高后来支持参考范本创作以及认为艺术应当基于对自然直接观察的主

张都源自他早期受到的这种训练。

青年文森特广闻多读，精通多种外语，身为艺术品商人和收藏家的森特叔叔对他尤其喜爱，带着他了解各种视觉艺术。实际上，泰奥多鲁斯的四个兄弟中有三个都是艺术经销商，文森特和提奥在叔叔们的帮助下也先后进入了这个行当。这位未来的画家在16岁开始了他的画廊工作（尽管以后他一直在为卖出自己的作品而打拼、奋斗）。那时森特叔叔在海牙开了一家艺术品商店，1861年转卖给了巴黎企业家阿道夫·古皮尔。古皮尔公司成立于1827年，专门经营法国沙龙绘画的高仿雕刻和图片，除巴黎的三家店面外，还逐渐发展到在伦敦、纽约、柏林、海牙和布鲁塞尔都开设了分店。在并入古皮尔营销网络之后，森特便成为海牙分店的负责人，因为大部分时间都会待在巴黎，分店的具体事务便交由蒂尔斯泰格管理。1866年，凡·高的另一个叔叔海茵在布鲁塞尔成立画廊，也同样划归于古皮尔公司，文森特作为森特叔叔的继承人在1869年进入公司工作，受到了叔叔们的照顾（他还有一个叔叔是阿姆斯特丹的独立艺术商）。如此看来，凡·高迈进艺术世界简直就是命中注定的事情。

在古皮尔画廊工作的第一年里，凡·高很快熟识了沙龙收藏的德拉罗什（1797—1859年）、威廉姆·布格罗（1825—1905年）、朱尔斯·布列顿（1827—1906年）和让·莱昂·杰罗姆（1824—1904年）等法国大师的作品图片和照片，使他对当时法国艺术的认知有了飞速进步。画廊海牙店此时也开始对原生态类型的作品青睐有加，比如巴比松画派画家（因他们在巴黎南部巴比松村附近的枫丹白露森林作画而得名）创作的风景画和乡村风情画，以及越来越多受巴比松画派影响的荷兰画家的作品。凡·高在此工作期间，这些荷兰画家开始聚集到海牙并很快形成著名的海牙画派。

海牙为艺术家们提供了很多机会。作为荷兰历史悠久的中央政府所在地（政府主体由省议员构成，19世纪50年代以来的国家议会都在这里召开),海牙那些拥有大量房产的政府官员们为艺术发展提供了丰厚的赞助。海牙市立绘画学校建立于1839年,可为400名学生提供古典艺术训练,1847年开业的艺术家自营的普赫利工作室也为繁荣当地文化生活发挥了作用。在人体素描课程中,普赫利工作室还额外提供了很多展示和讨论成员作品的机会,并且会组织一些音乐和文学晚会,以便画家和收藏家能够共聚一堂交流艺术。古皮尔画廊也经常顺便在那里展示货品,只需支付销售额的百分之五给机构作为佣金。

这真是一番欣欣向荣的艺术景象,海牙毗邻北海沙丘和席凡宁根渔村,坐落于葱郁的草场之中,是一座风景如画的城市。因此当法国流行的外光画派(不提倡画室创作,主张户外作画,要求直接面对自然)在荷兰人气高涨的时候,许多荷兰画家都来到这里定居。献身于海景绘画的亨德里克·梅斯达格(1831—1915

图8
雅各布·马里斯
《老多德雷赫特风景》
1876年
布面油画
106.5 cm × 100 cm
海牙市立博物馆

图9
居勒·杜普雷
《秋》
1865年
布面油画
106.5 cm×93.5 cm
梅斯达格美术馆
海牙

年）1869年来到海牙（与凡·高同一年）。专注的外光画派画家安东·毛沃（1838—1888年）和以描绘乡村生活见长的约瑟夫·伊斯拉尔斯于1871年迁居到此，19世纪后期首屈一指的荷兰风景画家、海牙本地人雅各布·马里斯（1837—1899年）同年也从巴黎回归故里（图8）。他们同普赫利工作室创始人威廉·勒洛夫斯（1822—1897年）、约翰内斯·波斯布姆（1844—1910年）和雅各布·马里斯的兄弟威廉姆（1844—1910年）一起来到郊区追求含蓄、朴素的主题。他们直接观察自然的"自然主义"创作方法和注重笔触的肌理与色调的相似作品风格，使批评家雅各布·冯·桑腾·科尔夫在1875年发表的一篇文章中给他们贴上了海牙画派的标签，因为这些画家总是喜欢描绘阴郁的天空和柔化暗部，人们也戏称他们为"灰色画派"。

虽然海牙画派之前的主题和风格在古皮尔出售的那种法国画作中都可以找到，比如卡米勒·柯罗（1796—1875年）、居勒·杜普雷（1811—1889年；图9）、让·佛朗索瓦·米勒（1814—1875年）等人的艺术，不过冯·桑腾·科尔夫还是在海牙画派中发现了内在的荷兰特征。17世纪以前的欧洲艺术家很少去表现风景和日常生活场景，现在新成立的荷兰共和国的艺术家们正在挑战这个规则。其他地方最有野心的艺术家都在画着宏大叙事的作品，类似《圣经》故事、神话传说、历史篇章、古老寓言和社会精英的肖像才是他们创作的目标。而在荷兰共和国，人们普遍信奉的新教是禁止圣像崇拜的，所以事实上宗教画在这里没有市场，而且这里又没有君主，画家失去了宫廷的赞助，导致艺术家不会像国外同行一样去创作宏大叙事。17世纪的荷兰画家主要还是为成功企业家们服务，这些商人阶层把控了国家的经济，只中意那些可以装饰家具的中等尺寸绘画。因此一些画家继续画着肖像画，而另外一些画家则转向风景海景画、风俗画、动物画以及静物画创作，在以前不值一瞥的主题上获得了商业成功。

因为这些艺术家的绘画主题看起来没什么意义，所以被人们称作"小荷兰大师"，但他们的作品确实改变了西方绘画的面貌。比如由梅因德尔特·霍贝玛（1638—1709年）和雅各布·凡·罗伊斯达尔（1628—1682年，图10）创立的风景画模式，广泛地影响了19世纪法国的巴比松画派、英国的康斯坦勃尔（1776—1837年）和美国的哈德逊河画派。商业画的逐渐流行同样也和中产阶级的发展直接相关。在19世纪末期，宏大叙事的主题已经失去了赞助人和画家的垂青。今天我们所谓的"次级艺术"，也就是风景画、静物画和日常风俗画，在当时可是最热门的艺术。

凡·桑腾·科尔夫在19世纪70年代中期认为海牙画派作品中的"现实主义"到位地表现了荷兰精神，为古典主义当道的整个欧

图10
雅各布·凡·罗伊斯达尔
《在奥弗芬沙丘看到的哈勒姆风景》
约1670年
布面油画
55.5 cm×62 cm
皇家美术馆
海牙

洲艺术带来了一种"现代感"。森特叔叔也趁着法国对荷兰外光绘画艺术的狂热大赚了一笔。森特叔叔的大力推介和支持,也使得巴比松画派和荷兰画派成为那时的凡·高最认同的顶级艺术。

与此同时,我们的见习画商正在下决心学习前人的艺术,尤其是17世纪尼德兰"黄金时代"的艺术。古皮尔海牙分店位于镇中心一个17世纪建立的广场前面,紧挨着1822年成立的莫瑞泰斯皇家美术馆。美术馆以前是一座贵族宅邸,收藏有伦勃朗的《杜普医生的解剖课》、罗伊斯达尔的《在奥弗芬沙丘看到的哈勒姆风景》(图10)和维米尔(1632—1675年)著名的《代夫特风景》。凡·高不仅是莫瑞泰斯皇家美术馆的常客，他还经常到阿姆斯特丹的特里普宅邸去观摩，这座阴沉的大厦在1885年以后改建成了荷兰国立博物馆。阿姆斯特丹距离海牙不到50千米路程，凡·高的科尔叔叔就住在那里，并且在莱德街也经营着一间画廊。凡·高特别喜欢特里普大宅收藏的伦勃朗的《纺织行会理事》，认为这是"伦勃朗最美的一张群像画"，还有凡·德·霍普私人美术馆（现为国立博物馆的一部分）馆藏的《犹太新娘》，凡·高觉得这张画与《纺织行会理事》中的真实性相反，体现了伦勃朗"诗意"的一面。除此之外，凡·高还有可能在去布鲁塞尔探访海茵叔叔的时候研习过那里的皇家收藏品。

得益于叔叔们和顶头上司蒂尔斯泰格的照顾，凡·高美术馆考察阅历得到不断积累。然而此时对凡·高影响最大的，却是法国批评家泰奥菲勒·托雷，其著作《荷兰美术馆》全面地介绍了荷兰艺术，并详尽地评论了莫瑞泰斯、特里普宅邸和霍普的收藏品。托雷是一位法国共和党人，因在1848年法国革命和随后的反拿破仑三世的运动中表现活跃，被流放长达十年之久，其间他游历了荷兰并开始收集画家的资料。他十分欣赏荷兰大师们能够关注"简单的"对象以及在最低级的主题中发现"诗意"的能力。托雷的自由主义倾向使他特别强调17世纪荷兰艺术中的民主特色，他认定艺术应该去反映那些突破天主教和君主制度束缚的共和体制之下的政治、宗教和社会环境。

凡·高特别喜欢托雷介绍的那些荷兰作品，他曾确信无疑地对提奥说"无论托雷说什么，都是真的"。他在一年后对旧时荷兰艺术的评论中还引用过《荷兰美术馆》中的段落。他还很热衷阅读艺术杂志，尤其喜欢《美术公报》。这是由托雷的共和党同伴查尔斯·布兰克创办的刊物。《美术公报》专门发表法国官方年度沙龙评论、理论文章（包括布兰克1876年所著《绘画艺术法则》的连载）和艺术家简介，其中也包括一些布兰克和托雷针对17世纪荷兰艺术的专论。当提奥在1873年进入古皮尔布鲁塞尔分店工作时，凡·高建议他不要只是参观美术馆,一定要"多读读艺术书籍,尤其是《美术公报》之类的艺术杂志",还把自己那本《荷兰美术馆》借给了他。

提奥来到古皮尔公司之后,凡·高开始和他建立长期稳定的通信联系,凡·高认为这是一种"灿烂的"、重要的、"你沉浸其中越长,就越发让你雄心勃勃"的交流。他的雇主,特别是森特叔叔,也同他一样心有抱负,在1873年把凡·高派驻到了古皮尔伦敦办事处工作。新职位除了可以更加方便地考察伦敦艺术圈和观摩美术馆外,还可以提升凡·高的工作经验和英语水平。不过他不太情愿离开工作和生活了四年的海牙,在出发前那几个月里,他再次拿起了画笔,为这个自己成长的小镇画了一些纪念画。在其中一幅1873年所作的素描中描绘了古皮尔画廊附近的广场一角(图11)。尽管上色很是细致,但不均衡的构图还是让画面显得有些随意,左边有一部分被裁切的树冠,透过树枝可以瞥见当地最著名的地标建筑——议会大厦。

5月,凡·高离开海牙赶赴伦敦(提奥接替了他的位置),途中经过巴黎。这是他第一次来到法国首都,巴黎此时正在普法战争的残垣断壁中进行重建,文物建筑因巴黎公社的战斗也受到了毁坏,1871年5月在菲尔斯大街的巷战中,巴黎公社被国民自卫队包围,遭到了残酷的镇压。尽管巴黎没有想象中那样美丽,在古皮尔三个办事处报到之后,凡·高还是立刻去参观了卢浮宫、卢森堡宫(国有当代艺术的储藏地)和沙龙展览。1873年的沙龙展出了布格罗、布莱顿、柯岁杣查尔斯·佛朗索瓦·杜比尼(1817—1878年)、伊斯雷尔和马里斯兄弟的画作,此外达有爱德华·马奈(1832—1883年)的前卫作品,他展出了一张他的同事兼未来的弟妹贝尔特·莫里索(1841—1895年)的肖像画和那张群众喜闻乐见的圆胖酒鬼肖像《一杯好酒》。而最让凡·高感动不已的,却是朱尔斯·古皮尔的《年度小公民Ⅴ》。古皮尔(1839—1883年)是画廊创始人阿道夫的儿子,画面刻画了

凡·高

一位 1789 年法国大革命的年轻幸存者。此画让人们联想到法兰西第一共和国，想起了那些年轻的誓言和令人辛酸的脆弱。凡·高在对画中共和主义主题的评论中闪现出了托雷著作对他的影响，他高度赞扬了作品所表现的情感："这真是一种难以言说的美丽，让人无法忘怀。"凡·高在伦敦及以后其他几处住所里，一直挂着一张《年度小公民Ⅴ》的印刷品（图12）。

到达伦敦后，凡·高在布莱克斯顿找到一个住处，这个地方在伦敦南郊，不久后便成为非常时尚的城区。凡·高每天沿泰晤士河

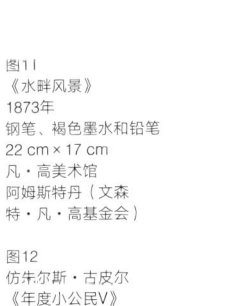

图11
《水畔风景》
1873年
钢笔、褐色墨水和铅笔
22 cm × 17 cm
凡·高美术馆
阿姆斯特丹（文森特·凡·高基金会）

图12
仿朱尔斯·古皮尔
《年度小公民Ⅴ》
1873年
木刻版画

步行去河边的古皮尔办事处上班。在 19 世纪 70 年代，英国是高度工业化的国家，帝国雄心一直都在膨胀。然而，数以百万计的英国人民的生活境遇却十分凄惨（图13），而且其中很多都是伦敦的居民，而凡·高在 20 岁的时候却是空前绝后的富有。古皮尔付给他每月 90 镑的薪水，比伦敦产业工人平均工资的三倍还多。他也开始喜欢丝质高顶礼帽了，"我慢慢变成了一个世界人"，在英国首都"我不是荷兰人，也不是英国人，更不是法国人，只是简简单单的一个

播种　凡·高的成长阶段，1853—1880 年　25

人"。

古皮尔公司在英国的运营方式和海牙完全不同,主要是做印刷品批发,凡·高调过去的时候还没有画廊。尽管公司尚处在扩展业务阶段,凡·高还是思量着"等什么时候绘画交易变成重头戏,我才会有点用武之地呢"。同时,凡·高如饥似渴地在英国收藏品中

寻找荷兰绘画(例如不列颠博物馆的伦勃朗蚀刻版画),并且他开始像在海牙一样了解当地的天才们。在1873年的皇家学院展览上,凡·高看到的画作不是"无聊"就是"糟糕",他向提奥抱怨"看着看着也就习惯了"。不过很快他就再次写信赞赏起约翰·埃弗里

特·米莱（1829—1896年）、乔治·亨利·鲍顿（1833—1905年）和法国出生的詹姆斯·迪索特（1836—1902年）的作品来，这三位的创作都具有高度完整的故事性，带有一种平凡的魅力。米莱和鲍顿平时也画历史画，而且都擅长风景画，他们作品的面貌深深地吸引了凡·高。米莱的《寒凉之秋》是一幅无人的远景画，凡·高确信这是让自己无法忘怀的英国画作之一。鲍顿的《担担者》（图14）描绘了一排凄凉的乡下人在有车辙的道路上行走的场景，风景中有很多茂密的树丛，这幅画激发了凡·高很多灵感，他

图13
古斯塔夫·多雷
《火车跨越伦敦城》
木刻版画
《伦敦：朝圣者之旅》
插图
1872年
伦敦

图14
仿乔治·亨利·鲍顿
《担担者》
1875年
木刻版画
16.6 cm×24 cm

在1881年创作的一张素描和一篇为英国教徒撰写的布道文都受到了影响。

凡·高渐渐地喜欢上了英国流行艺术，尤其是表现伦敦工人阶级和他们的休闲娱乐的社会现实主义画作。他会定期跑到商店橱窗去看两个互相竞争的周刊《伦敦新闻画报》和《图画报》，那上面总会展示一些戏剧性很强的木刻版画（图15）。"当时给我的印

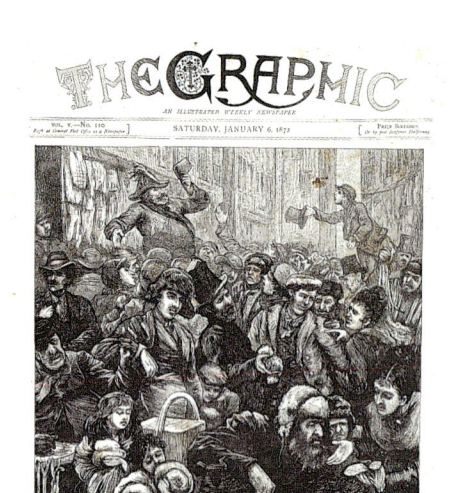

图15
休伯特·赫克莫
《周末交易问题——衬裙巷素描》
1872年1月6日《图画报》头版

象太强烈了",凡·高多年后回忆说,"尽管都是偶然看到的,但那些画就像已经刻在我心中一样清晰"。卢克·法尔兹(1845—1888年)、休伯特·赫科默(1849—1914年)和弗兰克·霍尔(1845—1888年)都成为凡·高喜爱的艺术家。他特别钦佩很多在伦敦工作的制图师,因为他们工作起来"如同周一早上一样清醒,有着深思熟虑后的朴素……可靠而又强健"。凡·高最终收藏了1000多张英国插图,并称为"艺术家的圣经"。

当时英国插画家的榜样是法国的古斯塔夫·多雷(1832—1883年),凡·高向提奥推荐他的版画《伦敦:朝圣者之旅》(图13),凡·高认为这张画囊括了他周遭所有的新鲜事物,激励他在1874年再次开始画画,虽然这次对绘画的追求,按他自己的说法"完全失败了"。尽管他的启蒙老师修伊曼斯特别强调要解决透视问题,凡·高还是一直在抱怨自己的透视能力:"当我每次站在泰晤士河堤画画的时候……如果有谁来给我讲讲透视到底是个什么东西，那将会减少我多少痛苦啊！"之后他发现复制别人的画相对简单一些，而这也正是修伊曼斯提倡的学习方法，于是他开始在伦敦模仿鲍顿和柯罗的作品勾画草图。

凡·高对英国福音教会的感情意识逐渐觉醒后，伦敦艺术圈对他的影响变得越来越小。维多利亚时代的英国，许多新教徒都对英国教堂的理性主义教条、宗教仪式的繁文缛节感到不满，想要寻求情感，感受灵性。一些福音派新教会（如同荷兰的格罗宁根信徒）始终抵制国教教堂，许多教会都依附于"不信奉英国国教"的教派（如卫理公会、浸礼派和公理会），他们拒绝现有程式，牧师主张敬神要阅读《圣经》、唱赞美诗以及进行热情洋溢的布道，强调通过个人对基督的奉献得到救赎。凡·高所在的荷兰归正教派同样强调《圣经》的权威，认为真心布道要胜过表面仪式，重视个人的虔诚。此外，像凡·高父亲这样的格罗宁根信徒平时也特别强调要衷心地敬爱上帝，像基督一样行善才能得到拯救。

伦敦四处弥漫着宗教复古主义的迷醉气氛，让凡·高孩提时期的虔诚心重新燃烧起来。他对"国内传教运动"将城市贫民转化为基督教徒的基础成效印象极为深刻。1855年，《英国宗教崇拜法案》通过，准许长期在户外进行布道，成群的人们赶去聆听像查尔斯·哈登·斯珀吉翁和旅美归来的德怀特·莱曼·穆迪这样的平民主义新教牧师的传道，伦敦的传教工作也随之繁荣起来。斯珀吉翁的大都会礼拜堂（凡·高可能去过）就曾举行了几千场杰出的极具说服力的传教大会。

凡·高对英国福音派教义的热爱深深地受到了乔治·艾略特小说的影响。艾略特（原名玛丽·安·伊万斯）年轻时代曾笃信过福音派，很久以后她的理智开始产生怀疑，排斥种种宗教戒律。凡·高开始读的是她的第一部长篇小说《亚当·比德》（1859年），在她的作品中发现了福音主义对人们的强大说服力。一方面他被艾略特散文中精心雕刻的"文字画面"所感动,非常感激作者在《亚当·比德》中表现出的对荷兰绘画的热情赞美。另一方面,凡·高慢慢产生了改宗的念头,与艾略特笔下未受教育的女传教士产生了共鸣,认为她"受到自己纯洁信念的鼓舞,达到了能够直抒胸臆的境界"。

凡·高寻求新的灵魂寄托的行为,和他的第一次爱情失利不无关系。饱受对房东女儿单相思折磨的凡·高堕入了爱情的深渊,他一遍又一遍地读着儒勒·米什莱的《爱情》(1858年)。米什莱是著名的法国作家和法国大革命历史专家,小说《爱情》描写了一个男人在追求到般配贤妻之后幸福美满的家庭生活。小说在"启示和真理两方面"刺激了凡·高,他很欣赏米什莱如画般的行文(当时欧陆作家流行运用生动的文字描述),最喜欢书中米什莱对黑衣女人的秋天花园的渲染以及对她忧郁的白日梦背后的环境刻画。《爱情》深深地影响了凡·高对女人的看法,可能是因为米什莱书中主张大多数英国女人都想要一位顾家好男人作为"理想配偶"吧,凡·高特别渴望娶房东女儿为妻。而他这位爱恋对象却早已偷偷和别人订了婚,断然拒绝了凡·高。

古皮尔伦敦分店的经理发现曾经得力的雇员开始变得不但心不在焉,还经常乱发脾气。但因为他是管理层的侄子,不方便把他开除,只好将他遣返回老地方。1875年7月,凡·高再次回到巴黎,挫折感痛苦地折磨着他,在伦敦也没有提升任何工作经验,这次调职经历也以彻底失败告终。凡·高在巴黎北郊蒙马特租了一间房子,过起了隐居生活。这段时间他唯一的朋友是同事哈利·格莱德维尔,他经常在晚上陪凡·高一起阅读《圣经》,在宿舍共享简单的餐食。

凡·高宣称自己重新皈依了基督教,开始狂热地学习《效法基督》。这是一本格罗宁根传教士撰写的模仿中世纪信仰的小册子,因为托马斯·肯皮斯的缘故很受人们欢迎,倡导抛掉世俗欲望,放弃人间享乐。这个时候凡·高也在继续阅读艾略特的小说

《教区生活场景》(1857年)、《织工马南》(1861年)和《费利克斯·霍尔特》(1866年),这些小说描写都是新教基督教和救赎主题。凡·高撕毁了《爱情》这本书,并且劝告提奥也照办,他劝告弟弟说:"对艺术和自然的爱情是可以靠宗教感情来燃烧的,但却永远无法被替代。"他自己则定期地去观摩卢浮宫和卢森堡宫,开始小心翼翼地振奋他的灵魂了。

凡·高对19世纪70年代中期轰动巴黎的新绘画毫无兴趣,完全无视了卡米耶·毕沙罗(1830—1903年)、克劳德·莫奈(1840—1926年)、皮埃尔·雷诺阿(1841—1919年)等人的第一次联合画展。此次画展争议极大,被批评家们戏称为"印象主义"。法国画家中凡·高只喜欢布莱顿和已故的米勒与柯罗,他参观了印象派画家代理人保罗·杜兰德·鲁埃尔的画廊,不过却是为了去看巴比松画派的蚀刻版画,他觉得那些画家"描绘的乡村生活"中蕴藏着虔诚的暗流并且与自己非常和谐。在1875年米勒去世时的拍卖会上,凡·高说道:"我只想说'快脱下你们的鞋子!你们站立的所在是圣地啊!'"

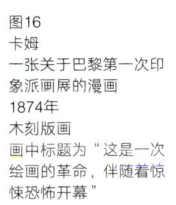

图16
卡姆
一张关于巴黎第一次印象派画展的漫画
1874年
木刻版画
画中标题为"这是一次绘画的革命,伴随着惊悚恐怖开幕"

凡·高对艺术生意的兴趣越来越冷淡，1876年1月，他因渎职被解雇了。阿道夫·古皮尔的接班人里昂·波索德（后来和女婿合伙将画廊改名为波索德和瓦拉东画廊）给了他三个月期限，凡·高对此充满哲理地对提奥说："当苹果成熟之时，一阵微风便可将它吹落在地。"他将目光转向了宗教，想成为一名英国牧师。凡·高已经23岁，觉得自己现在学习神职有些来不及，不过他希望自己的语言能力以及"游历多国，与各色人等，无论有信仰还是无信仰，穷人还是富人都打过交道，很有经验"的阅历能够弥补教育上的缺陷。艾略特《织工马南》中工厂工人自己建立礼拜堂的故事使他充满自信，他这样写道："在劳工和穷苦人中充满了对信仰的渴望。"为了能尽早向他们传播福音，他在英国男校找到了一份无报酬的工作，作为追求目标的跳板。

回到英国之后，凡·高因为太年轻而不能担任城区布道工作，这让他非常失望。他被派去找托马斯·斯莱德·琼斯牧师领任务，这是一位和卫理会关系密切的公理会牧师，负责管理伦敦城外的特纳姆·格林的礼拜堂和一所艾尔沃斯附近的男校。斯莱德·琼斯向凡·高提供了很少的薪水和协助牧师照看教区的机会，他立刻接下了学校的职位。那里的学生主要来自于"市井与街头"，凡·高要负责历史和外语方面的教学，带领祈祷者和唱诗班宣读《圣经》。此外，他还要负责特纳姆·格林礼拜堂主日学校的教学，以及附近两个卫理会教堂的教众会议和《圣经》学习工作。在斯莱德·琼斯的鼓励下，1876年11月凡·高终于完成了人生第一次独立布道。

他骄傲地将布道内容全文发给提奥看。《旧约·诗篇》（"我是初次来到此地的陌生人，请不要对我隐藏尔等的戒律"——119:19）是凡·高亲自体验基督从出生到救赎的起点，唤起了他告别童年的"黄金岁月"去闯世界的回忆，暗示自己已经找到了一条清晰的捷径。他将自己的早年生活同《约翰福音》中教徒们穿越加利利的海上风暴和旅行者向远方山峰之巅徒步跋涉这两个故事相比较。他

图17
《彼得舍姆和特纳姆·格林礼拜堂素描》
在1876年11月25日给提奥的信中所附
凡·高美术馆
阿姆斯特丹（文森特·凡·高基金会）

het kan licht gebeuren dat Gij ook nog eens te Parys komt. 's avonds half 11 was ik weer hier terug, ik ging gedeeltelijk met de underground railway terug. – Gelukkig had ik wat geld kunnen krijgen voor Mr Jones. Ben bezig aan Ps. 42:1 Mijne ziel dorst naar God, naar den levenden God. Te Petersham zei ik tot de gemeente dat zij slecht Engelsch zouden hooren, maar dat als ik sprak ik dacht aan den man in de gelijkenis die zei „heb geduld met my en ik zal u alles betalen" God helpe mij. – 't lieve schelo Bij Mr. Obach zag ik het schilderij van Boughton: the pelgrims progress. – Als Gij ooit eens kunt krijgen Bunyan's Pelgrimsprogress het is zeer de moeite waard om dat te lezen. Ik voor mij houd er diel oveel van. Het is in den nacht ik zit nog wat te werken voor de Gladwell's te Lewisham, een en ander over te schrijven enz, men moet het yzer smeden als het heet is en het hart des menschen als het is brandende in ons. – Morgen weer naar Londen voor Mr Jones. Onder dat vers van The journey of life en the three little chairs zou men nog moeten schrijven: Om in de bedeeling van de volheid der tijden wederom alles tot één te vergaderen in Christus, beide dat in den Hemel is en dat op aarde is. – Zoo zij het. – een handdruk in gedachten groet de Hr. en Mw. Tersteeg van my en allen bij Roos en Haanebeek en v Stockum en Manve, à Dieu en geloof my
in zoo lief h. broer
Vincent

Petersham   Turnham Green

向约翰·班扬的同名寓言致敬,声称"我们的生活犹如朝圣在途",并且继续为克里斯蒂娜·罗塞特表现基督献身的诗歌加以注释为"如同登山"。他将两人的文字和"我曾经见过的一幅美丽画作"联系起来:"秋天夕阳西下的风景,画面被一条道路分割开来,有一位黑衣罩身的女子(可能受米什莱作品影响)正在向路人问候。"就像《爱情》和《亚当·比德》中极具画面感的文字描写一样,凡·高的描述非常具体,对用色和空间表述得也很精准。听了凡·高的叙述,提奥脑海中跳出的第一幅画是鲍姆的《朝圣者的行进》,但是该画早已杳无踪迹。还有一个有争议的说法认为凡·高其实指的是鲍姆的《神赐》,一幅表现春天时节坎特伯雷朝圣者队伍的画作,但是从他的描述上来看,《担担者》(图 14)在细节上更加相符。可能凡·高将两三张画混合在一起,运用"文字描绘"的方法将自己的记忆糅合成了一张作品。无论如何,最后用视觉化的画面来结束布道的方式,是凡·高从他最钦佩的荷兰牧师(包括他父亲和姑父约翰尼斯·斯特里克)那里学来的,他们经常用带有教育意义的图配诗来让枯燥、冗长的布道变得生动、活泼起来。

成功完成了这次布道后,凡·高兴高采烈地对提奥说:"无论将来去哪里我都会很开心的,我就要去播洒福音啦;我干得真棒,一个人心中一定要有福音啊!"他同时也通知了父母他的这次成功和将来的目标。泰奥多鲁斯和安娜虽然不会反对长子的这份虔诚,但也为他目前的过分狂热感到担心。泰奥多鲁斯是一个十足的传统主义者,认为正规牧师应当受到职业训练和接受任命。当凡·高在圣诞节回到荷兰度假的时候,家人极力劝说他留在荷兰。在感觉到他对传教的热切渴望之后,泰奥多鲁斯最终支持他继续学习如何做好一个牧师。

1877 年 5 月至 1878 年 6 月,凡·高来到阿姆斯特丹准备大学入学考试。他住在父亲的兄弟詹恩(海军造船厂指挥官)的家里。约翰尼斯·斯特里克牧师是凡·高的监护人,他是一位著名的神学家和牧师,妻子是安娜的姐姐。斯特里克找了一位古文教授指导凡·高学习拉丁语和希腊语,一位数学家教他代数。积极的凡·高牧师其实并不理解学习古语发音和高等数学到底有什么必要。他对有关《圣经》《效法基督》和班阳《朝圣者的行进》的知识相当有自信,坚信自己一定可以完美地发挥能力。他不耐烦地做着准备,等待着任命到来。在凡·高和科尔叔叔探讨艺术的时候,他对世俗文化的兴趣再度觉醒,他阅读了米什莱和托马斯的法国大革命历史书籍,还有查理·狄更斯将戏剧化事件小说化的代表作《双城记》(1859年)。凡·高发觉其中的视觉意象经常会让他想起《圣经》,他在自己的《圣经》《效法基督》和其他虔诚诗篇的页边上做满了笔记(图5)。他放弃了之前的告诫,建议提奥应该"过得快乐一些,试着从艺术和书籍中发现些东西",甚至要求提奥把米什莱描写黑衣女人的那页纸抄一份给他寄过去。

在为考试准备了一年多以后,凡·高还是在挫败中放弃了。为了挽救他的未来,泰奥多鲁斯在斯莱德·琼斯的帮助下,安排凡·高临时去布鲁塞尔附近的福音传道者学校学习。这个学校学制三年,允许学生进行现场工作以获得认证,并且可以为有潜力的候选牧师提供少许薪金。凡·高在那里的表现也很一般,三个月后他接到通知说如果想要继续学业,就要自己付学费。凡·高本来对这种看上去毫无意义的长期学习就已经很恼火了,于是他说服董事会让他勤工俭学。1870年12月,他被派驻到了比利时的煤矿区博里纳日。他在那里担任助理牧师,他随后指出,"我在这座伟大的苦难大学里接受着免费的教育!"

博里纳日位于比利时南部,离城市中心几个街区的距离,凡·高搬到那儿的时候,自然环境已经被工业生产严重破坏(图18)。矿井周围遍布着"穷苦矿工"的工棚、一些被烟熏黑的死树、荆棘篱笆、粪堆和垃圾。在雪天里,凡·高发现"这地方看上去就像白纸配上了黑字,简直像极了一页福音书"。他会定期访问一小撮经常聚集到当地集会室的人，矿工们的艰难境遇挑战了他的理想主义信念。布道成了次要的事情，这位实习牧师开始亲自干起了照顾病人和伤员的工作。为了满足邻里的物质需求，凡·高将大部分财产都捐了出来。宗教委员会虽然评价他的工作"极具无私奉献精神"，但还是以凡·高布道不力为由解雇了他。

1879年10月，接班的新人到来的时候，凡·高放弃了做牧师的理想，但他并没有离开博里纳日。孤独的他心灰意懒，对自己的未来感到绝望。他问自己"对这个世界到底有什么用？"他对福音教会和传统宗教机构的态度开始变得消极，但保留了对上帝的信仰

图18
博里纳日照片
约1880年

图19
《矿工上工》
1880年
铅笔
44.5 cm×56 cm
库勒-慕勒美术馆
奥特洛

和对基督的爱。他渐渐为自己编造出一个人本主义信仰，将基督信念和从19世纪小说家和哲学家那里得来的理念结合在了一起。他开始用文学来慰藉自己"对图画之地的思乡病"，"或多或少地沉迷于对书籍不可阻挡的激情之中"。1879年冬天，凡·高重读了米什莱，拿起了莎士比亚，狼吞虎咽一般地阅读了哈里耶特·比彻·斯托的废奴主义名著《汤姆叔叔的小屋》(1852年)、狄更斯体现对现代工人境遇的反思的《艰苦岁月》和维克多·雨果对法国法律体

系进行严厉批判的《一个囚徒的末日》(1829年)。凡·高开始将自己的狂热转移到社会问题上来,不过他对"受压迫的穷苦人的社会福利"的关心只是停留在情感层面,理论多于行动。

凡·高后来将这段时间的反思称为自己获得重生的"蜕变时期",他开始将自己长期喜爱的"重要大师"的文学和绘画进行对比。他告诉提奥自己发现了"伦勃朗和莎士比亚(可能是受了布兰

克在《美术公报》上比较两者文章的影响)、柯罗和米什莱,还有德拉克罗瓦和维克多·雨果之间都有某些相同的东西",这些发现不但维持了凡·高孤立于艺术世界的状态,还加强了他认为"所有美好的事物……都来自于上帝"的信念。这种信念或许可以解释他对世俗文化情感的改变,但凡·高还是不知道如何"好好运用这些

同一的情感"。不过答案很快就出来了,凡·高认为答案就是自己经常想到的那件事,"我对自己说,既然我要对所有的事物重新进行认知,那么我将再次拿起画笔——我曾在巨大的沮丧中放弃的画笔,现在我将继续画我的画!从这一刻起,所有的事物对我来说都发生了变化"。凡·高将1880年早期作品视作恢复"精神平衡"的良药,"一个多少……让自己靠谱"的过程。他看到了形象地表现坚定信念的可能性,其早期艺术中的这种驱动思想将会一直持续地反映着凡·高心灵的渴望。

凡·高想要超越在海牙和英国期间研习的那种地理建筑画,所以在博里纳日他在画中加入了人物元素,苦练人物素描。他画了很多周围邻里环境的画,渴望能够提升自己笨拙的技法,尤其那张背景是灰暗的矿渣堆和大型矿场建筑的素描(图19),画面前景是一排瘦骨嶙峋的人物,细长的树枝和暗色的树干将人们淡薄的四肢和别扭的体态映衬出来。看着这样蹩脚的画面构图,凡·高决定必须要向大师们的人物画学习了。可能是想起了修伊曼斯的教导,他认为"临摹好画"比无知地乱搞强多了,所以在1880年他开始着手临摹米勒的《田间劳动》(1852年)、《四小时》(1858年)和著名的《播种者》(1850年)。

图20
让·弗朗索瓦·米勒
《播种者》
1850年
布面油画
101.6 cm × 82.6 cm
波士顿美术馆

1850—1851年,米勒的《播种者》(图20)曾在巴黎沙龙展出,被当成了反政府艺术的典型,画面中油腻肮脏、面目绝望的主人公像是在播撒寓意抗议的种子。30多年后,凡·高将这张画同基督联系起来,从中发现了不同的含义。在马太福音、路加福音和马克福音中都记载了基督将自己比喻为播种者的典故。马太福音中写道"播撒善之种子的播种者即是人子,大地即是世界;善之种代表王国之子,稗草代表恶魔之子……丰收就是时间的尽头,当稗草聚齐烧光之后,在时间的尽头……正义会像在他们的父之国中的太阳一样闪耀光辉"(13:37—40,43)。凡·高就曾经将自己誉为"上帝言辞的播种者",认为米勒的《播种者》非常引人注目。

播种 凡·高的成长阶段，1853—1880 年

1880年,他和提奥说:"我已经画了五遍《播种者》了,这个形象让我如此全身心地投入,我准备再画上一遍!"事实上,凡·高最后一次临摹米勒这位大步向前的播种者是在1890年春天,仅仅在他去世前一周。

凡·高在博里纳日除了临摹米勒外,还学习了查尔斯·巴尔格的《流行绘画手册》,这本书由古皮尔公司出版,海牙分店的前老板蒂尔斯泰格送了一本给凡·高。1880年秋天,凡·高学完了巴尔格的绘画教程,为再次为矿工画像打下了些许基础,他为自己设定的目标并不高:"有几分人样"就行。凡·高极其尊重米勒、布列顿和伊斯雷尔斯,认为他们描绘工人阶级的画作抓住了"宝贵的珍珠、人类的灵魂"的"福音般"的精髓,从未敢梦想自己能和他们一样伟大。不过"或许有一天",文森特告诉提奥,"你将会见到,我成了一位艺术家!"

改变旅程，落地生根 在城市与乡村之间徘徊，1880—1883年

2

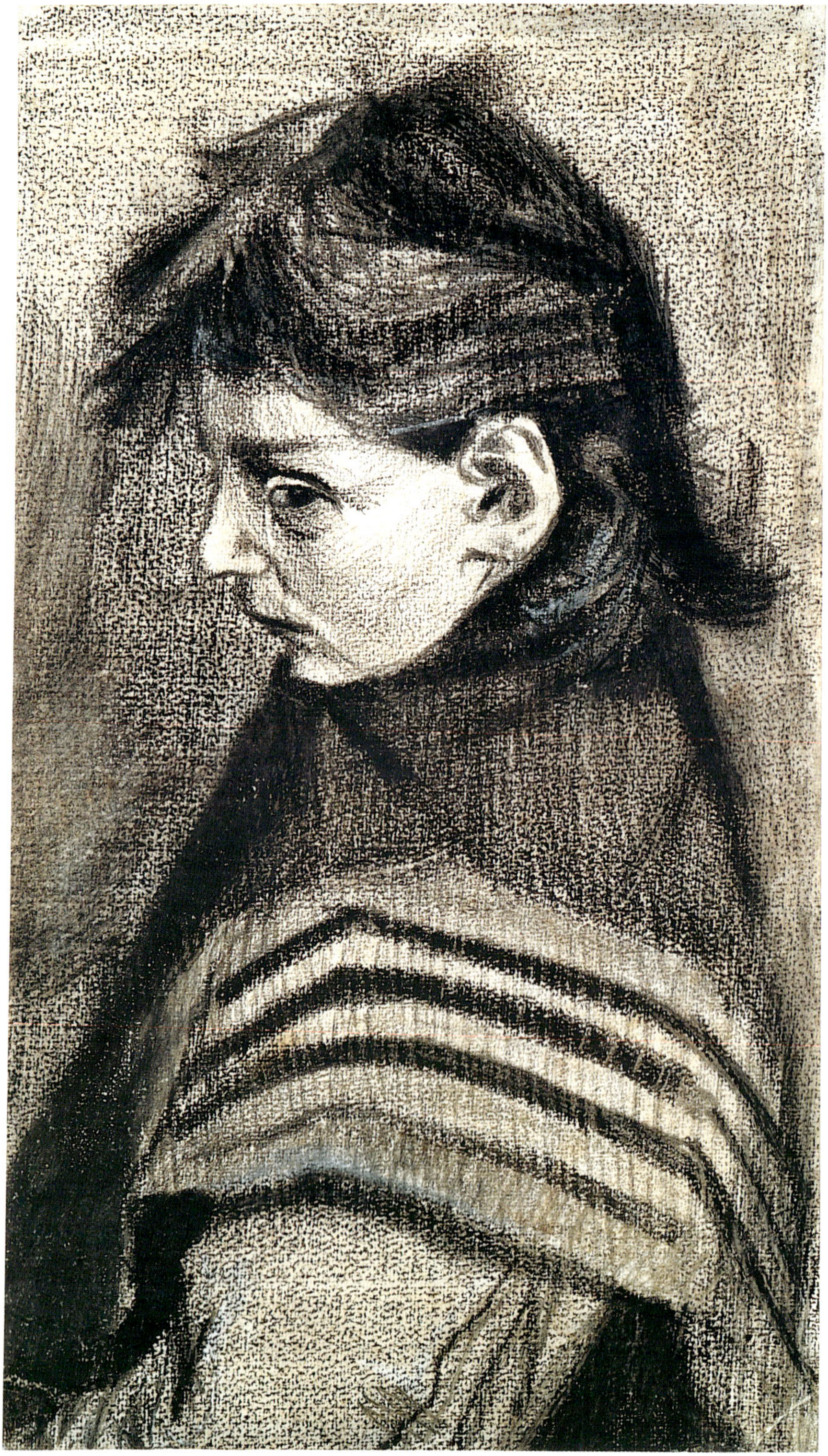

图21
《戴披肩的女孩》
1883年
黑粉笔和铅笔
43.3 cm × 25 cm
库勒–慕勒美术馆
奥特洛

　　1880 年秋天，凡·高对"绘画之地"的渴望使他毅然离开博里纳日赶赴布鲁塞尔，这个首都城市有着悠久的艺术传统和各式各样的当代艺术圈子。当城里的美术学院还在固守古典主义的时候，受法国影响的团体"艺术自由"（1868 年成立）就已经开始倡导基于自然的绘画创作，从学院的桎梏中争取自由了，另一个艺术家团体"跃进社"（1876 年建立）则献身于对"现实主义"的追求。那时的比利时首都就要成为前卫艺术的国际中心：《现代艺术》杂志在 1881 年出版发行，后来成为以布鲁塞尔为根据地的艺术家组织"二十社"的官方期刊。二十社成立于 1884 年，主要通过在比利时和国外举办打破常规的艺术展览来倡导理念革新，而凡·高目前显然对这些还一无所知。不过事实上，凡·高后来第一次在公众面前声名狼藉就和 1890 年他参加"二十社"的画展有着极大的关系。

　　到达布鲁塞尔后，凡·高作为一名艺术新人，还有很长的路要走，他"渴望能够找到一些好东西，并去见识了一下艺术家们的工作状态"。凡·高在这里感受到了一系列乡村到城市的变化，这为他十年的艺术生涯打上了烙印。他内心由衷地喜欢乡村生活，可又迫切需要受到城市古典艺术的激励以及与画家们交流，在这些差异中他始终感觉到一种撕裂感。

　　1880 年，提奥也有了一次工作调动，搬到了古皮尔巴黎总部。与大哥的境遇相反，提奥很快和古皮尔的新主人波索德和瓦拉东处

改变旅程，落地生根　在城市与乡村之间徘徊，1880—1883 年

好了关系，被任命为蒙马特画廊的经理。收入的增加可以让提奥大幅减轻父亲资助凡·高的压力。他还成了兄弟的首席顾问和知己。提奥的支持对于凡·高来说极其重要，他明确地对提奥说："我会拼命努力，不会让你失望的。"不过事实上，只要凡·高需要和期待弟弟在经济和感情上的支持，他有时就会感觉自卑并开始怨恨提奥，所以他们之间热络的交往（主要是书信往来）往往会变得很复杂。

在布鲁塞尔，凡·高热切地想要重返艺术界，他找到一些老关系，拜访了古皮尔画廊海茵叔叔的继承人和海牙画派的艺术家威廉姆·勒洛夫斯，二人都劝告凡·高应该去美术学院进修一下，但他依旧我行我素。他用半年的时间大量观摩各种新老艺术，继续学习巴尔格技法，还在一位他信中没提过姓名的画家那里上培训班。他还认识了一位新朋友安东·凡·拉帕德（1858—1892年），这个荷兰人曾经在法国学院派画家让·里昂·格罗姆在巴黎的画室工作时认识提奥。凡·高起初不仅怀疑他的学院教育背景，更不相信他的财富和小贵族儿子的身份，但很快他就对这位加入了跃进社的小兄弟关爱起来，在接下来的五年中，凡·拉帕德成了凡·高最信赖的同伴。

当凡·拉帕德计划1881年春天离开比利时去荷兰乡下的时候，凡·高很快也跟着一起去了。他急于缩减开支，渴望运用自己苦练的技巧来描绘家乡的开阔风景和农田劳作的主题。他后来对凡·拉帕德说：

"你我最好还是面对荷兰的自然进行创作（风景画和人像），这比什么都重要。在这里我们便是自己，在这里我们宾至如归，在这里我们融入自然。我们对国外了解的越多，我们就越是无法忘记自己的根永远扎在荷兰的热土之中。"

图22
《有一个风车的风景》
1881年
铅笔和炭笔
30.5 cm × 60 cm
库勒–慕勒美术馆
奥特洛

因为经济问题,凡·高搬到了父母的房子里。泰奥多鲁斯和安娜现在搬到了和松丹特没什么两样的小村庄埃顿居住。有了房子,凡·高不仅回归了乡间生活,更是回到了童年的风景之中,虽然这里已经被工农业的快速发展改变了样貌。

经过前几年的磨炼,他对家乡熟悉的荒野和沼泽地、风车与茅草覆盖的村舍的表现有了很好的把握(图22)。凡·高还在继续临摹米勒,学习巴尔格练习册,不过他也经常进入石楠荒地体验大自然的恶劣环境,逐渐认清了这个令人畏惧的对手:

"自然开始阻挠艺术家,但是如果他足够坚定,就绝不允许这种困难阻碍自己行进的步伐;与此相反,有太多的激励可以使他获得战斗的胜利,最终自然会和艺术家达成和解……只要他与自然努力缠斗,她便会显露出更多的温顺屈从……这就是莎士比亚所谓的《驯悍记》……许多事情,尤其在画画方面,我觉得紧抓不放比放任自流要好得多!"

凡·高将艺术家看作一名男性战士同女性化的自然进行战斗的比喻源自法国文学家、批评家爱弥儿·左拉,凡·高在博里纳日读过他的散文集《我的仇恨》(1866年),左拉认为艺术创作和散文的描写方式其实很相似。现在凡·高正在努力挣扎着刻画三维现实空间,他觉得这比直接临摹二维画面费劲多了,这时左拉认为艺术家可以通过勤奋努力最终获得成功的评论给了凡·高极大的鼓舞。

虽然远离艺术中心,但他从不缺少友情。凡·拉帕德经常到埃顿找他画画。1881年9月,凡·高访问了海牙。像在布鲁塞尔时

图23
安东·毛沃
《一条荷兰小路》
约1880年
布面油画
50 cm×37 cm
托莱多艺术博物馆
俄亥俄州

图24
亨德里克·梅斯达格
《席凡宁根全景画》
1881年
布面油画
14 m×120 m
海牙

一样,凡·高去了趟古皮尔画廊,把他的作品拿给蒂尔斯泰格看。他还去联络了一下自己做画商时候认识的画家们,特别是安东·毛沃(图23),这个海牙画派的领袖人物1874年娶了凡·高的表姐捷特·卡本图斯,现在两人已经成了亲戚。凡·高还去拜访了泰奥菲勒·德·博克(1851—1904年),他带着凡·高参观了最近完成的描绘海牙渔村席凡宁根风光的大型全景画(图24)。

这幅全景画由比利时投资集团出资,海牙画派海景画家亨德里

克·梅斯达格设计，360°全景画面由上百张 19 世纪创作的小画作组合而成。这种全景画从不列颠开始流行，大型环形画作将一个中间观景亭围绕起来，可以同时容纳大量游客付费参观，而且还可以各地巡回展出，让现代观众足不出户便能够欣赏到远方风光或是从基督诞生到盖茨堡战役的众多重大历史事件。梅斯达格接受委托的时候正处于"全景观画"（《伦敦新闻画报》的叫法）开始没落的时期。与其选择遥远的地方和时代，海牙画派艺术家们更愿意选择记录附近地区的日常生活场景，并且最终选定了后来很快变成度假胜

地的小渔村席凡宁根。为了能够完成全景画，梅斯达格召集了当地的天才艺术家团队：他的妻子辛彻（1834—1909 年）、德·博克、布隆莫斯和布莱特纳（1857—1823 年），结果这幅 14 米高、120 米长的大制作在不到 4 个月的时间内就完成了。

凡·高常常渴求团队之间的交往，所以在梅斯达格领导下的团队合作氛围让他很是着迷。这种艺术家合作的景象让他从全景画中看到了某些团队成功的经验，这成为他随后生活中非常在意的事情

改变旅程，落地生根　在城市与乡村之间徘徊，1880—1883 年　　47

（这也成为凡·高后来想在普罗旺斯建立"南方画室"的思想根源，详见第五章）。凡·高还从这个既是绘画又是景观的作品中看到了平民主义的维度，加深了艺术中"宁多勿少"的认识（例如英国插图）。最后，当他正在纠结自己的透视问题时，他无疑见识到了全景画中那种熟练的、魔幻般的表现力。凡·高对提奥说这幅画让他想起了托雷对伦勃朗《解剖课》的评论："这幅画唯一的缺点就是没有缺点。"

受到海牙之行的鼓舞，凡·高下定决心苦练人物画。他花钱雇埃顿的邻居们来为他当模特，要求他们呈现平时朴素的样子，准备"发现和描绘乡村生活的一切事物"。虽然和以前临摹的东西有所违背，但他认定现在用墨汁和水彩创作的线描作品相比之前有了很大的进步。巴尔格手册也对凡·高画面色调层次中的线性描绘以及轮廓优先的特点起到了额外的作用，通过这些方法，他的画中显现了大量的幻觉效果。凡·高的人物写生在效果上很注重轮廓线运用，并受到他所谓对自然"紧抓不放"强于"放任自流"这个认知的影响。为了将活生生的对象在二维上表现出来，他强迫自己一遍又一遍地画着那些线条，想要将人物与地面以及人物身体各部分之间相互区分开来。素描《温暖》就是这样一张典型，画面中放松的人物看上去并不是坐在那里的样子，而是悬浮在村舍内部，肩膀也貌似从连接躯干的地方飘了起来，而且他的手肘也没有放在大腿上，而是插进了腿里面。

《温暖》在构图和主题方面模仿了伊斯雷尔斯的作品（图26），冯·桑腾·科尔夫称他为"最卓越的悲悯大师"。伊斯雷尔斯与海牙画派其他成员不同，他专注于人物创作，赢得了凡·高的喜爱。强有力的线条以及用英文为画作命名为"温暖"和他曾经在伦敦沉迷于插图艺术有直接关系。画中人物的动作和亚瑟·博伊德·霍顿为狄更斯《艰苦岁月》平装本所作的卷首插图极为相似（图27）。人物姿态所体现的那种山穷水尽的沮丧正是凡·高经常重复的感觉。

图25
《取暖》
1881年
钢笔、墨水、铅笔和水彩
23.4 cm×31 cm
德·波尔基金会
阿姆斯特丹

图26
约瑟夫·伊斯雷尔斯
《变老》
约1878年
布面油画
160 cm×101 cm
海牙市立博物馆

图27
亚瑟·博伊德·霍顿
狄更斯《艰苦岁月》卷头插画
1866年
伦敦

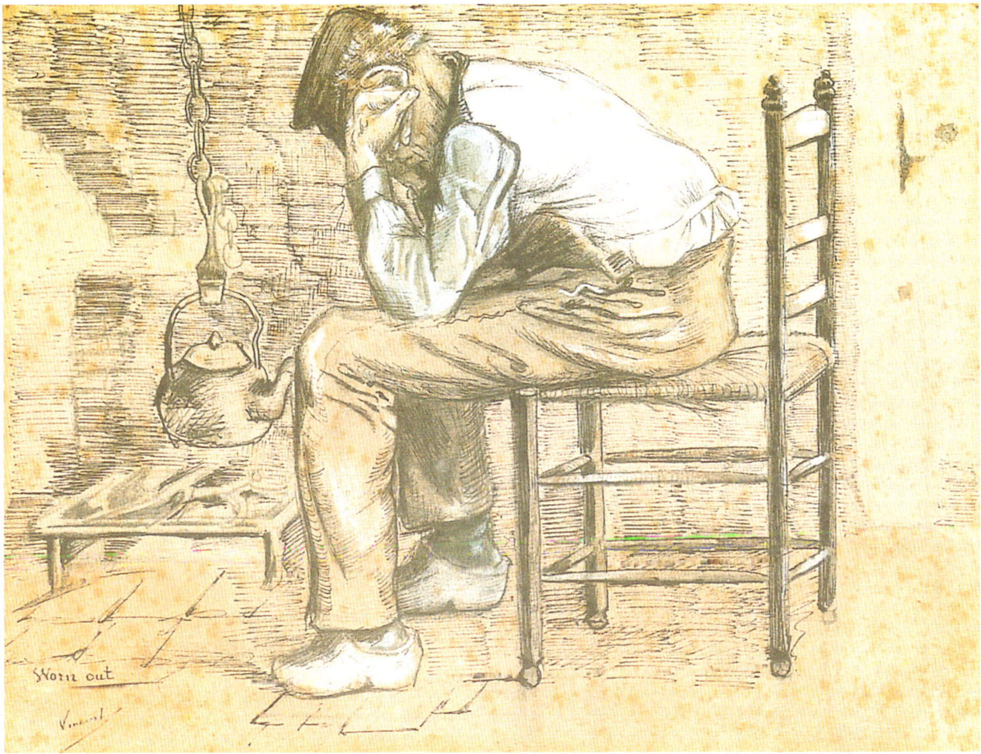
Worn out
Vincent

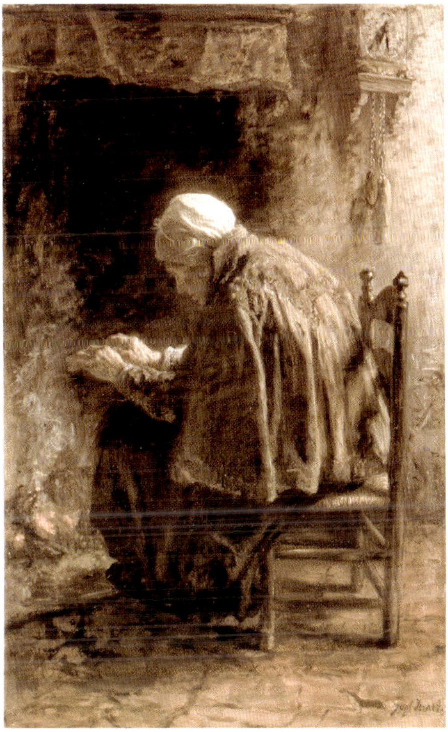

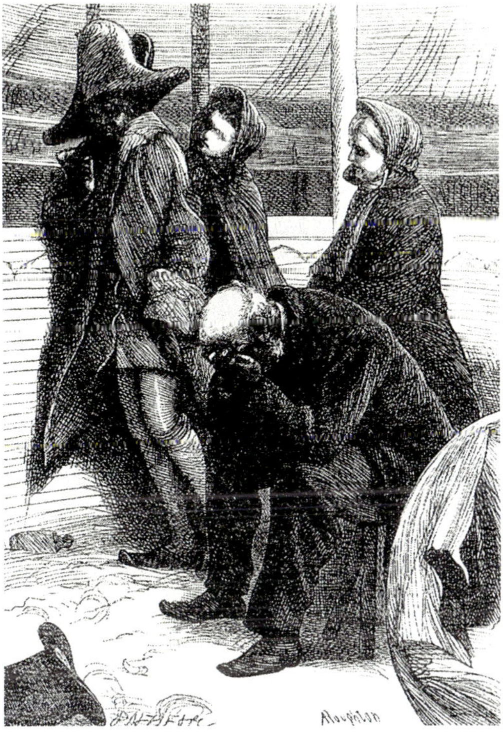

图28
《播种者》
给安东·凡·拉帕德的信中所附草图
落款时间1881年12月12日
钢笔和褐色墨水
11.5 cm × 7 cm
德·波尔基金会
私人收藏

《温暖》中那种笨拙的轮廓线使得凡·高在1881年创作的劳动者人像看起来越发僵硬，粗重的线条只能让人感到毫无生气。凡·拉帕德曾批评他的另一张素描《播种者》说："这根本不是在播种嘛，明明只是一个人摆了个播种的姿势站在那里。"（图28）凡·高不能准确地把握人物身体比例的问题在画中显现出来，躯干总是比四肢小很多。他知道自己在这方面确实很迟钝，所以能够淡定地接受批评，并意识到可能要花上数年时间才能解决问题。同时，他告诉凡·拉帕德，他会持续不断地向"自然夫人"求婚，"尽管当我胆敢贸然向她示爱的时候，她会残忍地拒绝我，依然嫌弃我，还经常将我打得遍体鳞伤"。

而凡·高在试图讨得斯特里克舅舅的女儿欢心的时候，就没有上面那么幽默了。表姐的名字叫凯，是一位丧夫三年的35岁寡妇。1881年，她带着儿子来到埃顿消磨了几周时光，凡·高的传记作家戴维·斯维特曼曾指出凯当时身着黑色丧服，让凡·高想起了米什莱书中那位忧郁的黑衣女子。她强烈地唤起了凡·高对受伤女人的浪漫心意（1878年，凡·高曾声称他为了一个又穷又老又丑的"莫名其妙不开心"的女人而拒绝了一个小美女的追求,因为他认为忧伤和阅历会使人产生精神与灵魂)。在凯居留的这段时间,凡·高陪着她在乡间漫步,陷入热烈的爱情之中。他表白了自己的爱意,然而,凯坚决地拒绝了他(凡·高说她原话是"不,绝不,绝不!"),凡·高匆匆地离开了这个伤心地,奔赴阿姆斯特丹。

之后几个月里,凡·高不断地写信恳求凯,他的父母请求他快些停止妄想。他受《爱情》的续篇《女人》的影响,公开声明"米什莱给他的忠告,比他父亲都多"。泰奥多鲁斯谴责凡·高受到了法国小说的"感染",凡·高则坚持"重读米什莱的收获比读《圣经》还多"。他还表示相思病严重影响了他的创作,尖刻地对提奥说"我能不能画画就全靠你喽……你不是已经花了那么多金钱来助我成功了吗",把弟弟也拉到了这场争吵之中。他还将自己的职业成败和追求凯的成败联系起来,他争辩自己"要变成一个需要爱的艺术家",并没心没肺地说"结了婚的艺术家和妻子比没结婚的艺术家和情人要花销更少,创作更多"。凡·高希望能够见凯一面,向提奥索要去阿姆斯特丹的路费,并建议提奥将这笔费用看作能够影响他未来成功的一笔必要投资。钱到手后,他出其不意地跑到斯特里克家中,接着非常过分地将手放到油灯火焰上以示自己必须见到凯的决心。凯的父母坚决地拒绝了他们进一步的交往,以后他再也没有见过她。

凡·高并没有立刻返回埃顿,毕竟旅费还是可以用在专业创作上的。失恋的艺术家在海牙停留下来,访问了蒂尔斯泰格、德·博克和最重要的人——姐夫毛沃,他看到了艺术家作品中的希望和缺陷("毛沃说看到太阳在向他升起,但却被云彩挡住了"),并给予了很多宝贵的意见和建议(例如他指导凡·高如果远距离观察的话,人物画的比例会好很多)。作为荷兰水彩画协会的联合创始人(和梅斯达格、雅各布·马里斯),毛沃的水彩画水平极高,他教会凡·高水彩媒介的使用方法,起初练习画静物,随后让他画了一幅席凡宁根妇女写生(图29)。

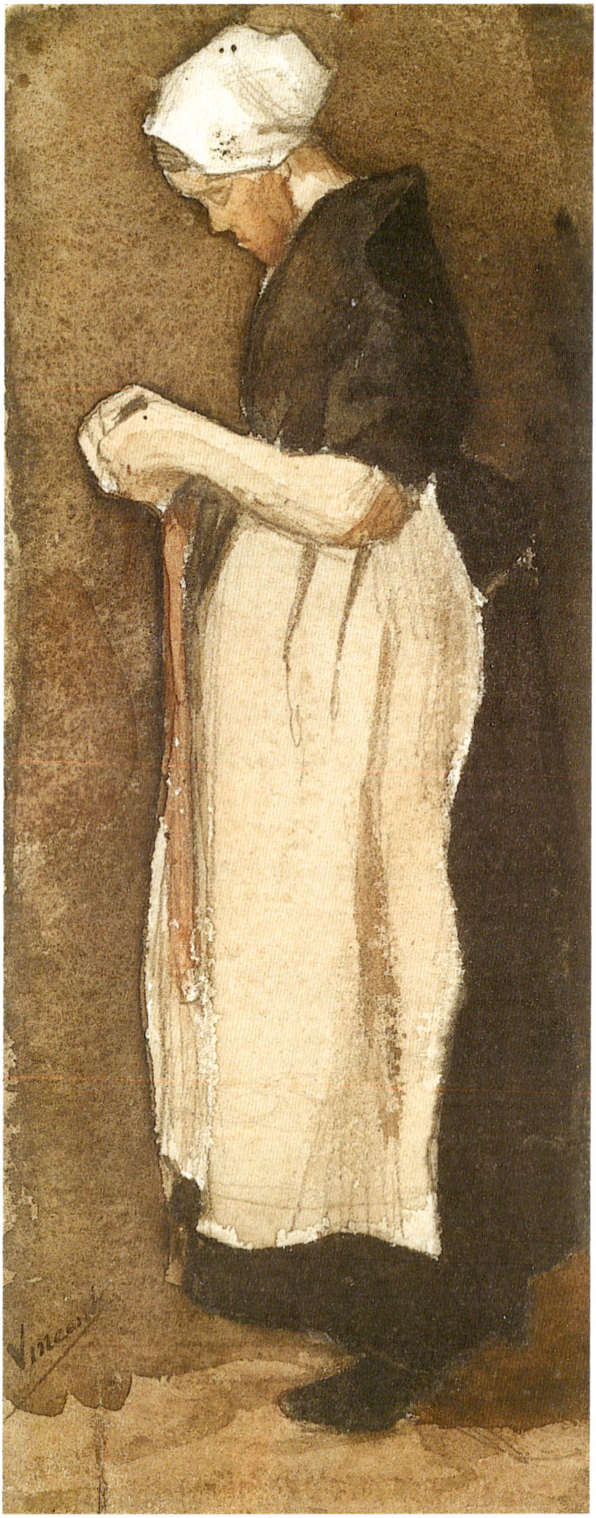

图29
《席凡宁根妇女》
1881年
水彩
23.5 cm × 9.5 cm
凡·高美术馆
阿姆斯特丹（文森特·凡·高基金会）

由于缺少资金，不久之后，凡·高被迫返回埃顿，回去后他越来越不尊敬父亲。父亲和斯特里克认定他是一个伪善的罪人，冤屈使他圣徒般的愤怒全面爆发。他蔑视父亲的呼唤，教堂和同伴都因为他拒绝在圣诞节出席教堂活动而达到了容忍的极限。在一次激烈的争吵后，父亲喝令他滚出家去，凡·高跳上了去海牙的火车，这一跑就是整整20个月。

1800—1850年，海牙的人口增长了两倍。1881年时大概有10万人，并在持续增长中，便宜房子已很少见。凡·高只得租了一间房子中的凹室安身，房子位于沿着19世纪中期发展起来的荷兰铁路蔓延开去的杂乱无章的郊区。周围草场被四通八达的铁道切碎，地平线上工厂烟囱林立。带着身上借来的钱，他买了《图画报》和《伦敦新闻画报》，从中选了一张木刻版画来装饰自己的新居。

多亏姐大的多方联络，凡·高在海牙有了一个好的开端。毛沃让他在美育画室的人体课上亮了个相，并给他引荐了很多圈中好友，其中包括著名的水彩画家魏森伯格（1824—1903年）。魏森伯格以言辞耿直著称，他对凡·高努力的赞许使画家建立了信心，蒂尔斯泰格又买了他一张最新创作的素描。凡·高的科尔叔叔委托的20张海牙风景画的订单更是让他极度振奋。他画得很快，收到了30荷兰盾的报酬（当时他的房租是每月7盾）。

凡·高为科尔画的画体现了他1882年对城市的日常体验，表现了一些曾经启示了自己的古城风貌（图11）。画面内容主要是工人阶级邻里之间的市井生活（图30）和劳工利用日益增多的工业设备进行生产的场景。在旧城和乡村房舍之间，最富有的市民们逃出来建立了一个边缘地带，在这里，海牙前工业时代的过去与工业时代的现在不期而遇。举例而言，凡·高画了一幅沙丘风景，景色已经被工人们铺设的连接席凡宁根和海牙的铁轨和蒸汽机车所破坏（图31）。当一位艺术家朋友赫尔曼·约翰纳斯·德·韦勒说他这张画"太过拥挤"而应该再"美丽"一些，建议他在日落的地方加

改变旅程，落地生根　在城市与乡村之间徘徊，1880—1883年

54　凡·高

上一个背光人物时，凡·高反驳说"我们可以喜爱'愉悦的事物'，但不可以诋毁真相"。画家明知带着这种意识创造的画面，科尔叔叔和其他人应该会不喜欢，于是他装出了一副"爱要不要"的姿态以示自己最终是对的。

　　凡·高对城市现实主义的介入和他对英国插图艺术的喜爱以及1882年早期荷兰艺术家布莱特纳对他的影响都有关系。布莱特纳1880年搬到城里，在梅斯达格的全景画完工之后，他找到了一个新的方向。与海牙画派的老画家们只去城外画画不同，这位年轻人

图30
《面包店》
1882年
铅笔、钢笔和墨水
20.5 cm × 33.5 cm
凡·高美术馆
阿姆斯特丹（文森特·凡·高基金会）

图31
《挖沙者》
1882年
铅笔
27 cm × 20 cm
私人收藏

受到狄更斯和龚古尔兄弟、埃德蒙德和朱尔斯的城市小说影响，想要描绘出现代大都市的精神核心。在布莱特纳的陪同下，凡·高考察了海牙画派艺术家们无视的那些角落：城区市场、公共食堂和火车站的三等候车室。布莱特纳在凡·高的推荐下阅读了《爱情》，转而燃起了对法国自然主义文学的兴趣。这些爱好者们将此标榜为一剂良药，专治19世纪中期法国主流小说中那些泛滥的风流韵文和多愁善感的道德说教，他们认为文学自然主义的典型特征就是关

改变旅程，落地生根　在城市与乡村之间徘徊，1880—1883年

注作为社会各阶层人民共同经验的当代生活。从奥诺雷·巴尔扎克和古斯塔夫·福楼拜的早期作品开始，19世纪70年代后期自然主义运动成果颇丰，左拉的作品《小酒店》（1878年）描述了一个洗衣女工酗酒堕落的故事，按作者的说法，这是"第一本关于不会撒谎的民众的小说，散发着特有的人民味道"。《小酒店》勇于探索不为人知的社会角落，为左拉带来了很高名望，有很多年轻作家都愿意追随他，其中包括乔里斯·卡尔·修伊曼斯和盖·德·莫泊桑。在这个自称"自然主义者"的圈子之外，还有很多著名的作家如埃德蒙德·德·龚古尔和阿尔丰斯·都德也被贴上了"自然主义"的标签（尽管他们自己不承认），因为他们的作品读起来感觉和自然主义小说很相似。

凡·高以前就看过左拉的《我的仇恨》，现在他开始尝试阅读小说《爱情的一页》（1878年），书中叙述了一个虽不正当但却无比坚决的爱情故事，是左拉的抒情小说系列之一。书中对巴黎人一系列生活场景有着大量的"文字描绘"，通过建立与人物情感描述相似的基调，很好地辅助了主线故事，这些描写让凡·高印象十分深刻。他决心要"读遍左拉著作"，到年底时他已经看完了其他6本小说。凡·高特别喜欢《小酒店》，认为此书生动地描述了工人阶级消磨时光的方式，因为他和布莱特纳平日里也经常那样混日子。

尽管凡·高很高兴科尔叔叔又追加了6张城市风景画订单，但他的心已经跑到了别处。"如果我不再需要靠画城市风景谋生，"他向凡·拉帕德透露，"那这些日子我什么都不干，只画人物"。热衷于在自己作品中加入更多的情感，他开始尝试画人体画。《忧伤》是一幅凡·高在1882年4月完成的粉笔画，他认为这是到目前为止"最最棒"的作品，实现了自己的阶段性目标。画面故意不加修饰地描绘了一个被挤压在风景中的女人，凡·高写到，这是为了表现米什莱所说的"没有任何东西能够填补心灵的空虚"。悲哀之情通过画中人物的姿态和下方精心摘抄的米什莱引文传达出来（"一个如此

图32
《忧伤》
1882年
铅笔和黑粉笔
44.5 cm × 27 cm
沃尔萨尔美术馆及艺术画廊

Sorrow

Comment se fait-il qu'il y ait sur la terre une femme seule — délaissée
— Michelet

孤独,为人抛弃的女子究竟为何会出现在这里呢?"),女人散乱的头发暗示很久没有梳理,下垂的胸部和隆起的肚子都显出了人体的脆弱。虽然花朵和发芽的枝杈作为新生的标志围绕着她,但女人还是将头埋在胳膊中,只残存着令人痛苦的忘却。

凡·高按照"英国风格"来处理《忧伤》,强调了"简单、个性的线条"。《忧伤》缺少了一种他喜欢的英国插图特征,画中的象征性远多于故事性。风景中的女性人体是艺术之中永恒的主题,将抽象存在(如"忧伤")拟人化成女性形式的隐喻是古典主义艺术的不切实际的妄想。尽管凡·高的模特儿和画风都是反古典主义的样貌,但《忧伤》从观念上看还是传统主义的,并且意义比其他的作品更加明确。凡·高意识到,画中附上的文字标签不仅是一个多余的、对画面毫无意义的直接表达,更会对观众的判读加以限制,所以他以后的成熟作品中鲜有标题出现,更少在画中写下词句。但是《忧伤》中渴望交流的冲动促使凡·高在画里写下注释,是他故意而为之。"画家的职责就是要在作品中尝试加入想法",他说道:"我想创作出能够感动人们的画作,《忧伤》只是一个小起点……表达了直接发自我内心的某些东西。"

很快,凡·高就发现在一幅画中明确限定的感情可以通过另一幅画传达出来。为了附和当时的时代精神,凡·高喜欢将此归因于人类感情和自然母题交感。而英国艺术家、批评家约翰·罗斯金(1819—1900年)则认为这完全是一种"可悲的谬论"、诗意的异想天开,并在1856年发表的论文中谴责了这种话语的滥用。不过从古代至今的作家们都曾经将情感赋予到自然形式之上,这种创作实践在1800年前后主要以英国和欧陆浪漫主义为中心,在1840年拉尔夫·沃尔多·爱默生的新英格兰超验主义中又具有了准宗教式的维度。1882年,凡·高在海牙时写的信中提到了树木和发芽的庄稼也都具备灵性和表现力,就连"路边被践踏的野草也看上去疲惫不堪,如同肮脏的贫民窟",他正在尝试这种能够在他的画中准确传达更多隐喻情感的母题。凡·高为《忧伤》画了一幅姊妹画《根》，这是张前景有一棵粗糙多节大树的田间风景画，形式上显得很不均衡。这些母题得到了不同的显现，人物画中的苍白无力和黑暗多角的大树形成鲜明对比，凡·高认为它们都是"为生命而抗争"的具象化表现，在主题上有紧密的联系，而且画中人与树都带有一种"严酷的韧性"，"即使自己几乎已经被飓风连根拔起，却依然能够紧紧地抓牢地面"。

这些画中对个体抗争的表现来源于凡·高的亲身体验："我如果没有尝过个中滋味，是绝对画不出《忧伤》来的。"他本来就一直被凯的拒绝和与家人的决裂所折磨，旧伤尚未愈合，最近又因与毛沃和蒂尔斯泰格闹翻而添了新伤。凡·高和毛沃起冲突是因为他开始蔑视两人之间的师生关系，他拒绝了毛沃让他画石膏像的建议，并越来越不喜欢画水彩，而更喜欢"用木工铅笔或钢笔擦画出我想表达的东西"。蒂尔斯泰格也因为凡·高新画缺少魅力、没"卖相"而对他感到不满。当蒂尔斯泰格也要求他多画水彩时，凡·高满腔怒火。那种媒介，凡·高坚持说，根本不适合他要表现的主题。他向提奥抱怨，"才不，我要做真实的自己，采取粗野的方式表达粗野的、严酷的，但却真实的事物！我才不会随着艺术爱好者和画商的心意，爱谁谁吧！"凡·高固执地疏远了老朋友，虽然也没交到几个新朋友，但他坚定了自己的前进方向。他拒绝随波逐流遵循主流画法，甘心冒着被否定和经济失败的风险，他更加奋进，这时的他意识到一张画的意义不是单一地存在于母题之中，而且还源自其画法的模式和媒介。

凡·高认为"我要不停地搬家到与大多数画家不同的环境里，因为我对事物的看法和想要创作的主题都无情地需要我这样做"。所以他想要与海牙画家维持朋友关系的希望越来越小。毛沃的圈子已经拒绝接纳他，布莱特纳因为性病并发症还要在医院待上一阵子。凡·高突然发现身边已经没有伙伴了，只能偶尔向冯·德·韦勒寻求友谊，交流艺术。

凡・高

图33
《根》
1882年
铅笔、粉笔、钢笔、墨水和水彩
51 cm × 71 cm
库勒–慕勒美术馆
奥特洛

不过,他倒不是特别孤独。他和《忧伤》的模特科拉希纳(茜恩)·赫尼克发生了关系。实际上这种交往可能主要归咎于凡·高与海牙画派画家们的决裂。虽然艺术家和模特发生暧昧是常有的事,但是凡·高"要和我画的人长久生活"的决定触怒了那些资产阶级朋友。赫尼克只是一个来自海牙吉斯特区的穷天主教徒罢了。

这位女织工平时靠做妓女来维持生计,凡·高遇到她时她带着一个孩子,而且还怀着身孕。凡·高后来说他将模特茜恩带回家,"保护她和孩子远离饥饿和寒冷"。从1882年年中开始,他们像一对夫妻一样同居了,在随后的一年多里,凡·高饱受淋病侵蚀,遭遇了健康危机,茜恩则诞下一子(不是凡·高的),孩子的出生迫使他们搬进了一套更大点的房子。

随着对凯越发地失望,凡·高与茜恩的交往可以看成医治失败梦想和转移注意力的一剂良药。两个女人的社会背景差异极大,凡·高将茜恩的粗俗和凯的文雅相比较,感觉很满意。因为在和茜恩相处时,他可以摘下"谨慎的面具",完全不用顾忌社会身份。另外,凯和茜恩都在30岁有了孩子,而且都有自己的伤心往事。在凡·高眼中,两人都需要一个男人,按照美术史家卡罗尔·泽梅尔的评述,她们激发了凡·高对于拯救的幻想。凯生活条件好,拒绝了凡·高,而茜恩则一时接受了凡·高的帮助,让他能够"实现幻想",影射出凡·高在凯那里燃起的爱情。

泽梅尔发现凡·高在扮演拯救者角色时,从米什莱和维多利亚时期的流行文化中获得了启示。米什莱在《女人》中写到就算一个堕落的女人也可能被一个有爱心的男人所拯救,并最终为他带来荣耀。茜恩在她的保护者看来就是《图画报》和《伦敦新闻画报》中经常被刻画的那种贫困妇女活生生的现实版本,凡·高喜欢让茜恩穿着黑色的呢子礼服,因为这样她看上去就成了米什莱"黑衣女子"的翻版(图34)。凡·拉帕德评价这些画"丑陋""凋零",凡·高则声称茜恩"正是我想要表现的:她的生活是艰难的,忧伤和苦难在她身上打

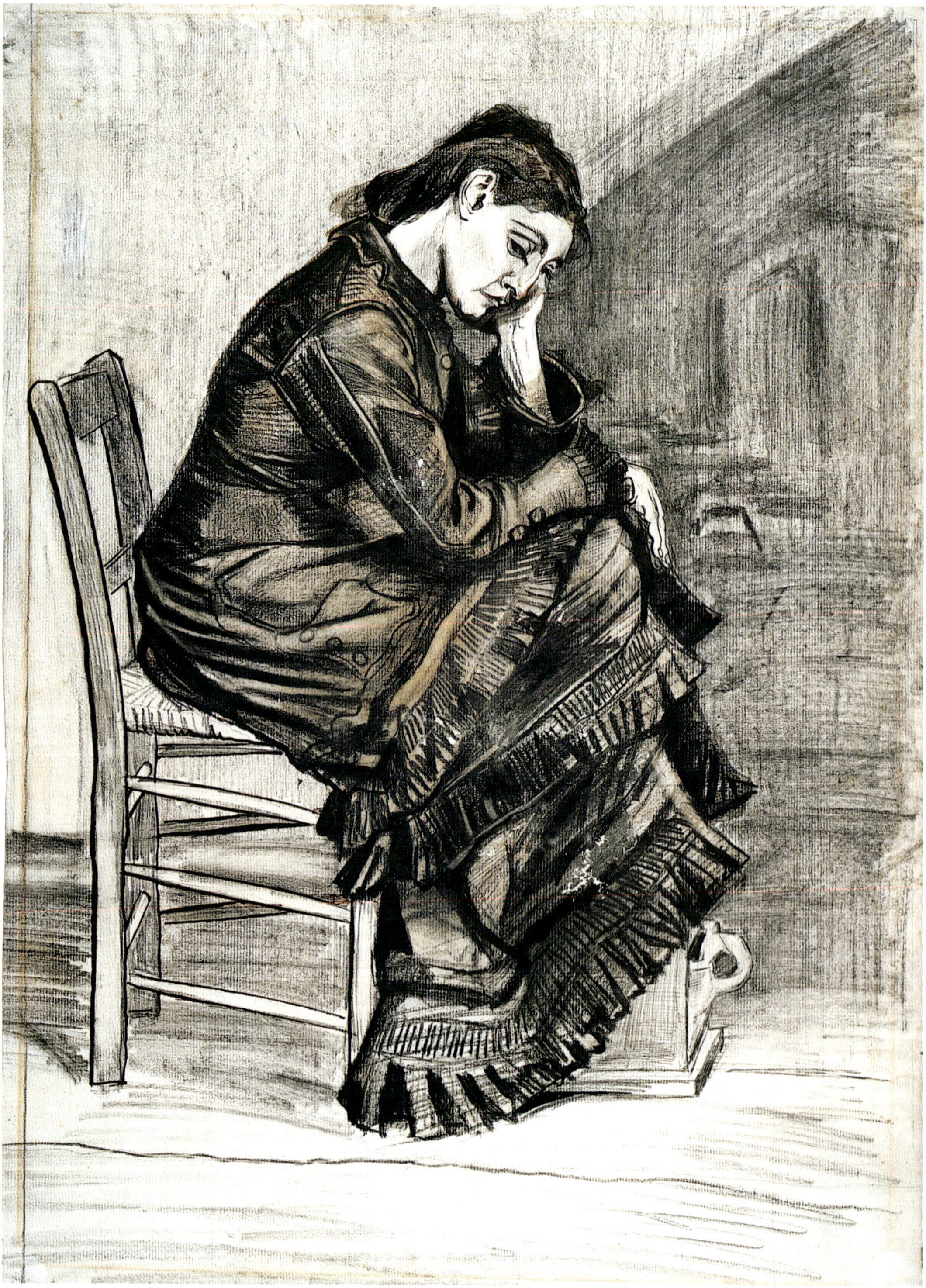

下烙印，我现在可以为她做些事情了"。他以艺术家的眼光看到了茜恩瘦削的脸庞、松弛的肉体和绝望的表情中的可用之处，把它们糅进了那些充满疏离、物质匮乏并且感情悲伤的画作之中（图32、图34、图35）。他确信茜恩在家和画室里帮忙对她的救赎大有益处，正好他当时特别喜欢画人物画，所以在与茜恩私通的第一个月里，茜恩的工作表被他排得满满的，她全家（母亲、姐姐和孩子）上阵做模特，凡·高画出了很多场景画和肖像画（图21）。

图34
《黑衣女人》
1882年
铅笔、钢笔、墨水和水洗
58 cm×42 cm
库勒—慕勒美术馆
奥特洛

图35
《抽雪茄的茜恩》
1882年
铅笔、黑白粉笔、墨水和水洗
45.5 cm×56 cm
库勒—慕勒美术馆
奥特洛

凡·高在荷兰改革后的老人院中挑选男性模特。当地将教堂管理的敬老院里的住客叫作"孤老户"，凡·高采用了一个他信中称作"嘟噜着脸蛋"的模特，戴着高礼帽，穿着发放的带有编号的大衣（图36）。这里大部分佩戴勋章的老人都是1830年比利时脱离荷兰统治那场战争的老兵。他们"被摧残的面孔"让凡·高感到很愉快，他认为这些破损而有富有表情的头颅很像伦勃朗和法兰斯·哈

改变旅程，落地生根　在城市与乡村之间徘徊，1880—1883年　　63

图36
《夹伞的孤老户》
1882年
铅笔和水洗
48.5 cm×24.5 cm
库勒-慕勒美术馆
奥特洛

图37
《穿长檐帽雨衣的渔夫》
1883年
铅笔、黑粉笔、钢笔、墨水
47.5 cm×29 cm
凡·高美术馆
阿姆斯特丹（文森特·凡·高基金会）

图38
休伯特·赫克莫
《人民的头像：海岸护卫队员》
1872年9月20日《图画报》

尔斯（1581/1585—1666年）作品中的人物。画了一些全身像和半身像之后，他将一些退休老人打扮成渔夫的样子，美术史家劳伦·索斯评论这些画与其说是肖像，还不如说是"大头像"，画中显现的不是模特自身，而是他们所模仿的角色类型和职业（图37）。凡·高故意做出这种区别，以此来超越细节和接触多种多样的人物类型，他以《图画报》上发表的被称为"人民的头像"的插图为参考范

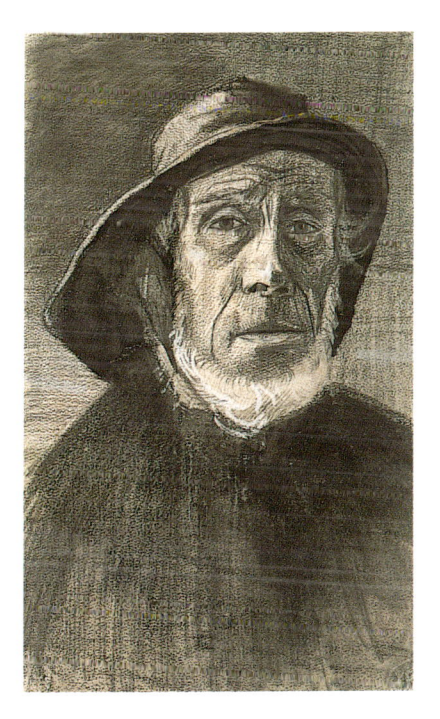

例，那是一套能够做到"从众多个体中萃取典型形象"的系列版画作品。

　　凡·高说他自己画风景画的兴趣比人物画要少上十倍。而科尔的第二次订单还是要他画风景画，不过刚好凡·高正热衷于从海牙弄到的透视框，并乐此不疲。透视框是一种长期以来一直被艺术家们使用的装置（图39），框架中穿插着紧绷的水平线和对角线，画

改变旅程，落地生根　在城市与乡村之间徘徊，1880—1883年　　65

66　凡·高

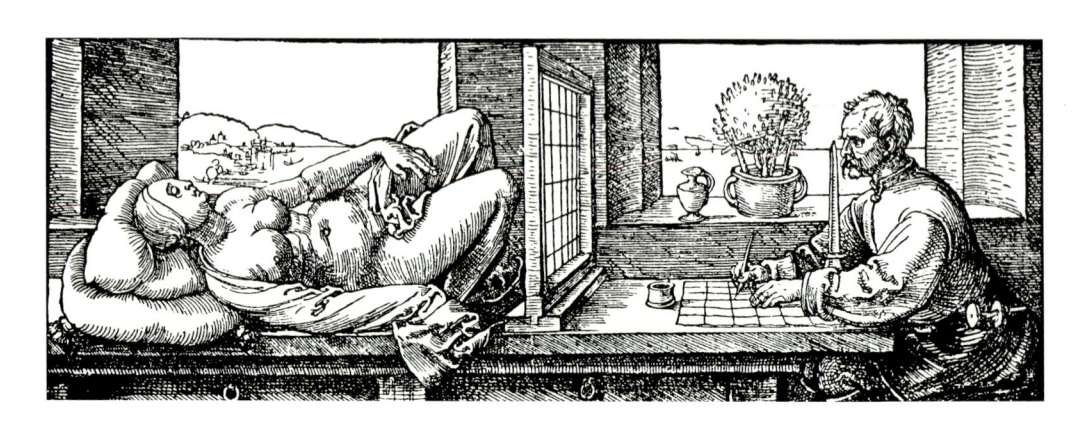

家可以透过这些参考线观察对象。毛沃和勒洛夫斯都用这种透视框,以前一度令凡·高望而生畏的大风景有了透视框的帮助可以很快完成,让他信心大增。他把装备带到了席凡宁根,架设在海滩上(图40)和晒鱼场院子中(图41),辅助他描画出海岸深度和渔场逐渐转向画面两端消失点向下延伸的空间。有了这些结构辅助线,凡·高可以通过图画标示出大范围的形状、方向、厚度和密度分布,从而使画面场景生动起来。他利用人字纹样、点彩画法、纹理和扇形曲线冲撞着眼前的白纸,奉献了一场肌理与色调的华美表演,这种情况下水彩确实显得有些多余。

在1882年年中这个时间点上,凡·高觉得可以尝试一下色彩了。拂去水彩上的灰尘,他开始在黑白素描上涂抹颜色,随后将彩绘视作自己的第一追求。他十分小心水彩的装饰性,避免使用"好看的色彩"和明亮的效果,而使用暗色调来表现海牙最贫困地区的乏味生活。他开始对水性画面的流动性很不适应。《国营彩票站》(图42)画中稀稀拉拉的颜色被凡·高早期风格中典型的浓重深暗的轮廓线束缚起来,而《背煤人》(图43)中横向排列的人物形状也因为被厚重的线条框住而显得十分扁平化。凡·高按照使用铅笔的方式挥扫笔刷,有力地表现出了《国营彩票站》的卵石地面和《背煤人》中的雪地风景。

凡·高再次使用水彩的经历,更加坚定了他对这种媒介的反感:

"如果你很想表现出人物的清晰线条、气势和强壮性,那么水彩可不是合适的方法……如果我的性情和个人感觉将我引向人物的特征、结构和动态,如果……我不用水彩表达自我,而只是用黑色和褐色画一张素描,难道有谁会因此而怪罪我吗?"

凡·高坚持个人性格塑造了自己作品的主张,来源于最近他对左拉《我的仇恨》的研读,拉帕德鼓励他重看此书,而他自己对左拉

图39
阿尔布雷特·丢勒
《绘图师的网格》
《测量论》修订版插图
1538年

图40
《在席凡宁根工作》
在1882年8月给提奥的信中所附
凡·高美术馆
阿姆斯特丹(文森特·凡·高基金会)

图41
《晒鱼场》
1882年
铅笔、钢笔、墨水和水洗
白色提高光
28 cm × 44 cm
库勒–慕勒美术馆
奥特洛

图42
《国营彩票站》
1882年
墨水和水彩
38 cm × 57 cm
凡·高美术馆
阿姆斯特丹（文森
特·凡·高基金会）

小说本来就十分狂热。左拉主张艺术应当反映创造艺术的艺术家，这个观点给了凡·高勇气。作家著名的格言"艺术就是透过心境看到的自然之一角"确切地表达了凡·高的感想，加强了他对抗公认的陈规惯例，热情捍卫保持真我的权利的信念。

凡·高发现水性色彩"根据我的特征和性情，只有一半适合我想要表达的东西"，随后将水彩弃之不用。他说的适合的"一半"，实际上也只是指"色彩"，色彩的表现能力极大地吸引了凡·高。他渴望掌握色彩，创造"坚强、严肃、男子气概"的画面，于是凡·高转向了油画。油画的实在性很适合凡·高强有力的触感，而且看上去比起精美的水彩来也更符合平民主题。他告诉提奥"有时候物质、事物自身的天性需要被厚重地描画"，在一封给拉帕德的信中凡·高提到油画比水彩更加"阳刚"。他还发现这种黏稠的媒介颇具挑战性，并将掌握油画的过程比作苦役，因为其中经历了太多的试验和错误。凡·高第一张油画厚重、费力的表面效果证明了他艰辛的努力付出。

他一如既往地热爱绘画，"这是支撑其余所有东西的脊梁"，他现在渴望继续前进，确信油画可以让他实现以前很难做到的效果。不过，他的经济负担很不利于进行过多的油画实验。素描成本便宜而且多产，凡·高认为素描更具有潜在的市场性，可以满足科尔的委托（尽管后来没有继续），还可以为流行插图期刊供稿。着眼于将作品卖给杂志，1882年快到年末的时候，凡·高开始创作版画，制作《忧伤》和一些"孤老户"素描的印刷品。他渴望那些"普通工人"能够购买他的图片，并且希望这些印刷版画能够有益于和他一样贫困的人。美术史学家简·哈尔斯克对此曾经评论：现在全世界都在对凡·高作品进行海量的复制。可以说，艺术家希望自己的艺术能够大范围传播的愿望最终在死后实现了。

1883年，凡·高在经济上遇到了麻烦，卖画上的无能开始显露，和茜恩的关系也开始恶化（他说茜恩的"老毛病"都回来了）。出于对艺术的热爱，他又考虑搬家了。他开始犹豫不决到底是返回乡

图43
《背煤人》
1882年
水彩
32 cm×50 cm
库勒-慕勒美术馆
奥特洛

下还是搬到另外一个城市。那时凡·高在博里纳日和埃顿追求"绘画之地",现在他写道"无限怀念家乡的石楠荒野和松树,思乡成疾",而另一方面"又有太多的事物将我拴在了城市,尤其是那些杂志","看不见火车倒没什么,但是如果没有那些印刷杂志,我可就难过了"。凡·高还曾经考虑要不要重返英格兰(因为他觉得在那里可以卖画),但最终他还决定到德伦特去旅行。德伦特是一个地处荷兰东北部,尚未被工业革命波及的省份。那里点缀着风车和苔藓屋顶村舍的荒芜平原的景色,很受海牙画派艺术家的青睐。凡·拉帕德经常去那里画画,凡·高认为在那里对石楠荒原创作应该很像小时候在布拉班特的感觉。他决定带上茜恩和孩子们一起走,希望她能够愿意"过上更加自然的生活"。茜恩对这个计划的态度无从知晓,但是她强烈地反对凡·高是在将她从亲戚、家乡和自身中"拯救"的说法。9月,凡·高独自一人乘火车去了德伦特,那一周,他特别地想念茜恩。

凡·高的第一站是霍赫芬,这里阴沉的天气和他的心情很搭调。大雨经常让他无法工作,只能在孤独无聊中惆怅,内心充满对过往和现在的失望。当可以画画的时候,他又苦于缺少画材。眼前的境遇让凡·高感到近乎荒唐的悲伤,但是这时他却从德伦特的风景中发现了那种在巴比松画派和荷兰大师的风景画中让他无法忘怀的"庄严与高贵"。凡·高乘坐驳船深入遥远的河道,在平静、广袤的荒野上旅行,体会着劳动者"共同反抗贫瘠的斗争",他此时画了一张风景画,画中简单上色的河岸向地平线延伸过去,越来越窄(图45)。凡·高在凄凉之中发现了美,描画了泥塘和一堆植物的黑色腐根,上方则是充满风雨的天空,"就像罗伊斯达尔的作品一样,画面充满了悲伤和戏剧性"。

德伦特茫茫无际的风景让凡·高觉得自己十分渺小,使他从心底确信"一个人如果想要成长,就必须要植根于大地之中"。凡·高开始反思人们怎么会从乡村生活转换到令人窒息的城市公寓

图44
《席凡宁根海滩》
1882年
布面油画
34.5 cm×51 cm
凡·高美术馆
阿姆斯特丹（文森特·凡·高基金会）

改变旅程，落地生根　在城市与乡村之间徘徊，1880—1883年

图45
《德伦特夜幕降临的风景》
1883年
水彩
40 cm × 53 cm
凡·高美术馆
阿姆斯特丹（文森特·凡·高基金会）

中去,"这种移植真是一件痛苦的事啊"。他开始从城市文化中抽身出来,凡·高指出:"我要让生命与自然相互和谐,而不是相互对抗,自然才是真正的文明。"然而,随着冬天的到来,德伦特的寒冷和孤寂是那么的让人无法忍受,他不得不祈求父母怜悯。1883年12月,他踏上了归家之路。凡·高上次和父母争吵离开已经是两年前的事,现在泰奥多鲁斯和安娜已经搬到了布拉班特的另一个村子纽南。这是老凡·高牧师最后一次调动工作,与此同时,我们的画家凡·高也来到了纽南。

吃土豆的人　画家成年，1884—1885年

3

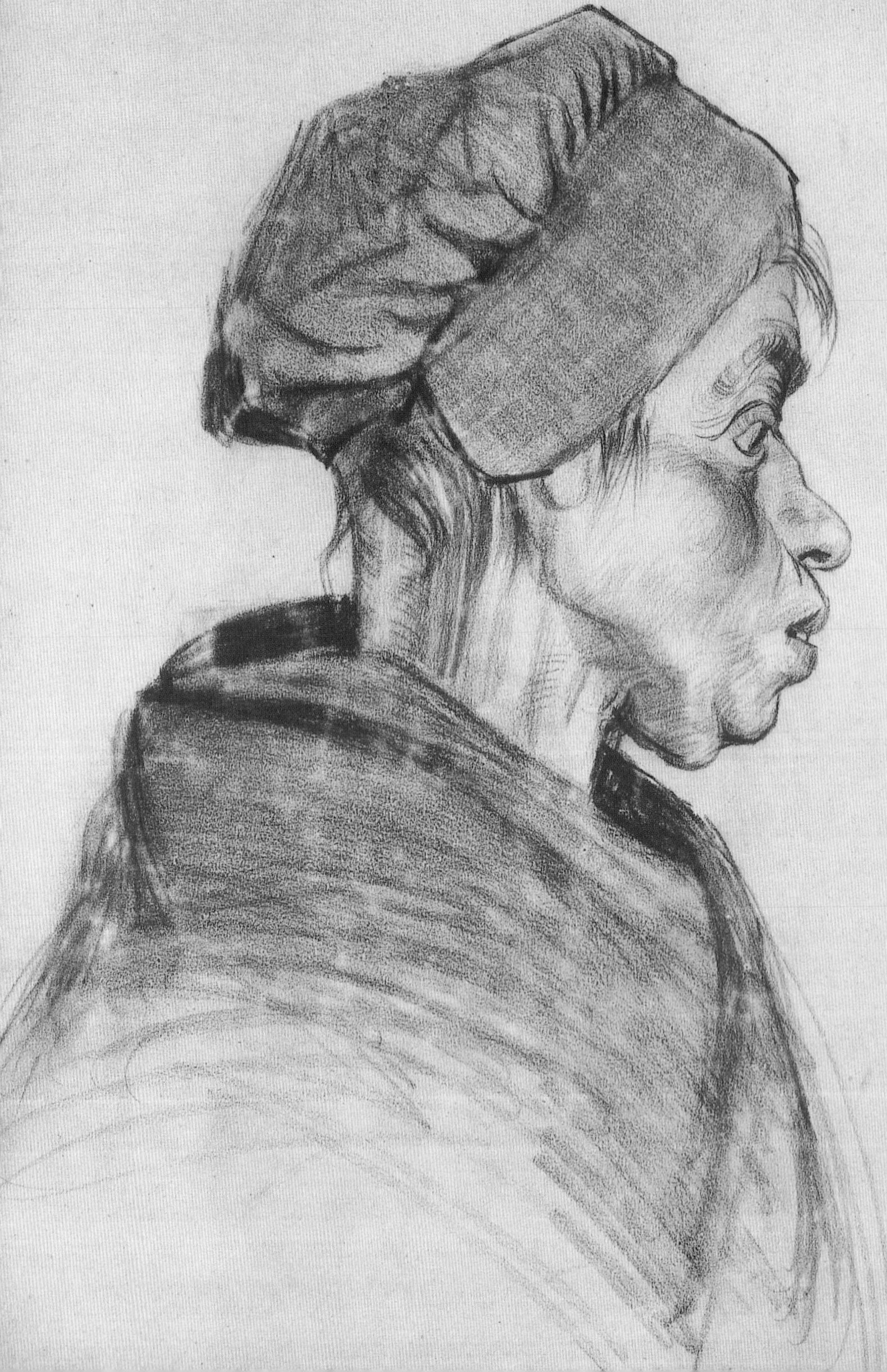

图46
《妇女侧面像》
1885年
黑粉笔
40 cm × 33 cm
凡·高美术馆
阿姆斯特丹（文森特·凡·高基金会）

  1883年12月，纽南新教团体议论最多的就是新来的牧师的蓬头垢面的儿子。父母担心文森特会制造麻烦，决定让他穿着举止随他自己的心意，牧师凡·高写信给提奥说"现在人们都见到他那个德行了……我们也不想改变事实，就让他做一个怪人吧"。

  从凡·高的角度来看，他发觉了父母的惶恐，怀疑"他们让我住进家门，就像领进来一条大野狗一样恐惧"。但是他很快改变了自我意识，随后写道"如果一条狗具有人类的灵魂，甚至是很敏感的灵魂，也应该让它知道人们是如何看待它的"。凡·高尽管极力保持着教养，但还是显得过于"粗俗"；他说自己根本不是野兽，分明就是一只迷失方向的家养宠物。他已经无法在充满歧义的朴素与奢华、自然与文化、无产阶级和中产阶级之间给自己定位。当凡·高偏爱农夫和织工的时候，他也在反思劳工阶级对"艺术和其他事情"的无视，当时在纽南，当地劳工急需提高工资待遇。而凡·高在那里生活的两年中，这种恼人的（或难以理解的）情况导致了乡村社区普遍的家庭恐慌和紧张气氛。

  尽管凡·高始终在贬损父亲思想狭隘，但为了能有个地方画画，他还是顺从地住在了家里。纽南很多方面很像松丹特和埃顿，不同的地方就是附近有一座相当大的镇子埃因霍温，凡·高可以在那里买到美术画材并且可以给 些业余画家上课，他的学生包括金匠兼古董商安东·赫尔曼斯、皮革匠安通·科斯迈科斯和邮差威

吃土豆的人 画家成年，1884—1885年

廉·冯·德·维克尔。他按照毛沃教他的方式指导他们，先练静物，随后是外光风景和色调调和。在其他方面，凡·高坚决地打破陈规，蔑视学院技法，就像冯·德·维克尔说的，有时他还会用手指去画画。

凡·高偶尔也和凡·拉帕德一起去画画，但他很讽刺地感觉到从某些方面来看，布拉班特反而比海牙还要好些。在家里他和妹妹威廉敏娜（1862—1941年）关系很融洽，凡·高生命中的最后几年和妹妹还一直保持着书信联系，分享一些他追寻艺术目标的心路历程。

他还陷入了另一场浪漫羁绊，和42岁的邻居玛高特·贝格曼成了朋友，贝格曼已故的父亲曾经连续多年负责新教圣会。贝格曼非常渴望婚姻，凡·高曾经许诺的婚约让她深爱着凡·高。凡·高认为他们的关系始终是纯洁的，但贝格曼的家里极度反对此事，导致她服食马钱子碱自杀。贝格曼曾搬去乌得勒支，凡·高也曾去看望过她，但放弃了结婚的念头。

高于一切的激情让他继续进行着工作，事实上，凡·高1884—1885年的创作量不多主要因为他一直缺少画材。1884年早期，他开始着手一系列表现织工在纺织机上工作状态的创作。布拉班特是荷兰纺织业生产中心，有三分之一的成人都在中产阶级资本主（其中包括贝格曼的哥哥路德维克）监控的工厂里做工。尽管19世纪晚期欧洲纺织业都已经开始机械化生产，但纽南这种边远地区还保持纺织机放在工人家中的小作坊式手工生产。织工们只能在家坐等大订单中分包出来的小活，所以凡·高注意到他们经常无事可做，环境让他们变得更加顺从。在1884年上半年，凡·高从这个正在逐渐消失的行业中雇用了一些工人做模特，让他们摆出早已生疏的工作场景。

他的计划最初形成是出于对前工业时代的荷兰的怀念，这些情感可以通过现存的视觉材料和织工图像来留下记录。凡·高的一些画作可以让人想起两个世纪以前的作品（图48），这也是画家以前追求荷兰乡村生活的一个延续（凡·拉帕德在德伦特时画织工也是差不多一个意思）。19世纪的欧洲艺术家也会画纺织机和操作者，以作为手工制作大规模改造为机械化生产的标志（图49）。凡·高就有一幅在巴黎《图画报》上发表的插图《织工》(1881年)，上面的图注表明了手工纺织行业正在濒临消亡（图50）。这门手艺的消失在乔治·艾略特的小说《织工马南》中就已经写到过，纺织工人马南是一位病态的、矮小的男人，被作者形容为"看上去就像被剥夺了继承权的废柴"。在小说中艾略特将织工刻画成每日昏昏沉沉、机械地重复着相同动作的人。凡·高在1875年读过这本书，这可能促使凡·高在博里纳日形成了自己对织工的感觉，认为他们是构成了"疏离一族"的"梦游者"。这种观念在凡·高阅读米什莱的《人民》后再次得到了确定，书中将纺织工人描写成孩子般的做白日梦者，在单调的工作中浑浑噩噩。

1884年上半年，凡·高经常到纽南织工的工作间去，大概画了30多张素描和油画。他对纺织工人平时里应当迷迷糊糊的刻板印象被这些手艺人的日常遭遇所改变了，他们正在转化成努力奋斗的工薪劳动者。当意识到布拉班特纺织工人与工业化进程的不稳定关系后，凡·高表示他希望能够记录下这些房子里面塞满了"巨大"橡木纺织机的家庭"现实"。在一幅图画（图47）中的一个"土质地面的可怜小屋里，织工正在被他的机械所吞噬，对面的婴儿也同样被椅子困住了。同时，艺术家非常怀念荷兰过去的样貌，他通过这些场景魔术般地将其再现出来，纺织机和旁边放置的高椅子让我们愉快地回到了18世纪，褪色的房间看上去也和凡·高所喜欢的那种旧荷兰绘画协调起来。

凡·高将一些织工画中的笨拙感归结为纺织机复杂的几何形状，将很多小地方放大看都有些透视问题。很多画中的织工都显得木讷、毫无特点，可能就是因为艺术家在全神贯注地解决如何画好

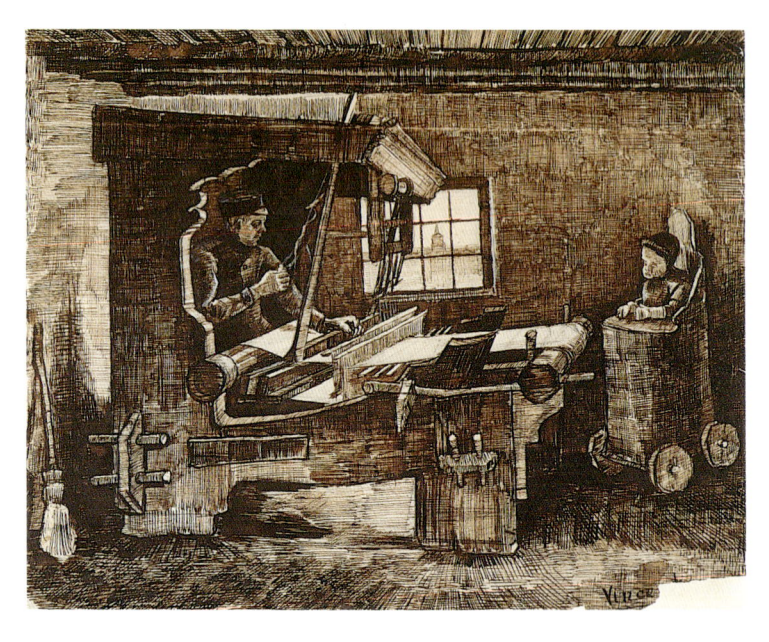

图47
《织工车间》
1884年
铅笔、钢笔和墨水
32 cm × 40 cm
凡·高美术馆
阿姆斯特丹（文森特·凡·高基金会）

图48
阿德里安·凡·奥斯塔德
《织工午休》
1650年
板上油画
46 cm × 57 cm
比利时皇家美术博物馆
布鲁塞尔

图49
《织机上的工人》
1884年
布面油画
48 cm×61 cm
伯依曼斯-范·波尼肯
博物馆
鹿特丹

图50
里凯布什
《正在消失的工业：一位纺织工人》
《图画报》
1981年

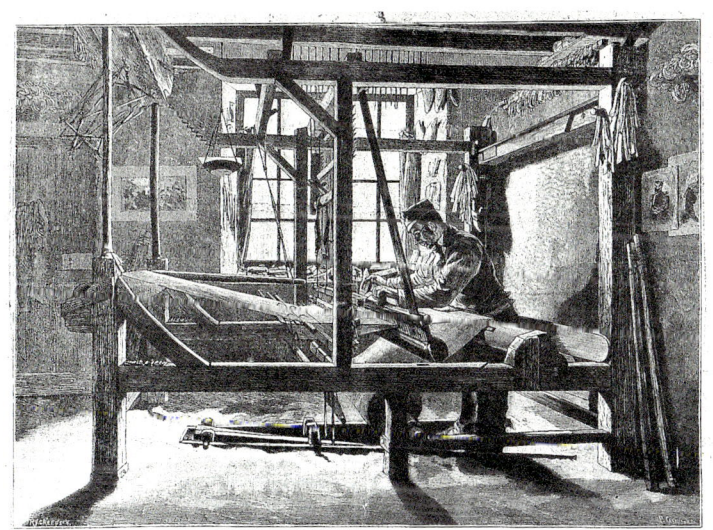

吃土豆的人　画家成年，1884—1885年　81

纺织机的技术难题吧（图49）。在给拉帕德的一封信中他指出，很好地把握住这些机器装置，就可以唤起对其操作者的联想（无论织工出现与否），凡·高可能感觉到了纺织机圈套式的外表本身就可以实现自我诉说。美术史学家卡罗尔·泽梅尔表示质疑，认为凡·高对乡下手艺人画作的浪漫化处理和他所见证的纽南糟糕现实之间的鸿沟，搞乱了他的感觉。她认为凡·高思想意识上的混乱，在一定程度上表现为那些织工在画中的奇怪模样。

图51
《老塔楼》
1884年
布面油画
47.5 cm×55 cm
布尔勒基金会收藏
苏黎世

凡·高还没有放弃织工计划，却在冬去春来之际开始转向创作越来越多的风景画。他对一处废弃的天主教堂尤其感兴趣（图51），那里只剩下墓地和塔楼没有被损毁，以前是天主教和新教的墓地，之后成为当地著名的地标（很快被拆毁了），凡·高可以通过织工村舍的窗户看到这座教堂。他以前就相信风景母题可以产生人类情感，他很喜欢墓地和荒废的塔楼传达出来的忧愁和稍纵即逝的感觉。虽然这幅画让人想起德国浪漫主义者卡斯帕尔·大卫·弗雷德里希（1774—1840年）的作品（图52），但凡·高对他在精神上的借鉴要远远多于视觉上的相似性，他告诉提奥那句维克多·雨果说过的名言："信仰远去，上帝永存。"凡·高在信中说他所画的场景展现了"信念和信仰崩塌之后……农夫的生死始终如一，如同教堂庭院中生长的花草一样，按时凋谢枯萎"。

凡·高发现在老家画的风景画和乡间劳动场面比表现纺织工人的画更能体现他在布拉班特思考的连续性。当他富有的学生赫尔曼斯请他为在埃因霍温的餐厅设计装饰板的时候，他劝赫尔曼

图52
卡斯帕尔·大卫·弗雷德里希
《橡树林中的修道院》
1809—1810年
布面油画
110.4 cm × 171 cm
夏洛滕堡宫
柏林

斯放弃了起初要画最后的晚餐和圣人的想法，从而改成了遵从传统节气的田间劳作场面。米勒的《田间的劳动者》（1852年）就是相当具体的范例，凡·高在1884年夏天根据此画创作了一张布拉班特风格的变体画。他制作了一些长方形的油画草图（图53）以便赫尔曼斯进行复制，其中包括了播种、犁地、丰收、采集木头、一个牧羊人带着羊群以及雪地中的牛车等图画。因为数月都待在昏暗的室内，他非常热衷于发现户外的色彩效果，例如，地面的古铜色调在破碎的钴蓝色调的天空衬托下，显得特别出效果。早

在凡·高第一次在海牙接触油画的时候,他就已经发现自然光下的色彩看上去"斑驳难辨而且充满颤动感"。在纽南,凡·高对这种效果的关注,随着他对19世纪色彩理论的深入研究而得到了提升,在凡·拉帕德的建议下,他开始重新学习查尔斯·布朗克的著作。

  凡·高第一次接触布朗克的著作还是在古皮尔上班的时候。1884年,他先后学习了《我们时代的艺术家》(1876年)和随后广为流传的《视觉艺术法则》(1867年)。在这两本书中,布朗克都强调了色彩、线条和光的潜在表现力(仅在描述性功能方面),

图53
《种土豆》
1884年
布面油画
70.5 cm × 170 cm
海德博物馆
伍伯塔尔

并举例说明了艺术家的应用方法。因为很喜欢欧仁·德拉克罗瓦的色彩革新和伦勃朗大师的明暗画法,布朗克在书中将两者作为典范。他在论文《论艺术中的绝对符号》(1927—1939年)中扩展了荷兰艺术家休伯特·修珀维尔(1770—1849年)提出的线性表现理论,还在《色彩调和与对比原则》(下文简称《原则》)(1839年)中分析了化学家米歇尔·欧仁·谢弗勒尔提出的色彩相互作用理论。1884—1885年,凡·高对《原则》特别感兴趣,帮助自己具体地掌握了互补色原则。

互补色就是指色彩上相互对立的颜色。从概念上讲,可见光谱

图54
查尔斯·布朗克
《视觉艺术法则：建筑、雕塑与绘画》第二版中的色彩星环
1870年
巴黎

被分为六个基本色相（图54），其中三种原色是红、黄、蓝，三种间色是橙、绿、紫。每一种间色都可以通过两种原色混合而成，比如橙色可以通过红色与黄色组合得到，绿色可以通过蓝色和黄色组合得到，紫色可以通过红色和蓝色组合得到。每一种原色又都可以被与其差距最大的间色，也就是由另外两种原色调和出的间色充分地补充衬托。比如由红色和黄色调和出的橙色，就是蓝色的互补色。布朗克在报告中指出谢弗勒尔发现当将两个互补色并置的时候会产生"强烈的对比"，相互之间的冲突使其中每一个色彩的视觉效果都得到了强化。例如，红色只有在绿色旁边，才会显得更红。反过来说，等量混合互补色会将两个颜色全都"毁掉"，制造出来"一种绝对无色彩的灰色"。如果补色不等比例混合，无法实现平衡，就会让得到的灰色有一些"色彩倾向"，布朗克称这种有色感的灰色为"破碎的色调"。

在德拉克罗瓦的案例中，布朗克解析了由补色创造的音乐性的"律动"，指出这种色彩的"交响乐"造就的惊人效果可以超越叙事性，直接和观众进行不借助文学性的交流。在布朗克的影响下，凡·高开始认为德拉克罗瓦是一位极具"音乐性"的画家，据科斯迈科斯和冯·德·维克尔回忆，他如此沉迷于寻找颜色和音符之间相互联系的可能性，为此还特地去上了几次钢琴课。凡·高不停地将音符和色彩来回比较，搞得心情烦躁无比，竟然削减了自己学生的课程。

凡·高1886年去巴黎之前，一直主要在理论层面上保持着对德拉克罗瓦艺术实践的看法，布朗克依然对他产生了极大的影响。凡·高抄下了一段《我们时代的艺术家》中对德拉克罗瓦的报道评论：局部色彩本身如果没有置于周围关系之中就显得没那么重要了，因为或许一块城市街道中的肮脏灰色，只要放到正确的位置上，也会很适合表现人体上鲜亮的淡金色头发。同样地，凡·高也发现，一抹灰暗的绿色只要放在强烈的红棕色旁边，"就可以表现一种草地上非常微妙、新鲜的绿色"，而且"在紫罗兰或淡紫色调附近只需在颜色中加上一点点黄色，就会显得特别黄"。

在布拉班特的田野中，凡·高发现到处都充斥着补色对比。好比金色的庄稼和蓝色的天空，或是绿色杂草之中的红色小路。他还在四季中找到了成对的补色对比，他记录下了春天品红和嫩绿的对比，夏日里满眼颤动的橘色与蓝色组合，秋天黄色叶子投下的紫色阴影以及冬天白雪上黑色的人影。在室内，他也运用这种类似的对比思路来安排静物，以求规划出色彩之间的"交响乐"效果。

尽管凡·高在纽南一直搞得自己像一个作曲家似的，但他的画上还是根本看不到这些色彩研究的成果。提奥面对哥哥越来越灰暗的调色板感到十分焦急，试图让他转向印象派发展，文森特回应道："我总是始终无法理解，因为我从（巴黎前卫绘画）中绝对什么优点都没看出来……你和我提到的那个'印象主义'，我觉得根本不是我想要的，不过我自己其实也不太清楚到底想要什么。"海牙画派的作品反而具备了他的当代艺术理念，凡·高在纽南跟着伊斯雷尔斯做过一些练习，"开始使用暗色画画，通过对比关系让暗色看上去亮起来"（图55）。为此出资的提奥可能会觉得他的作品"太黑了"，但文森特将他变暗的色调与罗伊斯达尔和杜普雷那些浮夸的风景做了对比后，指出在德拉克罗瓦的全部作品中都能找到这种"看上去很亮的暗颜色，或至少出现了那种效果"。

寒冷的天气把凡·高逼进了室内，他的调色盘也越发黑暗。他作品中描绘的那些帮工在收获季结束后活计越来越少，他觉得这是可以在家画他们的好机会。在海牙时，他曾经为茜恩一家和各式各样的"孤老户"画过不少素描肖像，这次他给了自己新的任务，准备画大概30张头像油画以备后用（也可能是为了解决他在画织工时暴露出来的形象塑造问题）。到了春天，凡·高攒了好几沓劳工素描和油画，这些肖像相对于色彩来说更重视形象（图43、图56）。他相信"最好的表现方式就是几乎只使用单色"，他为了避免出现间色，调色时在红、黄、蓝色中都加入了黑色。

尽管凡·高将这些头像视作"表面形象的研究"，用来提升自己的造型技术，但其中还是包含了思想意识的维度，因为他希望能够向城市人诉说"对土地和农民的思念之情"，并"教给城里人一些东

图55
约瑟夫·伊斯雷尔斯
《桌边的劳工家庭》
1882年
布面油画
75 cm × 105 cm
凡·高美术馆
阿姆斯特丹（文森特·凡·高基金会）

图56
《戴红头巾的女人》
1885年
布面油画
42.5 cm × 29.5 cm
凡·高美术馆
阿姆斯特丹（文森特·凡·高基金会）

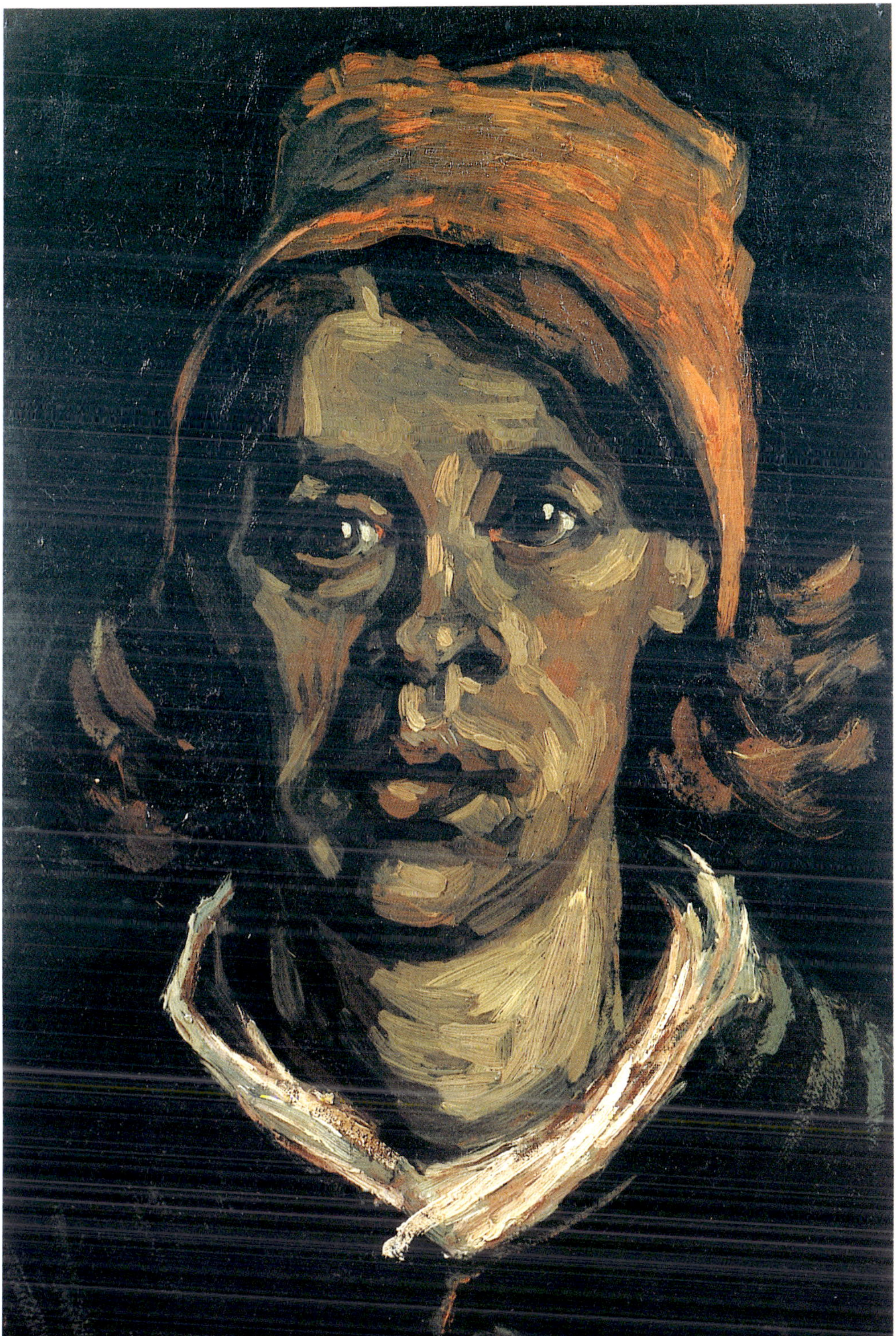

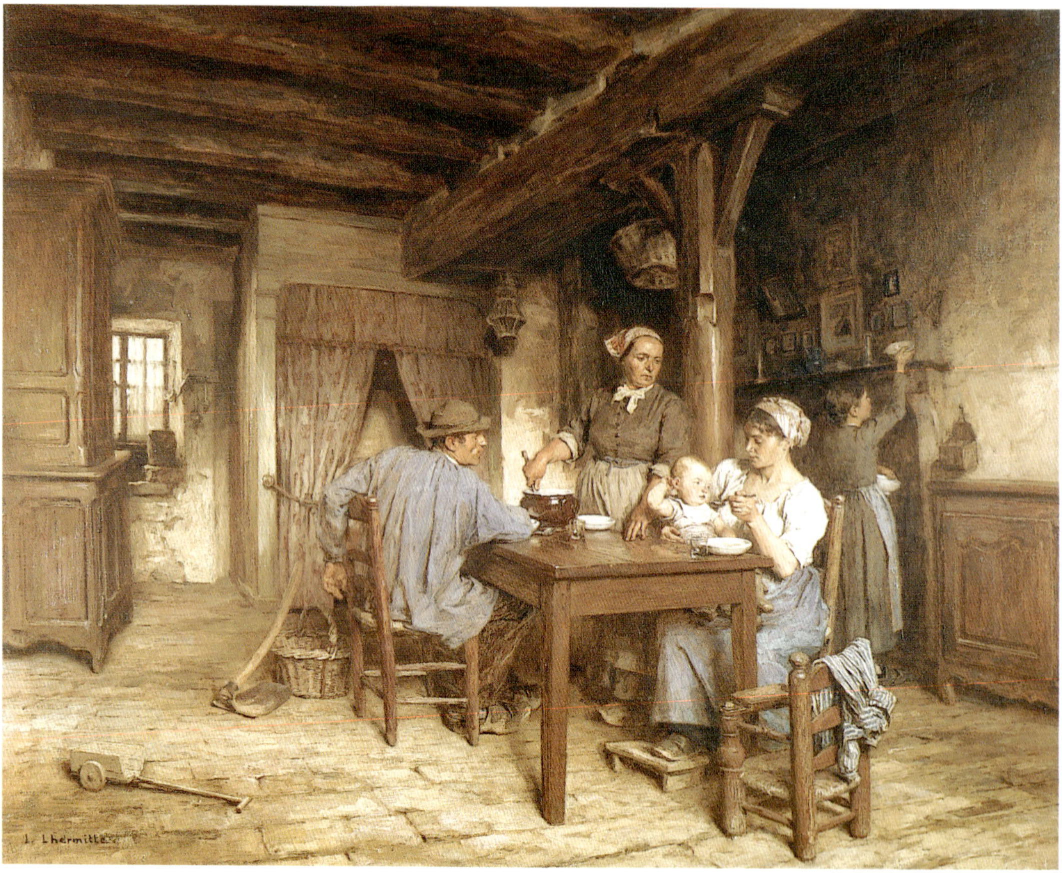
L. Lhermitte

西"。凡·高阅读了苏格兰哲学家托马斯·卡莱尔的著作《旧衣裁缝》(1831年),书中刻画了现代社会中只关注自我的都市人同他们因自大而无视的乡村无产者之间的疏离,凡·高幻想着自己能够将城里人的目光转移到卡莱尔称为"吃根人"的困境上来。这些穷人每天从黑暗的房子里出来,跑到地里挖掘着匮乏的食物。基于自己在布拉班特度过的少年时光和近期的考察,中产阶级艺术家凡·高宣称自己作为了解"真实乡下人"样貌和生活的权威,应当将这些都表现出来。

图57
里昂·莱尔米特
《汤》
1881年
71 cm×94 cm
图奈里大厅艺术画廊和博物馆
伯恩利

图58
《戴软帽的女人》
1885年
布面油画
42 cm×35 cm
凡·高美术馆
阿姆斯特丹(文森特·凡·高基金会)

尽管凡·高透过喜欢的中产阶级"农民画家"如米勒、伊斯雷尔斯、里昂·莱尔米特(1844—1913年)的作品看到过农村无产者形象,他还是开始着手创作那些类似织工的田间劳工,以巩固自己的"现实"理念。例如,他特意选择了那些特征鲜明的相貌:"皮肤粗糙,大平脸,低脑门,厚嘴唇,不瘦削,而是米勒式的丰满。"冯·德·维克尔回忆说凡·高当时四处去找"最丑的模特",很多头像的滑稽程度说明凡·高对他们的粗鄙进行了大肆的夸张。模特脸

图59
休伯特·赫克莫
《人民的头像：农民》
《图画报》
1872年10月9日

部圆球状的特征和笨拙的交界线被发黑的色彩强调出来，波浪状的潦草笔触拼凑出了黑乎乎且不平坦的油画表面（图58）。

　　凡·高将这些半身像的习作当作自己的"人民的头像"，反映了他对《图画报》中同名系列插图以及类似这种铅印效果的模仿。有趣的是，《图画报》中的"农业劳工"和系列中其他作品有着很大的区别，画中人正在室内阅读，分明是一个平和、虔诚的农民信徒（图59）。凡·高也学习了这种方式，在画田间劳工的时候将他们和工作环境分割开来，通过毫不优美的样貌（迟钝的轮廓、风吹日晒硬化的皮肤、乱蓬蓬的头发）来体现他们的"农民性"，他认为表现农民个性十足的头饰比描画劳动场面或直接体现他们的工作地点和产品要强得多。凡·高在信中指出周围吞噬他们的黑暗体现了被熏黑的村舍内部的污秽，出于他当时对布朗克著作的关注，这无疑是在展示色彩与阴影的作用。

凡·高油画中的黑暗看上去是在和他的模特们表面上的"肮脏"相呼应，与农业劳动者就应该是"一种和他们耕种的土地连带在一起的人"的概念相一致。在1688年的论文中，法国伦理学家布吕耶尔（在日后农民画家之中非常有名）将农民形容成"一种野生动物……被太阳烤焦，晒得深褐黝黑，被牢牢地束缚在自己劳作的土地上"，还说他们一到晚上就"躲进自己居住的洞穴，靠着黑面包、水和植物根茎过活"。米勒的作品就体现出了布吕耶尔所描述的农民无法逃离的"土地"，批评家泰奥菲勒·高蒂尔1851年也评论米勒的作品将农民"同他们播种的那片土地画在了一起"。凡·高同时受到了布吕耶尔的著作和高蒂尔在阿尔弗雷德·森希尔为米勒所作的传记（1881年）中的声明的鼓舞，在布拉班特的冬天风景中看到的"黑土地中的煤堆"，让他联想到了那些劳动者的面孔。

图60
朱尔斯·布列顿
《拾穗人》
1875年
布面油画
72 cm × 54 cm
阿伯丁艺术画廊

凡·高的大部分农民模特都是女性,按照美术史学家格里塞尔达·波洛克的观点,他对这些女性的刻画破坏了人们对乡村女性普遍的性幻想。类似朱尔斯·布列顿画中那种理想化的"自然的"女人在沙龙十分受欢迎,成为众多男人心中的梦想(图60)。她们壮硕的美、没有拘束的身体显示出了健康的肉感和愉悦,也象征了土地的慷慨与多产。而凡·高画的农场妇女半身像却是形容枯槁,没有半点儿女人气质,更和传统套路中的诱惑与活力毫不搭界,他也知道很多观众会对此感到"厌恶"。凡·高将这种从惯例中的背离看作自己内心真诚的标志,他声称,"刻画农民的生活是一件很严肃的事情,如果我不能让观众严肃对待,促使他们对生命与艺术进行认真地思考,我会万分自责的"。

带着心中的目标,他开始着眼于一张更具体的村舍生活画,这是一幅相当大的油画,表现了"农民们在晚上围坐在一起吃土豆"的场景。食物摆在中心位置,我们可以看到穷人们穷得连肉和面包都吃不起,凡·高在这幅《吃土豆的人》中充分地展现了乡下的穷困(图61)。面对这些不会装腔作势的人,他采取了学院派艺术家一样的宏大叙事手法:先画素描和油画习作,单独研究个体对象和姿态,开始正式创作之前设计好整体构图,画出油画草图,耗费了数月时间的试验和准备。凡·高和房主柯尼利亚·德·格鲁特全家相处了好几个晚上,以回忆为基础进行创作,他成功地驾驭"思维和想象"完成了这幅《吃土豆的人》,这是一幅"真正的农民画",也是凡·高有记录的最大的一张作品。

《吃土豆的人》既是凡·高的艺术高峰,也是他的理论研究总结,不仅在于画作再现了农民的生存状态,更是因为它将此中要义呈现在了城市观众面前。

"我想要强调的是这些在油灯下吃土豆的人,伸进盘子的手正是他们挖地的那双手,这就是所谓的手工劳动,他们就是这样诚实地挣得了食物。"

"我想表达一种与我们文明人截然不同的生存方式的印象。所以我一点也不担心人们会不会立刻喜欢或是赞美它。"

尽管他的计划和创作处理方法很像学院派,但他的最终作品却不是。他开始将此归因于不合规矩的手法延续了以前技术上的问题,并解释说"伟大的大师们……都知道如何在精致刻画细节的同时确保对象始终充满生命力",而他自己实在没有这个能力。随后他采取了另外的策略,开始为自己从常规惯例中的背弃辩护。凡·高非常认同左拉对艺术中个体敏感性的赞美,"艺术就是透过心性看到的自然之一角","就是现在……我看到了一个可以表现真实所见所感的机会。不用始终保持精确的再现,或者根本就不需要精确,只有这样人们才能够透过自己的性情去看待自然"。

最后,凡·高认为自己在画面上的违规不仅反映了自身技术问题和叛徒意味,还将这些夸大为自己对原始乡村主题的差异性已经思考成熟的标志。因为他对"农民生活精神"有了深入理解,所以不可避免地选择了粗鲁的画面处理方式,反复处理的表面效果很容易让人想起乡下农民的艰辛劳作。对比了自己的画布和布拉班特织工生产的布料之后,他对提奥说:"整个冬天,那块布的纺线一直在我手中……尽管纺线被精心挑选过,但是它还是变成了一块样子粗糙低劣的布料。"《吃土豆的人》的粗粝表面是经过考虑的,甚至是必不可少的,表明了画家的坚决主张:

"把农民画按常规画法处理得平坦光滑……是错误的。如果农民画中闻出了培根、烟熏和蒸土豆的气味,好吧,这倒是不算不健康……而如果画面中出现了成熟的玉米或土豆或鸟粪或农家肥的气息,这才是真正健康的,特别是对城里人来说……农民画上可不需要喷香水啊。"

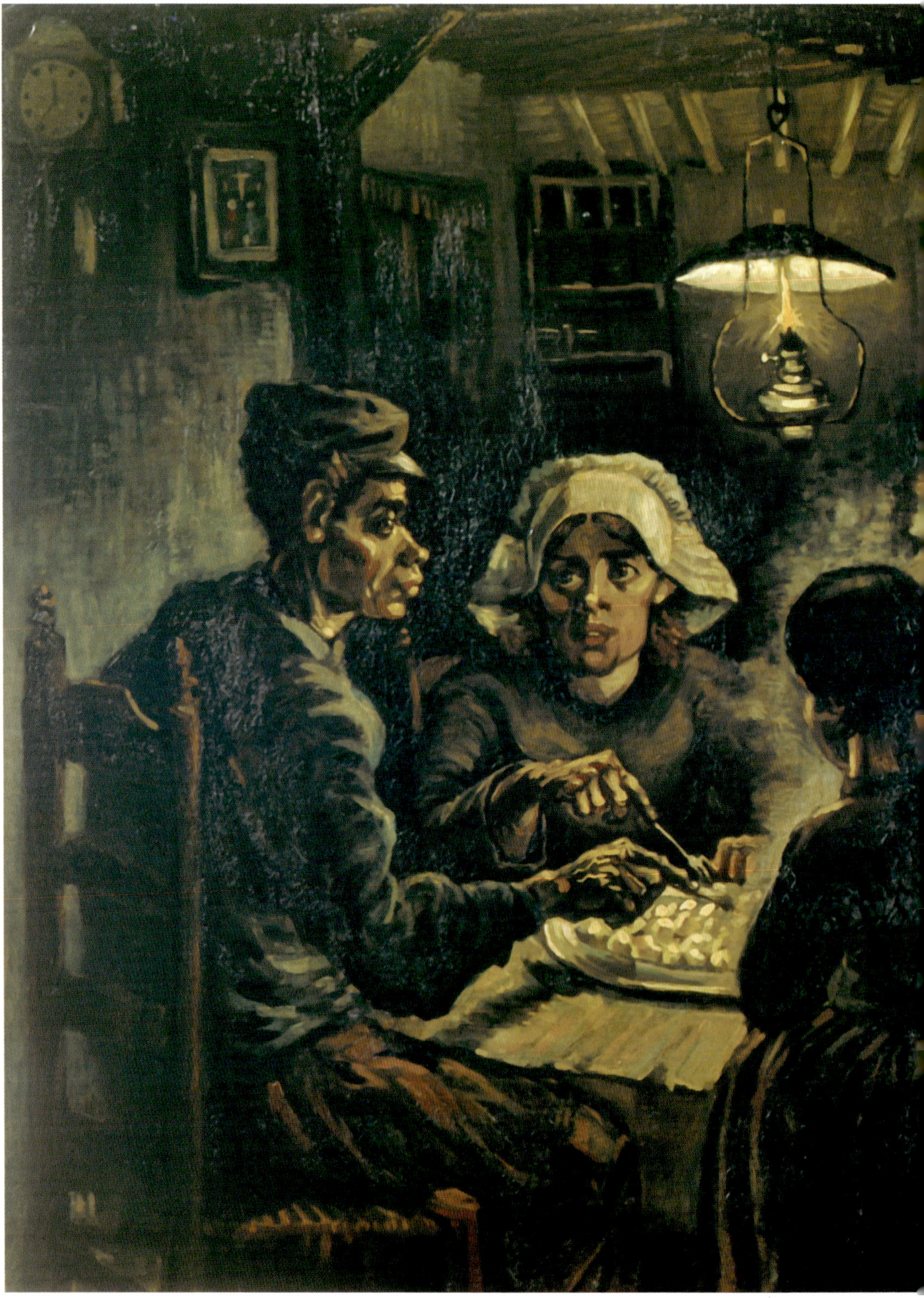

图61
《吃土豆的人》
1885年
布面油画
82 cm×114 cm
凡·高美术馆
阿姆斯特丹（文森特·凡·高基金会）

在他的农民头像中，凡·高的绘画方法和主题的互联性扩展到了调色板上。《吃土豆的人》画得"非常黑"，他解释说画面中最亮的灰色是由原色混合出来的。这种有色感的灰色穿插在那些变黑的原色之间起到了调和作用，而这些原色则构成了画面中最生动的配色，甚至在画面中被当作"白色"来解读。凡·高相信，柯罗、米勒、杜比尼、杜普雷和伊斯雷尔斯在画画的时候经常这么干，他们之中没有一个人按照"字面的含义"使用颜色。受这些艺术家背离色彩规范的激励，凡·高用更加昏暗的配色重画了头像并开始创作《吃土豆的人》。不过他在完成这些头像时也使用了新鲜的肉色。

"我立刻重新画了一遍……满是灰尘的土豆颜色，当然是没削皮的。改画的时候我觉得那句评论米勒的话简直说得太棒了：'他将农民同他们播种的那片土地画在了一起。'"

凡·高写下的这段话，说明他已经下定决心要练好色彩和肌理，以表现农民生活中的脏乱、烟尘和做饭的味道。他认识到一些观众可能会搞不清状况，但他提醒提奥："米勒和其他人都做出了独具个性的典范，但从没有人去关注批判诸如肮脏、粗鄙、污秽之气，等等，这些让织工们蒙羞的地方。这样是不行的，想画农民必须要首先变成一个农民，按照他们的方式去感觉和思考。"

在森希尔的米勒传记中，凡·高发现他的生活和这位法国大师很是相似。米勒和他一样出生、成长在农村，学会画画之后都选择在乡村进行创作。米勒其实是乡下地主的儿子，森希尔夸张了他出身的品性，声称米勒搬到巴比松之后"再次变回了一个农民"，在画画之余还会去下地干农活。凡·高也喜欢把自己在布拉班特的绘画创作想象成一种乡下劳作。1885年春天，他记录下了想要"不停地耕田、犁地、干农活"的想法，衣食住行都按照农民的样式，因为

"米勒就是那样做的"。

同时,凡·高也指出了"我们文明人"和他所描画的劳动者之间存在的鸿沟,他始终将作品观众定位在同样有教养的人群上,为城市居民创作了这幅《吃土豆的人》,并将它运到了巴黎,希望提奥能够展示出来。凡·拉帕德也收到了他寄去的一张石版画构图。结果他们都无法接受,提奥最初的反馈还比较谨慎,而凡·拉帕德则声称他被这幅画"吓坏了"。拉帕德根本不相信这是个正经创作,当凡·高断言这是受到米勒作品影响时,他简直气疯了。这幅难看的农民画渗透出一种原始的神经质,拉帕德讨厌得要死,碰都不愿意碰一下,他愤怒地列举着画中的缺点(这里胳膊短了,那里鼻子画坏了),并告诉凡·高"你明明可以画得更好一些啊"。

但凡·高认为《吃土豆的人》是他"迄今为止最好的一张画",并将凡·拉帕德愤怒的鄙夷看作拘泥于技术层面的小气之举,指出拉帕德被自己的社会地位束缚住了。凡·高很少在老朋友面前为《吃土豆的人》做辩护,但当提奥把巴黎画家查尔斯·塞雷类似的批评传达给他时,他觉得有必要出面重新解释一下自己了。他发现很多他喜欢的画家,如伊斯雷尔斯、莱尔米特、德拉克罗瓦在处理解剖结构方面全都"近乎武断","在学院派眼中也会经常错得很离谱"。

"告诉塞雷,如果我的画像画得正确了,那我便会非常绝望,告诉他我才不稀罕他们那种学院派所谓的正确……告诉他就算米开朗琪罗把腿都画长了,屁股和后背都画宽了,我也依然崇拜他。告诉他这些,依我看,米勒和莱尔米特才是真正的画家,因为他们从不用枯燥分析的方法去画画,他们——米勒、莱尔米特和米开朗琪罗——会去用心感觉。告诉他我正极度地渴望学习如何才能犯下这样的错误、偏差、重构……是的,如果你愿意撒谎也可以——但是却比表面的'真实'更加真实。"

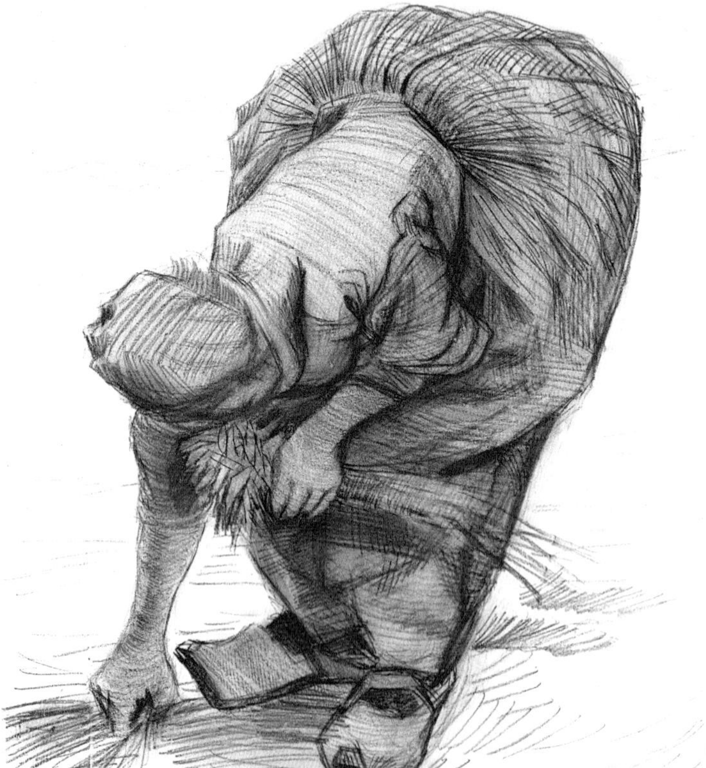

凡·高照旧搬出了《我的仇恨》来支持自己的个人风格:"左拉说,一个美丽的东西……'就在我追寻的一幅画中,我爱着,那个男人,那位艺术家'。"

1885年出版的《萌芽》重新唤起了他对左拉的狂热,小说中的情节发生在法国南部靠近比利时博里纳日的一处矿区,这让凡·高感到了深深的共鸣,激励他创作了两张新的农民头像,他甚至说他在阅读《萌芽》之前画出的一张半身像,就已经很像左拉描写的矿区女人了。左拉和凡·高一样,经常放下自己中产阶级的出身,为能够真实刻画劳工阶级、引起社会对他们的关注而感到自豪。为了创作《萌芽》,他不仅研究了煤矿工业,还深入矿区并亲自下井体验生活。凡·高也下决心要像他一样参照现实,在纽南,他开始关注掺杂着报告文学和极度热情的自然主义文学,看上去也验证了他对"机械地、奴隶般地模仿自然"的拒绝。他告诉提奥左拉并不是手里拿着镜子面对事物……而是赋予其诗意,这就是它们会显得如此美丽的原因。

图62
《农妇拾穗》
1885年
黑粉笔
51.5 cm × 41.5 cm
福尔克旺美术馆
埃森

凡·高被左拉描写的矿区家庭的绝望生活深深地感动了,他认为自己和小说中刻画的资产阶级矿工头及其盼望从工人的单调生活中逃离的幻想有着紧密的联系。在给提奥的信中,他摘抄了其中的段落,"老板规定了所有的事情,他的教育、他的福利……他活得像个畜牲,一无所有,只能和最丑、最脏的女人一起碾玉米,还得感到心满意足"。凡·高被这些文字感动了,他说,因为"我有着几乎一模一样的渴望……我厌倦了文明的单调无聊"。

"美好的东西在冬天深藏在雪层下面,在秋天深埋在黄色叶子里,在夏天躲在成熟的庄稼中,在春天便停留在草地上。能和割草机和乡村女孩待在一起总是一件美好的事情,感觉一直会,永远会这样下去,人睡在干草上,吃着黑面包……只会更加健康。"

温暖天气的回归伴随着苏醒的活力,帮助凡·高从《吃土豆的人》带来的凄凉、沮丧中恢复过来,在 1885 年夏天,他画出了自己最好的一张表现劳动动态的素描(图 62)。虽然他"没有其他的愿望,只想深入生活,深入农村的核心,描绘乡间生活",但他待在纽南的日子已经不多了。1885 年 3 月,凡·高的父亲泰奥多鲁斯突然去世,享年 63 岁。凡·高的母亲随后在牧师宅邸继续住了几个月,但大姐安娜将他赶出了房子,他暂时搬到了从天主教司事那里租来的画室中安身。他发誓要留在布拉班特,创作速度也很快,直到他的模

图63
《有鸟巢的静物》
1885年
布面油画
33 cm × 42 cm
库勒–慕勒美术馆
奥特洛

图64
《有〈圣经〉和法国小说的静物》
1885年
布面油画
65 cm × 78 cm
凡·高美术馆
阿姆斯特丹(文森特·凡·高基金会)

特高迪娜·德·格鲁特明显出现了怀孕迹象。她是一个未婚的天主教女工,有时会给凡·高做模特。这下我们的新教徒艺术家,作为一个身穿农民服饰的资产阶级入侵者可有了大麻烦,人们纷纷传言他就是孩子的父亲(凡·高坚称不是),当地神父也警告他"不要再接触比我阶层低的人"。他们还煽动天主教徒不要再继续给凡·高做模特,最后竟然闹到只要他们肯拒绝凡·高就可以获得钱款补贴的地步。1885 年 9 月,凡·高抱怨道:"我这些日子绝不会再去农田里找人给我做模特了。"

吃土豆的人　画家成年，1884—1885 年

104　凡·高

图65
弗兰斯·哈尔斯
《小连队》
1633—1635年
布面油画
（最终由彼得·柯德完成）
207 cm × 427 cm
荷兰国立博物馆
阿姆斯特丹

图66
爱德华·马奈
《死去的斗牛士》
1864—1865年
布面油画
76 cm × 153.3 cm
华盛顿艺术画廊

农民画事件引发了各种流言蜚语，凡·高被迫转向画静物，他花了数周的时间去画那些和以前的模特们相关的物件：木鞋和黏土烟斗、朴素的陶器和食物，甚至还有一些鸟巢，他用鸟巢来象征现在已经禁止他访问的"荒原上的村舍、人类的巢穴"（图63）。从在毛沃那里学徒开始，凡·高就一直将静物画看成进行技术试验的重要方式，在新开的荷兰国立博物馆做了简短之旅后，他的色彩水平有了很大提高，并且开始尝试在《有〈圣经〉和法国小说的静物》中加入一种明亮的感觉（图64），作为向哈尔斯的致敬。

一旦去除了草率和粗鲁，哈尔斯的作品便在19世纪获得了热情洋溢的赞美。浪漫主义者热捧着哈尔斯作品中天才的"逼真性"和独特性（可能和他不羁的生活方式有关），19世纪中期的批评家，包括托雷和布朗克都非常关注他大胆的用色和生动的笔触。崇拜者们还非常赞赏哈尔斯的远见：尽管受到自己肖像画法的限制，但哈尔斯不但创作那些市民团体组成的公共社团群像，还会偶尔描绘街头市井人物、传统商人和他们妻子的画像。资深共和党人托雷认为这种包容性带有一种值得赞许的政治火花，夸奖哈尔斯的肖像"涵盖了粗鲁的水手、市长、快乐的工人、人群……一个平等的国家里所有的阶层"。

荷兰国立博物馆展示了哈尔斯一张宽幅大作，凡·高非常喜欢这张画，并且有他自己的解读。哈尔斯粗放的处理手法给作品带来了个性，为模特带来了活力，使凡·高把握住了学院派所谓"完成度"的概念，使他再次振作起来。此外，他还发现哈尔斯喜欢在宽阔区域的中心位置使用活泼的色彩（凡·高在随后的静物画中也布置了活泼的黄色与周围黑色、褐色和灰白色相对比），而且还为他熟练的补色应用而兴奋不已，盛赞哈尔斯为"色彩画家中的色彩画家"。凡·高从哈尔斯的《小连队》（1633—1635年，1637年；最终由彼得·柯德完成）中看到了处在中间位置的满身灰色的掌旗官，他推测其衣服上的中性灰色"可能是由橙色和蓝色调和而成的"，"但是等一下！仔细看看这个灰色，竟然是蓝色和橙色……并置排列在

吃土豆的人　画家成年，1884—1885年

一起形成的,就像密集的电线杆一样……德拉克罗瓦会疯掉的,绝对会疯掉的,我站在那儿目瞪口呆!"仔细地观察凡·高《有〈圣经〉和法国小说的静物》中《圣经》的灰色方块,就会发现他在尝试复制这种效果:凡·高将橘色和蓝色斑点混合在一起形成了中性色调。提奥曾经和他热情地描述过马奈的《斗牛士之死》,这是一幅最为"中性色调"的作品,画中人物腰部被黑色包围的不干净的粉色和肉色区域成了整个画面的色彩最高音(图66)。作为回应,凡·高将《有〈圣经〉和法国小说的静物》发给了弟弟并骄傲地宣称这幅画是自己"一气呵成"的,算是对哈尔斯的再一次致敬,因为哈尔斯那种不加修饰的笔触后来被马奈等人大范围地模仿。在国立博物馆里,凡·高被哈尔斯如此与众不同的画作所震撼,"画中所有的东西好像都被简化了"。他开始对绘画进行简化改造,希望获得从哈尔斯那里学到的充满信心的自发性效果。在阿姆斯特丹,他发现这其实"相当简单",他写道,"只要毫不犹豫地描绘对象就可以了,别去在乎它的结构和色彩"。

《有〈圣经〉和法国小说的静物》明显是一幅用来研究对比关系的画,凡·高自己的评述中并没有提及画面内容。画中出现的两本书分别是泰奥多鲁斯的皮面《圣经》和一本平装书,两本书不仅在大小、颜色和位置上都不相同,在主题上更是相互对立。打开着的《圣经》倾斜的方向同桌面一致,其柔和的色调和画面整体的昏暗结合在一起。《圣经》旁边摆有熄灭的蜡烛,这是一个象征死亡的传统符号,经常与旧书和人类头骨相伴出现,这种符号化的静物在拉丁语中被称为"浮华",在17世纪尤其流行。《浮华静物》(图67)强调了世俗生命的转瞬即逝以及在死亡面前世俗学问和财富的无价值。凡·高的作品显然是在表达对刚刚死去的父亲的怀念,但和《圣经》搭配在一起的已经卷角的平装小说则表现了叛逆的信息:既是对泰奥多鲁斯的反抗,也是对绘画陈规惯例的反抗。

那本黄皮书是一部当代小说——左拉的《生之喜悦》(1884

年)。左拉是凡·高心目中的英雄,而父亲则很讨厌这个颇受争议的外国作家。凡·高曾和泰奥多鲁斯辩论这种黄皮书的内涵,将父亲的反对看作一种狭隘的表现,导致两人交恶。"生之喜悦"是一个普通的法语词,指的是生命的愉悦中无忧无虑的快乐,正好和《圣经》与《浮华静物》中的训诫完全对立。小说的情节恰如其分地体现了艺术家的现状,因为《生之喜悦》描述了一位敏感的钢琴家的堕落轨迹,他因专业上的失败返回了家乡,最后他的雄心抱负因为乡下的闭塞和父母的蔑视而磨灭殆尽。

图6/
皮埃特·克拉斯
《浮华静物》
1639年
布面油画
39.5 cm × 56 cm
海牙皇家美术馆

除了让凡·高回想起老父亲以外,《圣经》还表现了画家自己的过去,曾经顺从的儿子、虔诚的教徒、前牧师,凡·高将这些过往都推向了画面背景。黄皮小说的暗示就更加直接,其随意摆放的位置和破旧褶皱的外观说明凡·高最近还在经常地翻阅它。凡·高在纽南停留期间,左拉和其他法国作家为他建立了与当代文化的重要联系,他对提奥说:"最近的法国小说帮助我得以一瞥'现代文明的灵魂',一些'父亲永远不会知道的东西'。"正如《有〈圣经〉和法国小说的静物》中熄灭的蜡烛唤醒了凡·高的过去,这本灯塔

吃土豆的人 画家成年,1884—1885年

一样明亮的平装书为他指明了一条新的航向。

　　凡·高在一个月内运走了画作,离开了荷兰,永远没有回来。他的第一站是安特卫普,在这里度过了成果颇丰的三个月,而且竟然还被艺术学院录取了。虽然事情发展得如此令人欢欣鼓舞,然而,安特卫普对于凡·高来说只是一个中转站,他向提奥发起了攻势,祈求弟弟准许自己移居到巴黎去。他的愿望是伟大的,可耐心却是有限的,1886年年初,凡·高在没得到提奥同意的情况下便动身了,他热切地期待着这个西方世界的艺术之都,会给自己带来什么样的境遇。

焕然一新　凡·高在巴黎，1886—1888年

4

凡·高

图68
《蒙马特的布吕特芬风车磨坊观景平台》
1886—1887年
装裱在纸板上的布面油画
44 cm × 33 cm
芝加哥艺术学院

1886年3月,凡·高抵达巴黎后直接去了卢浮宫,当年在巴黎工作的时候他经常到这里观摩。因为这次违背了提奥的意愿,所以他没有拿到提奥寓所的钥匙,而他又羞于到以前开除他的画廊里去找弟弟,于是便给在波索德和瓦拉东画廊工作的弟弟捎信,约好在卢浮宫见面。

尽管心中不悦,提奥还是同意哥哥住进了自己的小公寓,挤在小屋里熬了几周以后,两人终于搬到了莱皮克街的单元房里。这条街沿着著名的蒙马特高地西南侧蜿蜒而上。在凡·高搬到这里之前,蒙马特还没有改建,依旧弥漫着一种小镇气息,人们都因为这里还保留了三架风车磨坊而感到骄傲,在最高的风车那里还搭建了观景台(图68),可以远眺巴黎市中心的教堂穹顶与塔尖、北面工业区的烟囱以及大面积的花园绿地(图69)。凡·高参观博物馆的时候会经常到市中心去,但他还是喜欢在住处周边地区或者克利希北部郊区、阿涅尔及圣欧文创作。

凡·高来到巴黎的第一周就画了很多城镇风景画,画面中大都出现了风车,而且用色深暗,看上去和在荷兰画的(图70)没什么区别。而另外一些以"巴黎人"为主题,凭"印象"创作的画用笔短粗厚重,色调上略微明快了一些(图69),不过还是和荷兰传统关系密切。1886年,凡·高在高地创作的这幅远景画,构图上和罗伊斯达尔的《在奥弗芬的山丘上看到的巴勒莫风景》(图10)很相似,画中阴云密布的天空让人想起了像毛沃这样的"灰色画派"画家偏爱的那种天气（详见图23和第一章）。如果说印象主义绘画在凡·高的《屋顶》系列中起到了作用，这作用也不是直接的，而是受到了他喜爱的左拉小说《爱情的一页》中印象主义"文字绘画"的间接引导。

左拉与印象派画家关系十分密切，在创作《爱情的一页》时，正值印象主义运动的全盛时期，他有意识地仿效画家朋友们去"关注微妙而易逝的大气效果"。"光线和乳白色的雾气"使巴黎的天空像是"一块被天气画过的画布"，左拉写道：

"黄色的烟雾不时地变得松散起来，融化在空气中，如同被天空喝掉了一般，沉睡在巴黎头顶的广阔云层之上，一片褪去颜色的无瑕蓝天，淡得几乎变成了白色。"

在这种文字描述的画面中，左拉完美地调和了他的知觉（比如"褪色的蓝天""几乎变成了白色"），好像他就站在现场，努力地描画着眼前的风景。通过巧妙地运用活泼的动词，他展现出了自然光线的转瞬即逝，它们正在景色中"舞蹈"，在屋顶上"奔跑"。

凡·高借助左拉形成了现代巴黎的精神图景，他的艺术家朋友埃米尔·伯纳德回忆说，"凡·高在读左拉的时候，很想去画蒙马特那些卑微简陋的小屋，在清晨的阳光下，居住在那里的无产阶级正在开垦着自家门前的一小片沙地"（图71）。凡·高一定会很愉快吧，因为他发现左拉的巴黎和自己窗外的景色竟然是如此地相同。1887年，提奥和一位荷兰朋友说：

"文森特需要很多空间去搞创作，所以我们搬到了蒙马特一个相当大的公寓里……这里可以看到全城壮观的风景……头顶上辽阔的天空几乎和你站在沙漠中看到的一样大。"

图69
《巴黎的屋顶》
1886年
布面油画
54 cm×72 cm
凡·高美术馆
阿姆斯特丹（文森
特·凡·高基金会）

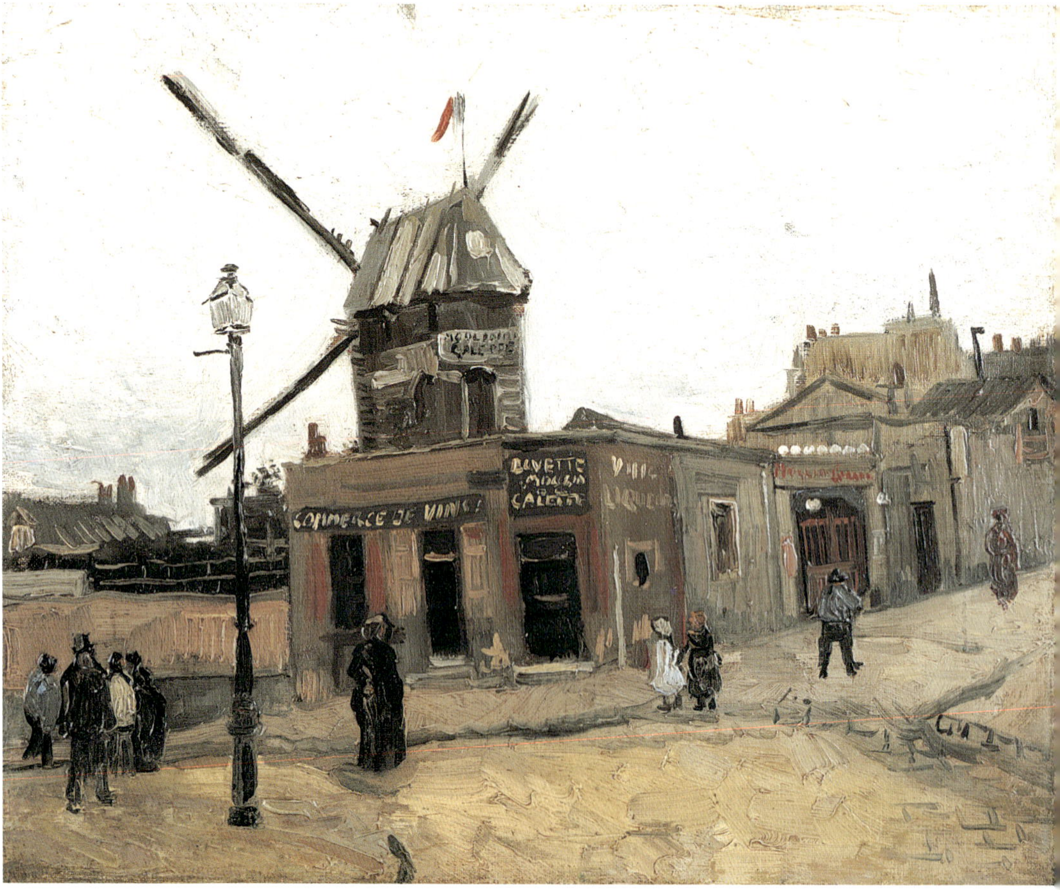
COMMERCE DE VINS
BUVETTE

"时刻都在变化的天空呈现了太多不同的效果,我不知道要画多少张画才能表现好这个主题……换一个角度看,我在左拉的《爱情的一页》中,找到了对这种景象的完美描述。"

尽管凡·高可能还没有意识到,左拉受印象派画家启发而来的

图70
《煎饼磨坊》
1886年
布面油画
38.5 cm × 46 cm
库勒–慕勒美术馆
奥特洛

图71
《蒙马特小花园》
1887年
布面油画
42.5 cm × 32.5 cm
凡·高美术馆
阿姆斯特丹(文森特·凡·高基金会)

图像化的文字,已经让他差点儿理解了什么是印象主义。提奥曾尝试在书信中为他描述印象派绘画,结果搞得凡·高很难理解,甚至他在安特卫普的期刊连载中读过了左拉描写艺术世界的小说《杰作》(1886年)之后也是如此,这让他觉得自己"永远也不会搞懂到底什么是印象主义了"。

有人指出凡·高在1885年对哈尔斯的强烈兴趣,帮助他做好了

焕然一新 凡·高在巴黎,1886—1888年

来年接触与时俱进的巴黎绘画的准备。从哈尔斯的作品到印象派和新印象派绘画,这是一个伟大的飞跃,凡·高花了数月的时间才勉强接受了最新的法国样式。他是一位认定"哈尔斯是色彩画家中的色彩画家",制图术"是支撑其他一切的脊梁"的艺术家,你可以想象一下印象派那种高调的调色盘和松动的用笔方法导致的直接效果,

对凡·高来说意味着什么。

凡·高后来回忆说:

"我听说了有关印象派的说法,盼望着能够了解更多……当我第一次见到了印象派,却感到了极度、极度地失望,这些画邋遢、丑陋,画得很坏,描得很差,色彩恶劣,一切都很蹩脚。这是我来

到巴黎后的第一印象，这主要是因为我受毛沃、伊斯雷尔斯和其他聪明的画家们的观念影响太多了吧。"

到底哪些画让凡·高感到如此"蹩脚"已经无从考据。因为和提奥住在一起后，他就很少写信了，所以他这段时期的经历几乎没有什么文献记录。提奥当时顺应潮流，偶尔也会卖一些印象派绘画，但他管理的波索德和瓦拉东画廊蒙马特分店并没有留下1886年这些画的销售记录。可能直到1886年6月份画商乔治·佩蒂在他的画廊展出莫奈和雷诺阿作品的时候，凡·高才真正看到了最杰出的印象派画家们的作品。莫奈和雷诺阿19世纪80年代都离开了巴黎和他们发起的运动，开始反思自己的创作方式。莫奈一直在思考个人主题和绘画，雷诺阿对绘画技巧发生了兴趣——以至那个时期的名作《大浴女》（1887年在佩蒂画廊展出）竟然耗费了他3年的时间。佩蒂画廊1886年的展览是印象派8次群展中的最后一次，随后印象派圈子便解体了。自从印象派第一次画展举办以来已经过去了12个年头，这次最终展从5月中旬持续到了6月中旬。不过凡·高在展览中没见到几张"经典的"印象派作品，因为莫奈、雷诺阿和他们从前的伙伴阿尔弗雷德·西斯莱（1839—1899年）都没有参展。毕沙罗（唯一一位参加过全部8次展览的印象派画家）这次有20张作品入展，他一直专攻外光画法，但是最新的这些风景画受到了乔治·修拉（1859—1891年）的影响，已经全都改用点彩画法了。贝尔特·莫里索和阿尔芒德·基约曼倒是没有大幅度转向19世纪70年代风格，展出了他们最有印象派特色的作品（图72）。其他"保守派"参展人，例如德加，从来就没有遵循过印象派的路线，仅仅展示了一套蜡笔画，画中描绘了一些正在昏暗闺房中专心梳妆打扮的女人们。

最后一次"印象派"画展以那些拒绝19世纪70年代的自然主义风格，推崇由画室发展成熟的程式化风格的艺术家为主。其中最

图72
贝尔特·莫里索
《布吉瓦尔的花园》
1882年
布面油画
59.6 cm × 73 cm
威尔士美术馆
卡迪夫

著名的就是修拉,其名作《大碗岛的星期天下午》(图73)也在展览中亮相。像凡·高一样,修拉也深受布朗克《视觉艺术法则》的影响。布朗克在有关对立颜色的"同时性对比"(最早由谢弗勒尔提出,由德拉克罗瓦应用于实践中,见第三章)的论述中,建议艺术家应该最大限度地达成一种效果:画家应该将"相互分开的纯色笔触"紧密地并置在画布上,而不是在调色盘上提前将复杂的颜色调和在一起。他认为观众的眼睛会自动将这些并置的小色块混合成我们想要表现的颜色,从而制造出"相比在调色盘上直接调和颜色的传统方法,更加纯净和活泼的色彩"。

修拉对布朗克所谓的"视觉混合"过程的可能性非常着迷,他将观察到的颜色拆分成几个组成部分(例如,物体本身的固有色,照射到物体上的光源色,反射自周围物体的环境色),再将复合色分解成若干细小、独立的色点。修拉将自己的艺术实践称为"分色画法"(因为要将复合色拆分成相互分离的颜色),也就是后来流行的"点彩画法"。《大碗岛的星期天下午》在独立沙龙再次展出后,法国批评家菲利克斯·费内翁把修拉的风格称为"新印象主义"。费内翁将印象主义绘画的初衷定义为记录城市闲暇的休闲场景和自然光效果,解释了修拉这种处理方式的创新性。受过学院教育的修拉很有"古典"品位,他在工作室里花费大量的时间,将之前直接对景写生勾画的草图创作成大型油画。他摒弃了特殊主题中的新奇性和印象派画家所看重的"偶然性",通过观察现象巧妙地把握住自然的瞬间,精确计算过的笔触让观众获得了画家预先设定好的色彩感觉,这使得修拉的作品在注重偶然性的主流印象派绘画中脱颖而出。

凡·高来到巴黎艺术界的时候正好赶上发生重大变革的一年。前卫艺术的火炬从莫奈、雷诺阿这样的艺术家那里传递到了27岁的修拉和他的追随者手中,这些新生力量都参加了最后一次印象派展览和1886年独立沙龙展。我们不清楚当时如潮水般的评论对

图73
乔治·修拉
《大碗岛的星期天下午》
1884—1886年
布面油画
207.6 cm × 308 cm
芝加哥艺术学院

凡·高影响到什么程度,这位新来的画家现在还搞不明白19世纪70年代的印象派和19世纪80年代由此派生出来的反印象派之间的区别。按凡·高自己的总结,"印象派"就是当前所有反学院绘画的各式各样流派的总称。

相对于样式风格,凡·高更倾向于用经济层面来划分前卫艺术,他开始关注那些在杜兰德·鲁埃尔和佩蒂画廊展出的艺术家,这些人商业上很是成功,被称为"林荫大道的印象派"或"佩蒂大道的印象派"。不过凡·高从来没有认为自己是"俱乐部中的一员",他在专业上越是失败,就越是坚持自己的艺术信念。

凡·高在安特卫普时写的信中表明,他在巴黎对前卫艺术并没什么兴趣。与此相反,他最初的目标是到美术学院进行人体和石膏像训练,以提高人物画水平。1886年年初,他曾经在安特卫普参加了两个绘画俱乐部和市立美术学院的培训班接受人物写生培训。在导师卡尔·沃莱特公开批评他的人物画效果差劲,并要求他重新参加矫正补习班后,凡·高在安特卫普的最后一周时间全都用在了石膏像练习上。以前在海牙时他曾经拒绝了毛沃让他画石膏像的建议,现在凡·高终于承认了这种练习的重要作用,并虚心接受各种对他古怪作品的苛刻的批评:"因为我已经孤独一人画了那么多年,"他幽幽地写道,"我怀疑当我想要或能够向别人学习的时候,还是免不了会用自己的眼睛去观察,按原来的方式去画画。"

在安特卫普时他就很欣赏巴黎美术学院的费尔南德·柯尔蒙(1845—1924年),这位肖像兼史前风景画家在蒙马特管理着一间画室(布莱特纳曾在那里学习过)。很明显,因为提奥经常和他介绍柯尔蒙,促使凡·高在不知不觉中想要搬到法国向柯尔蒙学习。尽管他拖延到1886年秋天才注册入学,他后来还是声称自己已经在柯尔蒙那里学习了三四个月。据友人们回忆,凡·高这个时期的作品在柯尔蒙的指导下显现了活泼的色彩,因为他黑乎乎的调色盘,在夏天过后的确变得明快多了。

凡·高想在提奥的公寓里画画,结果发现专业模特比他在荷兰乡下找的农民价格可贵多了。因为既没有钱也没有熟人帮忙做模特(很奇怪他从来没画过提奥),凡·高只好开始画自画像,经过一系列尝试后终于画出了《画架前的自画像》(图1)。同时,凡·高像在纽南时那样画起了静物,在和毛沃交好的那段时间他已经认识到静物画对于学习的重要性(对艺术形式和艺术家预先取舍、安排等主题规划要求极高)。1886年夏天,提奥告诉母亲:"文森特现在主要画花卉,总在念叨着如何在下一张作品里加入更多鲜艳的颜色。"凡·高开始对印象派萌发了钦佩之情(后来他提到过莫奈的风景和德加的人体曾经打动了自己),促使他形成了追求色彩的新目标,与点彩画法的接触更是激发了他对互补色应用的强烈兴趣。

凡·高在1886年对色彩的研究延续了查尔斯·布朗克的路子,他的艺术习惯性地受到书本上的影响,他对巴黎静物画的叙述也体现了他在纽南时对教材的仔细研读。在给安特卫普的熟人、英国画家贺瑞斯·曼·利文斯(1862—1936年)的一封信中,凡·高使用了利文斯的母语英语,当遇到"破碎的色调"(tons rompus)这样的词语时,便掺进了布朗克《法则》中的法语原文:

"我还是很缺钱,否则就可以全身心地画人物画了。但我进行了一系列色彩研究……画了一些简单的花卉……我探索了蓝色与橙色、红色和绿色、黄色和紫色之间的对比,研究着'破碎的色调'……想尽办法将这些粗暴、极端的对立和谐起来。"

因为刻意地以对立颜色作为表现手段,凡·高在1886年的花卉画中显露出了持续的谨慎。强烈的色彩,比如《罐中的蜀葵》(图74)中右边枝条上的那些红色,被暗调的调和色和周围包裹的中性色削弱了。《罐中的蜀葵》中的中性色,即布朗克称为"破碎的色调"的有色感灰色,是由不同比例的补色调和而成的。举例而

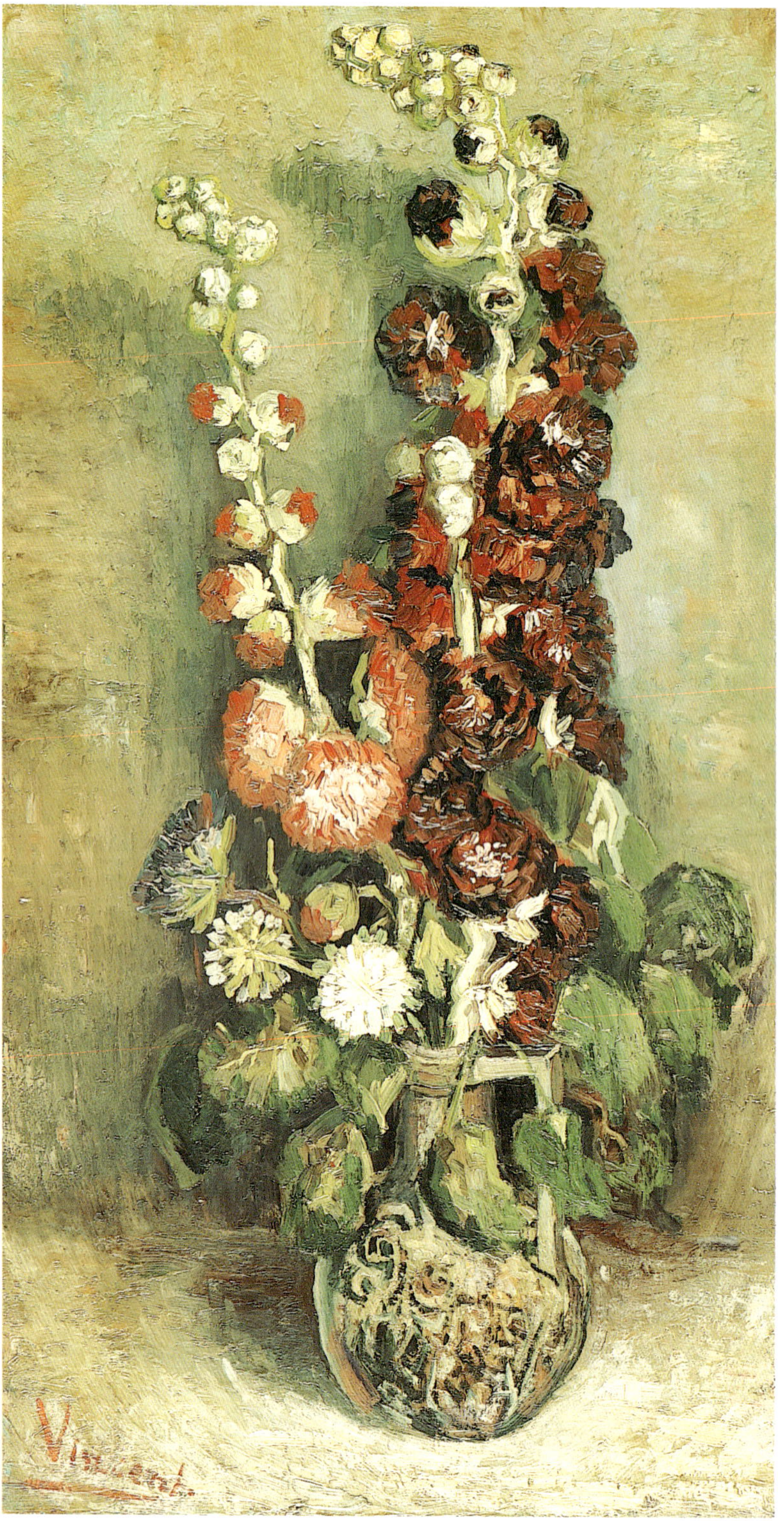
Vincent

言,蜀葵背后的墙面就是由凡·高用最鲜亮的颜色调出的略带绿色和浅玫瑰红色的灰色塑造的;这些混合灰色产生于红色和绿色的结合,体现着一种和谐感。凡·高起初在印象派和新印象派的纯色调色盘面前很是犹豫不决,相比之下现在这幅《罐中的蜀葵》画面中烟花般的色彩就显得更加具有理论意义了。

让凡·高犹豫的原因可能是他的荷兰背景,也可能是此前他看过的画作。提奥的公寓就挂着很多花卉画,其中包括6幅阿道

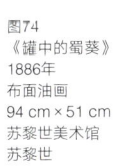

图74
《罐中的蜀葵》
1886年
布面油画
94 cm×51 cm
苏黎世美术馆
苏黎世

图75
阿道夫·蒙蒂塞利
《三脚瓶中的花束》
1875—1876年
布面油画
51 cm×39 cm
凡·高美术馆
阿姆斯特丹(文森特·凡·高基金会)

夫·蒙蒂塞利(1824—1886年)的作品。在他的作品中,凡·高看到了一位"直接继承了德拉克罗瓦风格的色彩画家",前辈艺术家使用响亮的色调补偿了色彩的震颤感,将宝石般的颜色嵌进了暗色的背景中(图75)。蒙蒂塞利画中稠厚、复杂的表面可以同凡·高刚到巴黎时喜欢的作品相媲美,其花卉作品对凡·高产生的

焕然一新 凡·高在巴黎,1886—1888年

影响毋庸置疑。

如果凡·高在巴黎的第一个月一直是独自创作的话，那么他对艺术伙伴的期盼以及对模特和石膏像的渴望，必定会将他吸引到柯尔蒙这里来。尽管柯尔蒙的身份资格甚高（法兰西学院成员、国立美术学院教授），但他却以开放的思想闻名于世，这吸引了很多具有冒险精神的青年艺术家，其中包括路易斯·安克坦（1861—1932年）、亨利·德·图卢兹-劳特累克（1964—1901年）和埃米尔·伯纳德（1868—1941年），他们后来都成了凡·高的好朋友。安克坦和他相识的时候正在研究新印象派，他常和凡·高一起探讨德拉克罗瓦和色彩理论。劳特累克已经是一位新锐肖像画家了，他邀请凡·高参加每周在他工作室举办的聚会，并领着他去泡蒙马特的咖啡馆（图76）。伯纳德在凡·高到来的时候已经被画室开除了（他青年时期反叛意识极强，让柯尔蒙这样包容的人都无法接受），不过偶尔还会回来转转。

根据伯纳德和劳特累克的朋友佛朗索瓦·高兹描述，凡·高是一个不善交际、不守常规的外国画师，在柯尔蒙那里整个就是一笑柄。他易动感情、直言率真，平时更愿意"安静地待着"，每当造型课结束后，其他学生都走光了，只有凡·高一人留下来刻苦地修改作业。1886年，凡·高画了一大堆习作（图77），画遍了他感兴趣的东西。除了人体写生课（此模特是个儿童）以外，画班课程还包括古代人体石膏像和最近较新的雕塑（例如，人体结构图或是让·安东尼·华托制作的解剖人体塑像）。不过，凡·高认为课程没有他想象的那么有用，可能是他觉得自己的问题没有得到解决吧。他容易冲动的性格和多年养成的习惯，让他更愿意独自一人创作，凡·高曾经和利文斯说这样可以帮助他"更多地感觉到真正的自我"。

尽管如此，凡·高还是在和巴黎艺术家的交往中受益良多。提奥介绍他与毕沙罗相识，毕沙罗的慷慨大方和对乡村生活的热爱让凡·高很欢喜，两人关系一直很融洽，凡·高还通过提奥的朋友阿方

图76
亨利·德·图卢兹-劳特累克
《文森特·凡·高肖像》
1887年
裱在纸板上的纸本色粉画
57 cm × 46.5 cm
凡·高美术馆
阿姆斯特丹（文森特·凡·高基金会）

焕然一新 凡·高在巴黎，1886—1888 年

图77
《石膏像和坐着的女孩习作》
1886年
黑粉笔
47.5 cm×61.5 cm
凡·高美术馆
阿姆斯特丹（文森特·凡·高基金会）

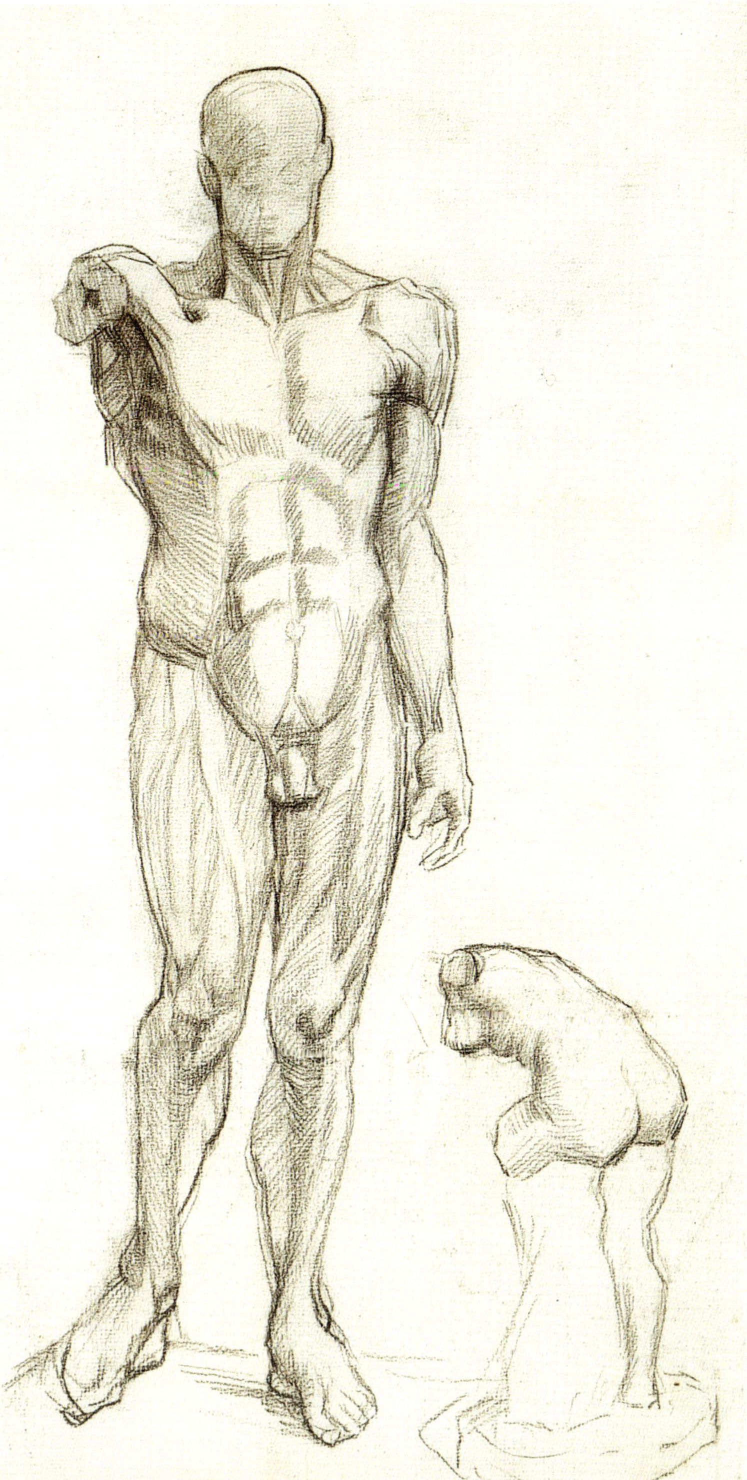

图78
保罗·西涅克
《有风车的蒙马特街景》
1884年
布面油画
55 cm × 27 cm
卡尔纳瓦莱博物馆
巴黎

斯·波迪尔认识了一位同住在莱皮克街公寓的画商基约曼。有段时间，凡·高经常出没于朱利恩·唐居伊的美术商店，这个小商店就坐落在凡·高兄弟第一个公寓的拐角附近，伯纳德称那里为"一个巴黎传奇，所有画室的热门话题"。这家商店的老板被许多生活拮据的艺术家爱称为"老爹唐居伊"，这些艺术家平时可以把自己的作品拿来交换画材，而且店里还负责展示代卖。如果想在巴黎看到隐居的普罗旺斯画家保罗·塞尚（1839—1906年）的作品，唐居伊这里也是最好的选择。伯纳德说："人们都把这里当作一个博物馆来参观。"凡·高很欣赏唐居伊激进的政治态度（他曾经在1871年支持巴黎公社）和他支持前卫艺术的眼光，并且当店铺橱窗中展示出自己的画作时，凡·高更是感动极了。

凡·高和伯纳德的友谊在唐居伊那里越发亲密，1886年到1887年冬天他在那里又结识了新印象派画家查尔斯·安格朗（1854—1926年）和保罗·西涅克（1863—1935年）。和西涅克一起工作的日子对于凡·高来说非常重要。西涅克比凡·高小10岁，也是在1880年前后进入艺术圈发展的，他从莫奈的作品开始入门，很认同基约曼的观点，在反映工人阶级生活环境的画中采用了印象派的处理方式（图78）。在1884年第一次独立沙龙展上看到了修拉的大作《浴场》之后，西涅克加入了他的行列，正当修拉孤军奋战时候，西涅克成了点彩风格的热情支持者。

遇到西涅克的时候，凡·高正在专心致志地学习印象派课程，试着让自己的调色盘和笔触明亮轻快起来。经过长期的室内练习之后，1806年午底他开始频繁地到街上去，画一些西涅克喜欢的那种蒙马特风景（图68）。凡·高和西涅克除了都很赞赏德拉克罗瓦和19世纪色彩理论外，还对这里乏味的巴黎本地人和典型的工人阶级形象颇为喜爱。两人都沉迷于左拉的小说和文学流派，共同阅读着自然主义者的巴黎发展史，同时各自独立地创作出了带有现代小说风格的静物画。

在1887年春天和西涅克关系最好的那段时间里，凡·高义画了另外一张有关书籍的画，显现了他近期色彩研究的成果和新印象派细小、规律排列的笔触对他的影响，在自然主义正在面临巨大质疑的时候表坝了自己的忠诚（图79）。19世纪80年代，"颓废主义"萌芽的支持者和象征主义运动（批评家费内翁、爱德华·杜亚丹、提奥多·德·韦兹瓦，诗人古斯塔夫·卡恩、让·莫里斯和朱尔斯·拉福热）要求一种结合了文字、视觉和音乐效果的"暗示"的神秘艺术。19世纪80年代的美学家们将德国哲学家亚瑟·叔本华（1788—1860年）、作曲家理查德·瓦格纳（1813—1883年）和法国诗人斯蒂夫·马拉美（1842—1898年）看成领袖，批评自然主义是陈腐的物质主义。凡·高虽然对瓦格纳的文化和象征主义中对艺术交互性的强调很有好感,但他还是更喜欢巴黎文学风暴中自然主义的"狂野、扭曲的词句"。意识到左拉已被前卫驱逐,修伊曼斯从自然主义的失败中出走的现状后,凡·高依然保持了自己的忠诚,并在1887年宣称"左拉、福楼拜、莫泊桑、龚古尔、里什潘、都德、修伊曼斯这些法国自然主义作家的著作是雄伟壮丽的,一个人如果无视这一点,就根本不能说自己是这个时代的一分子"。

画作《巴黎小说》中有一个椭圆形日本茶柜的桌面,放在上面的那本书是里什潘的名著《勇敢一族》(1886年),而且其副标题"巴黎小说"清晰可见,说明凡·高想通过小说中揭示的真相来表现巴黎社会。《勇敢一族》描写了一个音乐家的艰苦经历和一位苦于为每场演出赢得观众喝彩的哑剧演员的生活。诡异的是,此书好像预示了凡·高未来的命运,详细叙述了音乐家为寻求更廉价、压力更少的生活而逃往普罗旺斯,哑剧演员则在即将成功之际死于酒精中毒。下面那本书是龚古尔的《妓女艾丽莎》,讲述了一个堕落为妓女的年轻女人,因为谋杀了令她伤心的主顾而被关进监牢的故事,这又是一个对城

市贫困阶层梦想破碎的注释（高更后来回忆说凡·高曾经将在蒙马特救济的一个站街妓女比作书中的女主人公）。画作中出现的第三本红色硬皮书是左拉的《妇女乐园》（1883年），书中叙述了商人奥克塔夫·穆雷的疯狂发迹过程，他将自己企业的成功归因于自己和女人之间不可思议的关系。主人公穆雷是一位为实现目标敢于行动的人，也是艺术家最喜欢的文学形象之一。凡·高就经常要求提奥"应该更像穆雷一些"。《妇女乐园》特有的镀金装订象征了资产阶级的繁荣神话。这本书被放在了画面后边的位置，反映了凡·高先于其他作家阅读了左拉的作品并认为他是自然主义先驱者的事实。《巴黎小说》带有一种对巴黎生活方式的自主、流畅的表达，表明凡·高对城市居民与边缘危困人群之间的隔阂有了新的认识。

凡·高和西涅尔在一起的大部分时间都在画法国小说里经常描述的那种已经工业化了的郊区。西涅尔的母亲住在巴黎西北塞纳河附近的阿涅尔，1887年春天，凡·高会按照几本法国小说中提到的路线安排自己的行程，定期步行过来找西涅尔。就像《小酒店》中的热尔韦·库图和龚古尔兄弟笔下的热曼妮·拉瑟顿（小说以人物名字命名）一样，凡·高先沿着蒙马特人口稠密的西南斜坡爬到高地顶端，再转向北面走到1840年修建的城墙下面。都德在《小弗洛蒙与大黎斯雷》（1879年）中将这处城墙形容为巴黎人的自杀圣地，修伊曼斯的《定居》（1881年）描述这里充满了"伤害和痛苦"。凡·高在要塞上可以俯瞰巴黎西北部正在扩张的工业区（与海牙和席凡宁根之间的地区不一样），这里的工厂和铁路已经完全阻碍了自然的繁衍生息（图80）。左拉曾这样描写北部地区："一个暧昧的中间地带"，"在锯木场和纽扣工厂之间"，你可能还能找到"一窄条绿草地"。龚古尔兄弟也将这个地带描述为"大城市自己在周围制造的荒芜风景，城外的大自然首先从这个区域开始干涸"。

像自然主义者一样，凡·高和西涅克在这片左拉所谓的"孤立的白垩郊区"中发现了诗意（图81、图82）。凡·高利用接近

图79
《巴黎小说》
1887年
木板油画
31 cm × 48.5 cm
凡·高美术馆
阿姆斯特丹（文森特·凡·高基金会）

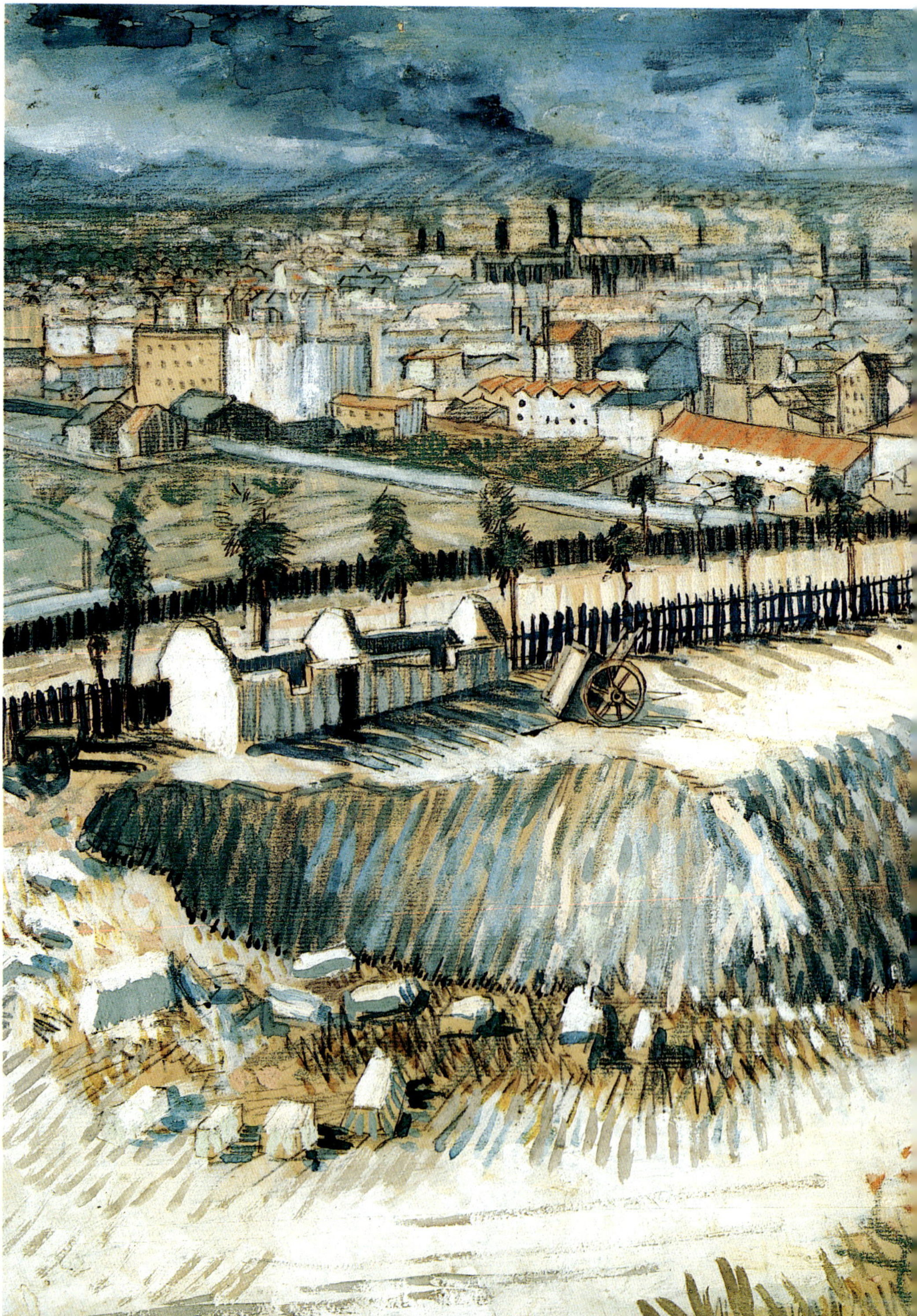

图80
《城墙上看到的北部郊区》
1887年
水彩
39.5 cm×53.5 cm
阿姆斯特丹市立博物馆

点彩画法的分色技巧制造出了一种他所有作品中前所未有的精美。《阿涅尔的阿尔让松小路》（图83）中粗略的细小笔触给人带来了一种震颤的感觉，恰当地展现了一首无产阶级的田园牧歌。充满爱意的情侣们正在公共公园开满花朵的树下亲密无间地依偎在一起，而画中的两个男性形象都统一穿着蓝色工作服和工装裤，表明了画中人物的劳动者身份。这是一次现代通俗版本的18世纪"风雅游园会"（公开的户外求偶活动，也对雷诺阿和莫迪塞利有所启发），

图81
保罗·西涅克
《克里希的码头》
1887年
布面油画
46 cm×65 cm
巴尔的摩美术馆

图82
《阿涅尔沿着塞纳河的路》
1887年
布面油画
49 cm×66 cm
凡·高美术馆
阿姆斯特丹（文森特·凡·高基金会）

图83
《阿涅尔的阿尔让松小路》
1887年
布面油画
49 cm×65 cm
凡·高美术馆
阿姆斯特丹（文森特·凡·高基金会）

凡·高在这里运用了这个季节特有的绿色和粉色的补色搭配，蜡笔绘制的淡淡的春天色调让他的画微微地发出了光彩。

尽管点彩画法一直撩拨着凡·高的渴望，但他还是觉得自己对这种辛苦的画法缺少全心投入的热情。反之，西涅克已经可以熟练运用精美、统一、平均散布的笔触，在远距离观看时可以形成锐利的轮廓和微妙的色调层次，从而塑造出结实的形体，而凡·高则采用不同形

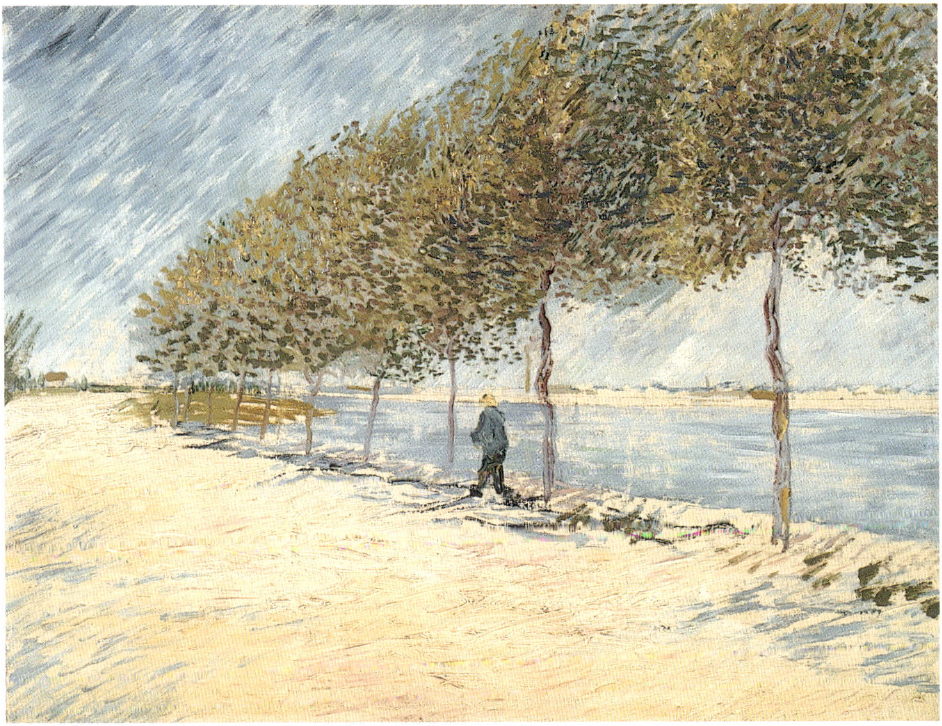

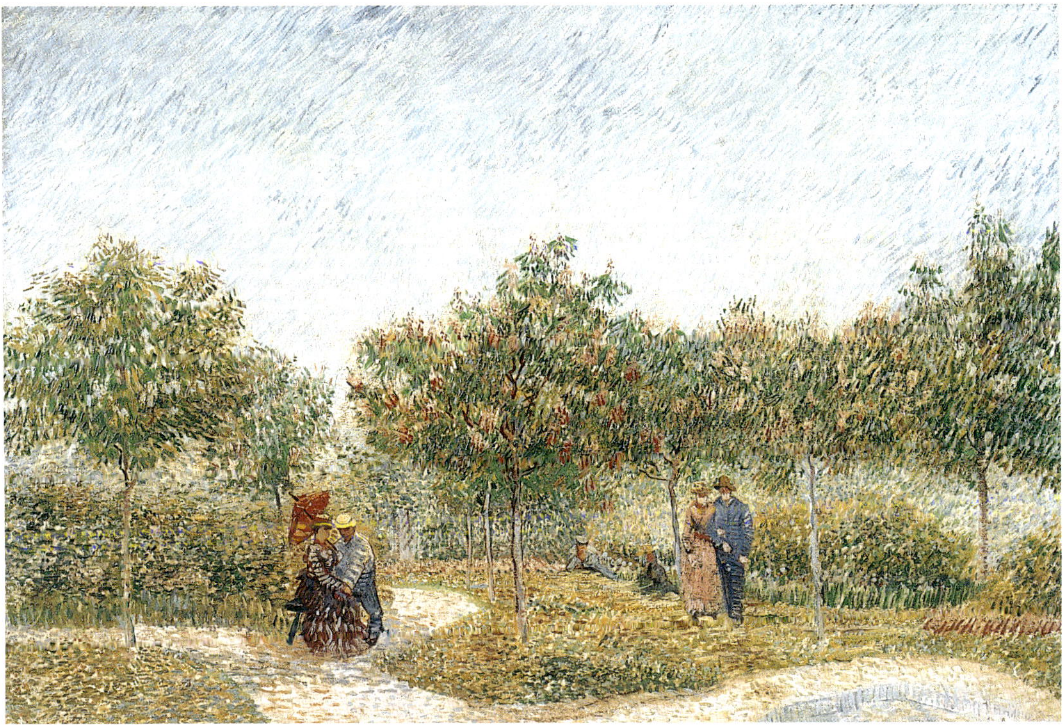

状、不同方向的大笔触,让色块活跃地挤压碰撞,创造出不均衡的闪烁肌理。他虽然还是相信点彩画派可以"发现真实",但他也感受到了自己的进步,相对重视分析的点彩派,他现在更加偏好新印象派的装饰趣味(图84)。我们现在需要强调的是,多亏有了西涅克的指点,才促使凡·高磨炼成了这种更加肯定、多样和独特的用笔方法。

1887年5月底,西涅克离开巴黎以后,凡·高开始将大笔触与自由样式的旋转、按图案纹理的轻敷和密集的点彩派色点画法结合运用。在这幅《铜罐中的贝母花》中(图85),凡·高成功地

图84
《餐馆内景》
1887年
布面油画
45.5 cm×56.5 cm
库勒–慕勒博物馆
奥特洛

图85
《铜罐中的贝母花》
1887年
布面油画
73.5 cm×60.5 cm
奥赛美术馆
巴黎

用油画实现了以前只能用素描才能表现的边界和肌理(例如《晒鱼场》,见图41)。同时,他也克服了去年画静物时使用补色组合时的那种小心谨慎。1887年年中,凡·高主要使用未经处理的颜色进行创作,眼花缭乱的冷暖对比、明暗对比让整株贝母花鲜活起来。将生机勃勃的画法与勇于色彩创新的精神结合在一起,凡·高步入了一个转折点——艺术生涯中最重要的决定。

巴黎的时候已经不新鲜了。劳特累克画了一张凡·高的肖像画,画面中他正在蒙马特咖啡馆一边喝着苦艾酒一边和人辩论(图76),可见如此处理环境和动态的画法在年轻印象派画家中也很普遍。

1887年年初,凡·高为阿戈斯蒂娜·塞加托莉所作的画像体现了他对捕捉人物的生活习惯的强烈兴趣(图89)。塞加托莉生于意大利,因为带有"异域风情"而为柯罗和热罗姆做过模特,她是克利希大道上小铃鼓咖啡馆的老板娘,凡·高在同劳特累克和唐居伊喝酒时认识了她。随着两人关系逐渐热络(可能有爱情关系),塞加托莉允许凡·高在店里挂一些花卉画做展示,并为他举办了一次日本插图展览。在凡·高的画像中,塞加托莉右上方的几个长方形就可以模模糊糊地看出是几张日本画图片,右上角的那张双人构图的日本画杰作因画作右边缘的裁切而残缺不全,不过从尺寸上分析,它应该不是架上绘画,而是一幅卷轴画(类似图90)。

塞加托莉这张画像是凡·高肖像作品中最具印象派特色的,其中还掺杂了很多19世纪70年代中近似前卫艺术的常规惯例。像德加的莱皮克肖像表现出了精确的地点一样,塞加托莉的画像中桌面和凳子的铃鼓造型也能让人想到这里一定是小铃鼓咖啡馆。因为凡·高兄弟是在1887年年初选出了一些自己收藏的日本插图印刷品钉到墙上做的展览,所以相当于画中还交代出了作画的确切时间。并且如同很多印象派画家一样,《塞加托莉在小铃鼓咖啡馆》也是基于日常生活场景创作的,表现了画中人在公共场合中得体、文雅的一面。实际上,同时代的巴黎人马奈的作品《李子》(图91)与之相比简直如出一辙,画面表现了一位无名模特的大半身特写,也是一张近乎于肖像画的日常风俗画。

《李子》表现的不是一个具体的人,而是一类人:女子坐在咖啡馆里,无人陪伴而且神情疲惫,手中的香烟更显出了一股不正经的味道。凡·高以前也和这种妓女有过一段情史(指他和茜恩的交往,详见第二章),所以作为一个人物画家,他怀有一丝希望想要去画那

冒险精神的同代人创作的肖像画"消除了艺术家工作室和日常生活之间的隔断"。作为深受巴尔扎克和左拉影响的小说家，杜兰迪强调了环境在塑造和反映人物时的重要性：

"我们的生活就发生在室内或者大街上……所以我们不能将人物从公寓或者街道的背景中分割出来。在现实中，人们不可能显现在中性的或模糊不清的背景前面。反而，包围着他的……是家具、火炉、窗帘和墙壁这些能够体现经济地位、阶级和职业的事物……一个人……只有在和家人午餐或靠在自己的扶手椅中的时候……才有可能消除掉横穿大街或匆忙穿过广场还要偷瞄手表时的那种紧张姿态。"

印象派第二次群展中展出的肖像画样式都顺理成章地以风俗画作为人物周围环境的基础，将日常生活融入其中，人物毫不做作的自然姿态好像忘记了观众的存在，而这种画面处理方式在凡·高到

来到巴黎的第一年，社交圈子的扩大让凡·高开始高兴起来，他有了追求人物画的勇气。"我最想干的事"，他和妹妹说，"就是画出一张不赖的肖像画"。那时，法国前卫派画家已经开始反思和复兴肖像绘画，所以凡·高在 1887 年专门研究了一阵子（最终拒绝了）印象派画家绘制的那种"现代肖像画"。

在 19 世纪六七十年代，肖像画和风俗画（无名氏的日常生活场景）之间的界限还很模糊，因为艺术家描绘的肖像人物也要处在日常生活的环境里。在这种混合型的画中，标题比主题更能说明人物的身份。比如雷诺阿的《包厢》（图 86）给了画中人相当大方的特写，我们可以清晰地辨认人物形象（著名的模特妮妮和艺术家的哥哥埃德蒙德），这幅画就比符合传统套路的玛丽·卡萨特的《专心阅读〈费加罗报〉的母亲》（图 87）和德加描绘路德维克·莱皮克和女儿们穿过和谐广场的著名画作（图 88）更加具有肖像画的味道。

埃德蒙德·杜兰迪曾经在印象派第二次群展中发现，这些富有

图86
皮埃尔=奥古斯特·雷诺阿
《包厢》
1874年
布面油画
80 cm × 63.5 cm
考陶尔德学院艺廊
伦敦

图87
玛丽·卡萨特
《专心阅读〈费加罗报〉的母亲》
1878年
布面油画
104 cm × 84 cm
私人收藏

图88
埃德加·德加
《路德维克·莱皮克和他的女儿们》
1875年
布面油画
79 cm × 118 cm
艾尔米塔日博物馆
圣彼得堡

焕然一新 凡·高在巴黎，1886—1888 年

些"如同我们姐妹的女人",他开始关注这些平时不被人尊重的人。在荷兰农村待过两年之后,凡·高被安特卫普游行队伍中的一群放荡女人刺激得兴奋无比,他觉得其中有很多女人"真漂亮",琢磨着是否有可能将这些妓女画出来放到咖啡馆墙上做装饰。在画了一张"演艺咖啡馆中的女孩"后,他更加渴望能够进一步地描绘那些站街妓女:

"马奈做过了,库尔贝也做过了,我也有同样的追求啊!此外,通过左拉、都德、龚古尔兄弟和巴尔扎克这些文学巨匠对女性的研究,我感觉自己已经把握住了无限美丽的精髓。"

凡·高在巴黎走访了很多妓女之后,更加欣赏龚古尔兄弟的《热曼妮·拉瑟顿》《妓女艾丽莎》以及左拉的《小酒店》了,因为这些书都塑造了在都市中堕落,沦为牺牲品的不幸女人的形象,表现了"真相,生活原本的真相"。不单在小说和绘画中,凡·高面对现实中遇到的活生生的女工,也坚定地保持着这种关爱态度,这让他很是自豪,甚至会向作风正派的小妹妹大谈自己在巴黎的那些风流韵事,其中一件情事可能就是与塞加托莉发生的。在那张肖像画中(图89),她坐在咖啡馆里抽着烟,双臂交叉稳稳地撑在桌面上,显示出一种自由、镇静、完全像在家里一样的感觉。她游移不定的目光扫视着周围熟悉的一切,不过画中的帽子、雨伞和碟子上面的一大杯啤酒都让人觉得她只是一个客人,而不是这里的女主人,她好像马上就会弹掉烟头,去换个地方找刺激。

凡·高在1887年的一封信中表明他和塞加托莉已经闹掰了。在凡·高为她绘制的第二张肖像画中,一种疏远感扑面而来,这成为他们亲密关系的最终结果。这幅名叫《意大利女人》(图92)的画具有比自然主义更多的象征性,明显地缺乏情感。画中人物没有像前作一样穿着现代服饰,而是身着传统服装坐在没有描述性的背景

图89
《塞加托莉在小铃鼓咖啡馆》
1887年
布面油画
55 cm × 46 cm
凡·高美术馆
阿姆斯特丹（文森特·凡·高基金会）

图90
细田荣之
《春日美人图》
约1800年
175.6 cm × 49.8 cm
绢画挂轴
弗利尔美术馆
华盛顿

图91
爱德华·马奈
《李子》
约1878年
布面油画
73.6 cm × 50.2 cm
国家美术馆
华盛顿

焕然一新 凡·高在巴黎，1886—1888 年 143

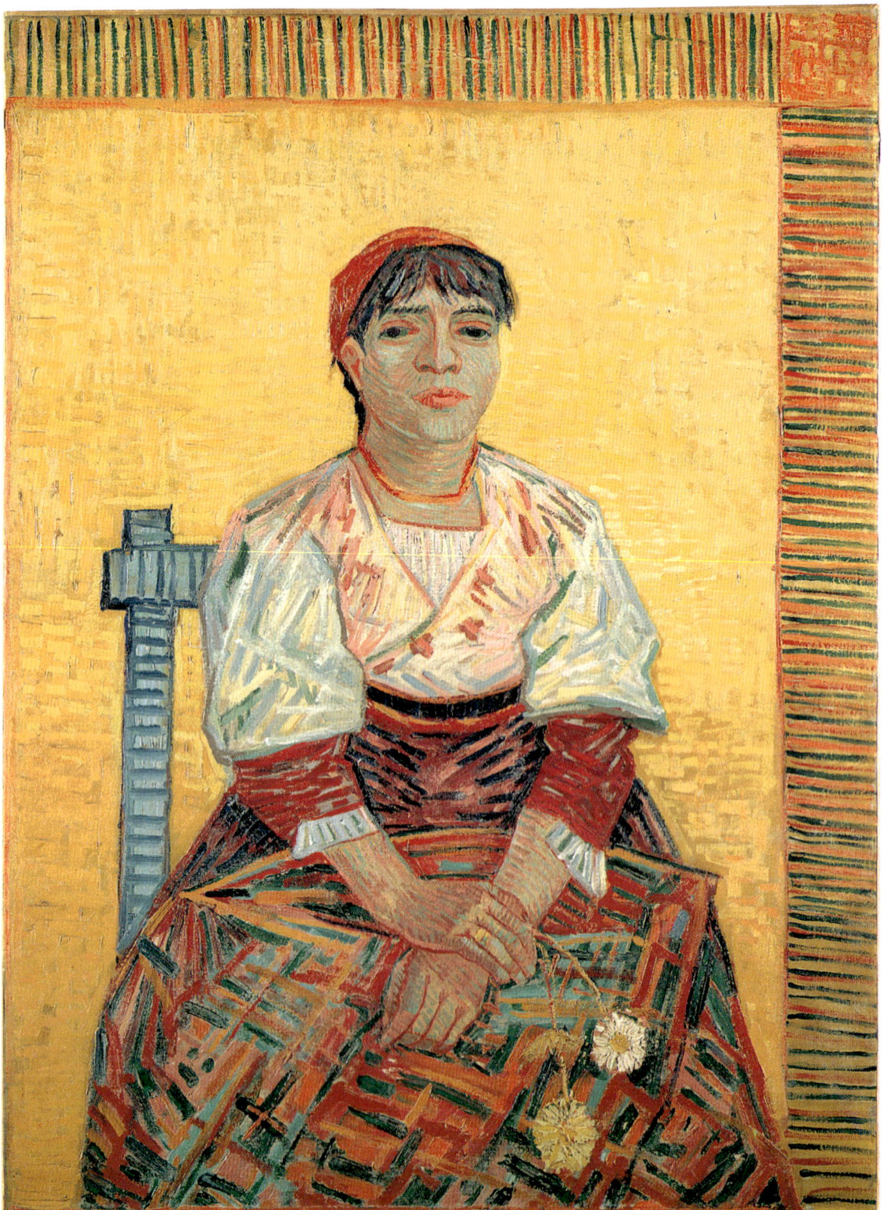

前面，没有体现出人物个性，只是呈现了一个类型化的形象（此画也可能是凡·高凭记忆画的）。塞加托莉在这张画里不再是一个当代巴黎小业主，而又变成了在柯罗和热罗姆那里充满艳丽色彩与异域风情的模特角色。凡·高通过对《图画报》中"人民的头像"系列插图的感悟，按照他对生活在欧洲北部的意大利女人的刻板想象，将往日的情妇画成了这个样子。

《意大利女人》中强烈的色彩和格式化的笔触与前卫艺术发展趋势密切相关，也显示出了日本风格的巨大影响（采用日本风格特

图92
《意大利女人》
1887—1888年
布面油画
81 cm × 60 cm
奥赛美术馆
巴黎

图93
弗朗斯·哈尔斯
《波多尔芬夫人肖像》
1643年
布面油画
123 cm × 98 cm
耶鲁大学美术馆
纽黑文

图94
弗朗斯·哈尔斯
《吉卜赛女郎》
约1628年
布面油画
58 cm × 52 cm
卢浮宫美术馆
巴黎

征的西方画家，详见第五章），画中不均衡的内部边界和未经处理的黄色背景，裙子上叠加的直线结构和交织的纹样都是凡·高从在巴黎收集的日本版画上吸取过来的。尽管日本和意大利的民族性并不一致，但日本插图文化通过两者共同的神秘差异性和塞加托莉联系了起来，两种非法国式的动人风情共同增强了人物在画面中的效果。

因为风格上极具现代性，《意大利女人》在理念上和当时流行

的肖像画样式显得格格不入。这种差距预示了凡·高未来的人物画特征以及他和荷兰前辈们的羁绊。从构图和姿态上看，画中人物坐在中央位置，后面是平面化的背景，双手小心地交握，眼睛直视前方的观众，像极了17世纪的资产阶级妇人（图93）。从类型塑造上看，凡·高的第二张塞加托莉画像更接近于荷兰前辈们有关下层妇女的画像，例如哈尔斯笔下的《吉卜赛女郎》（图94）就是凡·高在巴黎最喜爱的画作之一（同大多数观者一样，他也假定这是一张表现妓女的作品）。马奈的《李子》在当代的环境中暗示了当地女人的身份，哈尔斯的《吉卜赛女郎》则代表另一种偏向原型塑造的方向，凡·高日后在阿尔的那几年时光会沿着哈尔斯的方向前进，最终形成自己对于现代人物画的全新理念（详见第六章）。

两年的巴黎生活为凡·高带来了非凡的创造力和巨大启迪。艺术家成功地融合了丰富的色彩，与众不同的造型，印象派、新印象派、日本风格和通过长期刻苦学习理论文章与旧艺术形成的坚定信念，在巴黎确立了自己成熟的个人风格，同时与前卫艺术也结下了不解之缘。1887年年底，他的作品已经可以和劳特雷克、安克坦和伯纳德挂在一起参加联展了。展览在克利希大道的大汤饭店小木屋举办，地点离小铃鼓咖啡馆很近，这次展览中"佩蒂大道"艺术家们送展的作品有上百件，凡·高的画就占了一半。因为自信和同伴的友情，展出很顺利，凡·高也获得了高度赞扬，安克坦和伯纳德都卖出了作品，刚从马提尼克岛返回巴黎的保罗·高更（1848—1903年）用自己的一幅画换了凡·高的两件作品。这次展览尽管被批评家们忽视了，不过还是吸引了修拉、西涅克、毕沙罗和画商乔治·托马斯的关注。

1887年，凡·高的个人生活一团乱麻，身体条件每况愈下。他经常和室友弟弟争吵，提奥后来回忆说凡·高那时候脾气极其暴躁，总在不停地找麻烦。此外，凡·高还开始酗酒，每天都在喝着白兰地、"劣质葡萄酒"、茴香味儿利口酒和苦艾酒。苦艾酒是"世纪末颓废的"蒙马特最受欢迎的酒水（1875—1915年销量翻了15番），因其具有成瘾性并能够伤害神经而在1915年被政府禁止贩卖。西涅克曾用"瘾头极大"来形容凡·高对苦艾酒的痴迷，这种极度的酗酒可能就是导致凡·高19世纪80年代末期崩溃并从巴黎离开的主要原因。

1887年冬天到1888年，凡·高觉得自己"严重地身心俱废"，"几乎成了一个酒鬼"，"马上要中风"，打算离开这个城市再次开始新的生活，他梦想着能去日本旅行。但这只是一场发自对安藤广重（1797—1858年）和其他日本画家作品喜爱的白日梦。大力支持龚古尔兄弟小说《玛奈特·萨洛蒙》（1867年）的艺术家科里奥利·德·纳兹就利用日本版画来激发灵感，逃离巴黎的寒冬，凡·高也是这本书的爱好者，同样幻想着能够把自己流放到那个诞生"浮世绘"（指17—19世纪"描绘流变的世界"的日本绘画）的土地上。凡·高为这些迷人的日本图画所倾倒，像科里奥利一样，"在这片蓝色中迷失了自我……沉浸在桃树和杏树雪白花朵的海洋之中"，将"灰暗的日子和巴黎阴冷的天空抛在脑后……去寻找青金石的田野、新鲜潮湿的植物……和那些开着花的篱笆"。

像在海牙一样，凡·高在巴黎时常怀念乡下的生活。米勒在国立美术学院的展览更是刺激和促进了他反复在脑海中闪现的渴望，当时他和高更的友谊正在萌发，高更正打算在1887年年底搬回位于法国西北部的布列塔尼老家去，而这位阅历丰富的前水手无疑激发了凡·高对异国风情的兴趣。实际上，高更要返回布列塔尼的决定，促使凡·高觉得相比返回荷兰或远渡日本来说，去法国乡下感受一下倒也是个不错的选择。

可能觉得布列塔尼和老家布拉班特差别不大，凡·高开始南下。西涅克曾经在1887年5月沿着法国地中海海岸线旅行，而且凡·高也得知了南方人蒙蒂塞利和塞尚都从巴黎返回了普罗旺斯的消息。左拉和都德也都是南方人，左拉的《穆雷教士的过错》

图95
安藤广重
《石药师寺：稻田和花树》
约1628年
布面油画
58 cm × 52 cm
卢浮宫美术馆
巴黎

（1875年）和都德的《磨坊书简》（1869年）、《达拉斯贡的戴达伦》（1872年）都让凡·高觉得普罗旺斯是一个阳光明媚、植被繁茂的地方。然而，最主要的还是凡·高对浮世绘的热爱将他引领到了这个方向："我们都喜欢日本绘画……那我们为什么不到日本去呢？或者说，和日本一样的地方，南方！"

日本梦 浮世绘的影响,1887—1888年

5

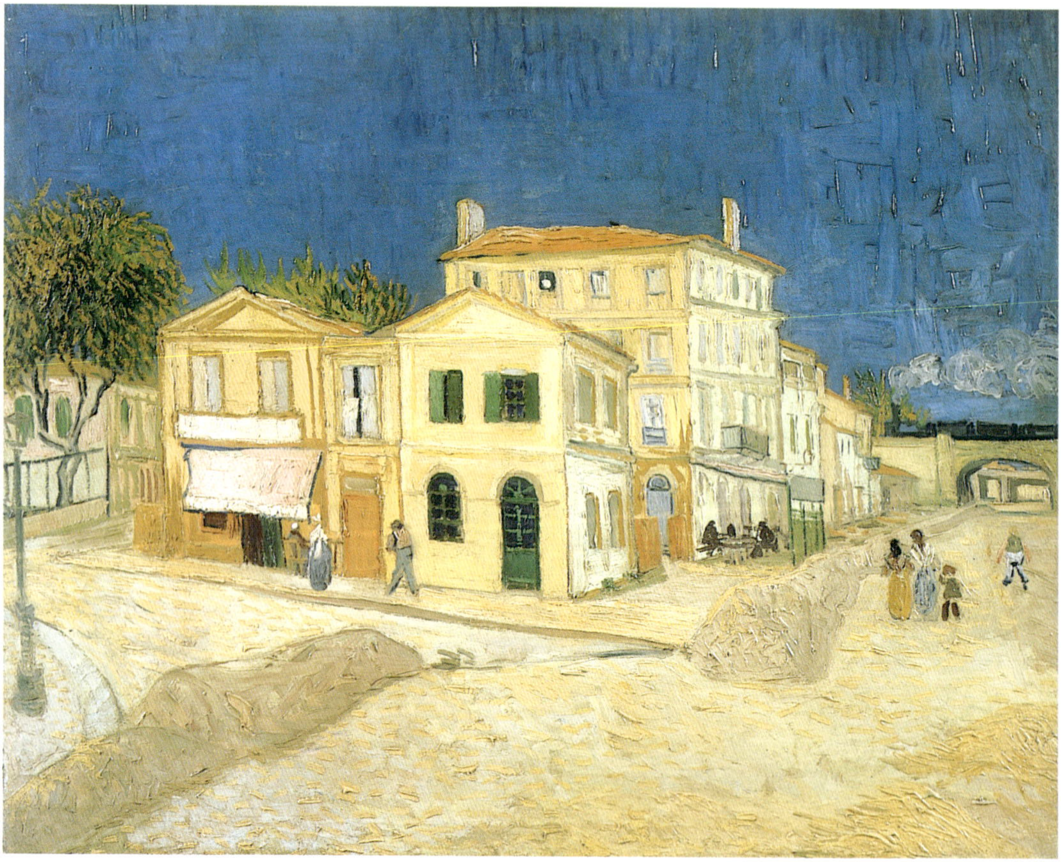

图96
《阿尔的黄房子》
1888年
布面油画
76 cm × 94 cm
凡·高美术馆
阿姆斯特丹（文森特·凡·高基金会）

　　凡·高对1887年在巴黎收集到的日本版画非常痴迷，在1888年年初到达法国南部后，他就开始四处寻找能和浮世绘中的颜色、清晰度和鲜活程度相媲美的地方。而比他跑到普罗旺斯追寻日本这件事更古怪的事情是：他居然认为自己真的找到了！"在这里我再也不需要什么日本版画了，"他在阿尔写信告诉威尔，"因为我一直对自己说，这里简直就是日本啊！"在慢慢地意识到自己的想法有点异想天开之后，他回忆起当时在南方旅行的激动心情："我经常从窗口瞄出去看看外面是不是更像日本了！很孩子气，是不？"而正是这种孩子气的自我欺骗能力让这个尘土飞扬的普罗旺斯小镇在凡·高眼中变成了"纯粹的日本"，并且令他在这里长期安顿下来（图96）。

　　凡·高对日本的幻想由各种艺术、流行文学、奇闻逸事和想象拼凑而成，这种幻想给他在阿尔的生活带来了缤纷的色彩。当年他在做画商的时候可能已经看到过一些零散的日本艺术，但让他在精神上开始构建"日本"的，据记载却是一位欧洲人菲利克斯·雷加梅。此人是一位法国学院派画家，曾经和著名的日本专家埃米尔·吉梅一起到亚洲旅行，其插画作品《日本旅人》和《东京·日光》发表于1880年，并且都是用典型的西方样式创作的。凡·高以前在海牙写的信中曾透露过对雷加梅的关注，并表明那时他已经在读吉梅的著作，而凡·高对日本进一步产生想法还是在

日本梦　浮世绘的影响，1887—1888年

1885—1886年在安特卫普接触到浮世绘以后。那个时候，他被埃德蒙·德·龚古尔的作品《谢莉》的前言激怒了。《谢莉》这本书描述了主人公谢莉的成长历程，凡·高对小说及其前言本身并不感兴趣，但龚古尔在前言中夸耀说是龚古尔兄弟引领了日本流行风潮，"革新了西方人的视看方式"，这让他很是不爽。凡·高到安特卫普后不久就搜集了一些描绘了"在花园里或海边的小女人、骑士、花卉和多节瘤的树枝"的日本版画，用来装饰自己的工作室，他随后还在这个港口城市发现了很多能和浮世绘相呼应的地方：

"这里的人们也都个性十足……水面和天空是一种微妙的灰色，特别有日本风味。我的意思是，你可以看到人们总是在各种奇特的环境中动来动去……各种有趣的对比总是出其不意地跳出来……一匹白马泡在泥潭里……泥潭上面是银灰色的天空……一个黑色的小人影……正在无声无息地翻过灰色墙头偷东西。"

"日本风格"这个词既可以用来形容西方人喜爱的日本异族

事物，也可以用来形容那些体现日本风情的艺术品，例如马奈为尼娜·德·卡利亚斯所作的画像，画面中日式屏风上装饰的纸团扇所体现的东洋韵味明显地增强了人物的东洋特点（图97）。凡·高最初对日本产生兴趣的主要原因就在于他对这种文化差异性的强烈感受，与众不同的形式、古怪的造型以及同浮世绘的奇妙交叠感都在吸引着画家的关注。就这样，安特卫普港口周边地区就变成了

图97
爱德华·马奈
《尼娜·德·卡利亚斯》（女士与扇子）
1873—1874年
布面油画
113 cm × 166 cm
奥赛美术馆
巴黎

图98
英泉《花魁》的复制品
《巴黎画报》封面
1886年
凡·高美术馆
阿姆斯特丹（文森特·凡·高基金会）

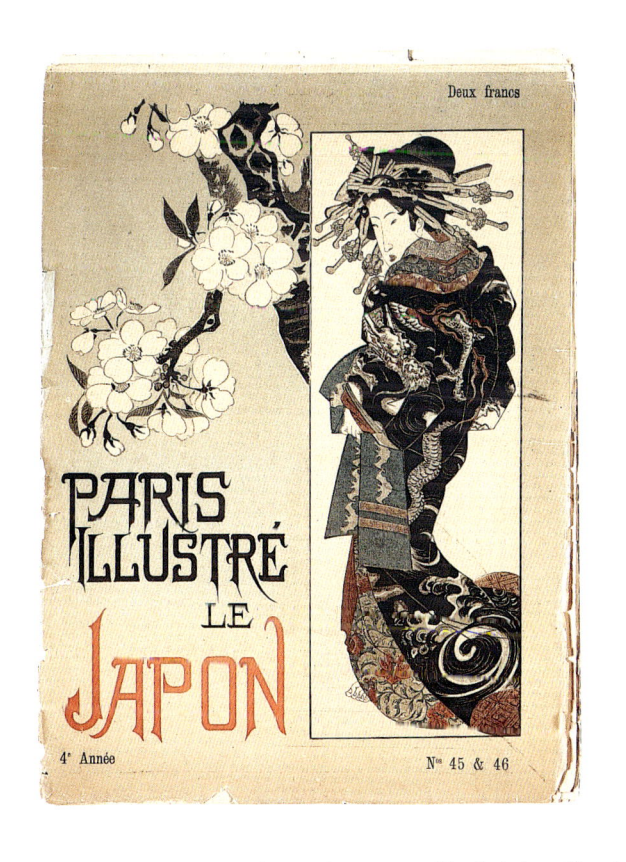

凡·高心目中第一个"虚拟的日本"，并且那时候龚古尔兄弟正在不厌其烦地盛赞1867年世博会中参展的日本艺术，于是当凡·高在那里看到如此好玩的样式和展品时，他感叹道："日本风格必当永远流传！"

巴黎时期，凡·高对浮世绘的喜爱因为遇到了印象派和新印象派

日本梦 浮世绘的影响，1887—1888年

而暂时放到了一边。不过 1886 年冬天到 1887 年，他再度萌发了对日本的热情。这次觉醒可能要归功于劳特雷克（1882 年他就已经变成了日本迷）和约翰·皮特·拉塞尔（1858—1931 年）。拉塞尔是一位曾经到过中国和日本旅行的澳大利亚画家，他很喜欢收藏亚洲艺术品，平时经常去柯尔蒙的画室创作，并且在 1886 年年底还给凡·高画过像，所以他肯定和凡·高一起聊过那些收藏品。凡·高在巴黎看到的那些日本出版物可能就是拉塞尔和劳特雷克推荐的，其中包括了泰奥多尔·迪雷 1882 年在《美术公报》上发表的文章（1885 年在《前卫艺术批评》中再次发表）、路易斯·古斯的《日本艺术》（1885 年）和《巴黎画报》的"日本"专刊（1886 年）。

欧洲以日本为时尚的历史大概在 30 年前就开始了，19 世纪 50 年代中期，日本结束了两个世纪的闭关锁国，和一些欧洲国家建立了贸易关系。日本货物很快涌入了巴黎和伦敦市场，在 19 世纪 60 年

图99
詹姆斯·阿博特·麦克尼尔·惠斯勒
《蓝色与金色的夜景：老巴特西桥》
1872—1875年
布面油画
67 cm × 49 cm
泰特美术馆
伦敦

图100
安藤广重
《京都桥》出自《江户的一百处著名风景》
1856—1858年
木刻版画印刷
37.5 cm × 25.2 cm

图101
爱德华·马奈
《吹笛少年》
1866年
布面油画
160 cm × 98 cm
奥赛美术馆
巴黎

日本梦 浮世绘的影响，1887—1888 年

代早期，一些专为收藏家开的商店应运而生："中华门""中华帝国"和瑞沃里大街的"迪索耶女士商店"都是当时最著名的日本工艺品供应商，而英国的日本迷都聚集在"法莫和罗杰的东方人货栈"挑选艺术品。法国版画家菲利克斯·布拉克蒙德（1833—1914年）和美国侨民詹姆斯·阿博特·麦克尼尔·惠斯勒（1834—1903年）是第一波收藏和模仿日本艺术的艺术家（图99、图100）。同龚古尔兄弟和左拉一样，德加、马奈、米勒和莫奈也加入了收藏队伍。

与此同时，1862年伦敦国际展览会和1867年法国世博会让日本艺术的形象也得到了很大的提升。

1872年，批评家兼收藏家菲利普·波蒂创造了"日本主义"一词，用以描述这个时代人们对日本艺术和文化的巨大兴趣。虽然"日本主义"这个术语在某些场合下可以和"日本风格"互换使用，但"日本主义"在美术史家眼中有一个特定的含义，他们在马克·罗

图102
埃德加·德加
《在戏院》
1880—1881年
纸上蜡粉笔
55 cm×48 cm
私人收藏

图103
安藤广重
《从羽田渡船望去的弁天神社》，出自《江户的一百处著名景色》
1856—1858年
木刻版画印刷
34.4 cm×24 cm

图104
克劳德·莫奈
《日本歌妓》（卡米尔·莫奈身着日本服饰）
1876年
布面油画
231.6 cm×142.3 cm
波士顿美术馆

日本梦　浮世绘的影响，1887—1888年　　157

158 凡・高

图105
克劳德·莫奈
《阿让特伊的雪》
1874年
布面油画
53 cm × 64 cm
波士顿美术馆

图106
安藤广重
《雪中的真作》
1854年
木刻版画印刷
36.8 cm × 23.5 cm

图107
克劳德·莫奈
《科顿港的锥形礁石》
1886年
布面油画
65.5 cm × 65.5 cm
第三世界基金会收藏
苏黎世

斯基尔的倡导下将"日本主义"用来表示受日本美学影响的西方艺术创作,以便和纯粹的日本艺术加以区分。如此看来,马奈的《尼娜·德·卡利亚斯》肖像可以被认为是"日本风格",而他的《吹笛少年》虽然没有明显地参照日本艺术,却可以算是"日本主义"的典范,因为画中硬朗的轮廓线、平面化的三维空间、未经调整的明暗对比和模糊不清的背景处理都和浮世绘造像有着共同的特质(图101,同图98比较)。"日本主义"作为一个美妙嬗变的术语,涵盖了多种多样的风格特征。例如德加,他比马奈更喜欢复杂的空间塑造,所以他的"日本主义"体现在不均衡的构图、极端裁切过的画面以及由近及远猛烈的空间转换之中(图102,同图103比较)。莫奈的"日本主义"则体现在吉维尼的房间装潢和花园设计上,他在家里挂了很多收藏的日本版画,而且在他的全部作品中,有的体现了多变的"日本风格"(图104),有的则体现了稳定不变的"日本主义"(图105和图107)。比如莫奈的落雪图景不但是日本版画家钟爱的主题,而且还和很多浮世绘风景一样,采用了注重表面效果消解景深的手法(图105,同图106比较)。莫奈另一幅描绘美人岛的风景画以鸟瞰为主的视点导致了地平线的升高,画中礁石被拍打的轮廓线和浮世绘也非常相似,极具日本艺术特色(图107,同图106比较)。

在19世纪80年代,当日本美学还在持续地影响着像莫奈、德加和惠斯勒这样的前卫艺术家的时候,中产阶级消费者们已经掀起了狂热的日本流行风。日本艺术在1878年巴黎世博会崭露头角,随后通过1883年高斯在乔治·佩蒂画廊以及画商齐格弗雷德·宾在装饰艺术中央协会组织发起的展览而广为人知。在凡·高居留的那个时期,时尚的巴黎人已经可以在百货公司里面随意买到日本版画、配饰和各种小玩意儿了。对于日本工艺品的品位早已变成平庸的陈词滥调,例如莫泊桑名著《漂亮朋友》中迷人的主人公是一个爱赶时髦的普通人,据说他为了盖住单身公寓里褪色的墙纸,上街花五法郎就买了一堆"日本版画、扇子和小屏风"。

日本梦 浮世绘的影响,1887—1888年 159

那个时候，日本风格不再那么新鲜有趣，对19世纪80年代末期年轻艺术家的影响开始减弱。而在刚到巴黎的荷兰人眼中，日本版画看起来如同修拉的《大碗岛的星期天下午》（图73）一样新颖，并且凡·高作为一个平民主义者，没有被市场大量涌现的浮世绘吓蒙。他经人介绍去了趟齐格弗雷德·宾的大百货公司（19世纪80年代的日本迷最喜欢去的地方），泡在顶楼上好几个小时，成堆地购买日本版画，因为凡·高买不起当时被法国批评家追捧的葛饰北斋（1760—1849年）的画，于是只好收藏了很多安藤广重、歌川国贞（1786—1864年）和歌川国芳（1798—1861年）的后期作品过瘾。

在法国绘画的影响下，凡·高的色彩开始明亮起来，现在他特别关注日本浮世绘（彩色木刻版画）的色彩，而杜雷认为这种色彩和印象主义是没区别的。"在这些日本画册出现之前，"杜雷写道，"法国没有一个画家胆敢坐在河堤上，把怪异的红色房顶、刷白的墙面、绿色的白杨树、黄色的小路和蓝色的水面一股脑儿地攒在一起。"杜雷曾经在日本见证了浮世绘表现出的"极度透明的空气"，并认为这主要归功于浮世绘中大胆的用色，他还指出日本版画家们对"自然中瞬间易逝场面"非常敏感，认为他们才是"第一批也是最优秀的一批印象派画家"。凡·高也随之认为"印象派和巴黎前卫艺术家们"骨子里就是"法国人中的日本人"。他建议威尔平时应该多看一些日本画，"因为这样才能深入理解当下绘画色彩越发明亮、鲜艳的趋势"，这也说明了凡·高在为自己解读和吸收巴黎前卫绘画的过程中，浮世绘扮演了重要的角色。

凡·高最初只是被日本艺术的差异性所吸引，后来他开始相信日本艺术可以有效地促进巴黎艺术和自己的艺术发展，进一步加深了对日本艺术的喜爱。凡·高非常渴望与人们分享自己的感受，在1887年年初他争得了塞加托莉的同意，可以在她的店里展出他近期的日本收藏品（详见第四章），后来他回忆说："这次在小铃鼓咖啡馆举办的日本版画展对安克坦和伯纳德产生了重大影响。"凡·高

图108
路易斯·安克坦
《克利希的街道：晚上五点钟》
1887年
布面油画
69.2 cm×53.3 cm
沃兹沃思学会
哈特福德
美国康涅狄格州

给宾介绍这两位朋友的时候时机刚好,安克坦和伯纳德在 1886 年经历过新印象派的影响之后正在面临着重新调整方向的问题。尽管他们都像修拉一样,想要追求一种注重改造视觉现实而不是照抄物象的纯粹的艺术,但安克坦和伯纳德都拒绝使用"点彩画法",并且两人在凡·高和西涅克关系最好的那个时期,因为声称线条要比点彩

重要得多而经常和西涅克发生争执。因为受到日本版画的影响，安克坦和伯纳德的作品采用了以线条为主导的风格，画面中传统西方的色调层次开始让位给未经修正的色彩区域（图108），两人一起发展出的风格后来被戏称为"景泰蓝主义"（一个源自景泰蓝工艺的术语，指使用金属格子将各种纯色分开的工艺）。凡·高在1887年11月组织了"佩蒂大道画展"，此时安克坦和伯纳德送展的作品已经无比地"日本"了，景泰蓝主义掀起了杰拉德·尼达姆所谓的全力拍向19世纪90年代的"第二次日本主义浪潮"。

在1887年下半年，西涅克离开巴黎之后，凡·高和伯纳德与安克坦一起创作，他的作品中也随之带有越来越多的日本味道。凡·高的日本主义和那两位不同，并不想牺牲掉"厚涂画法"，他从一种日本布料上的强烈结构感中得到了启示，这种"皱纹布"在19世纪被引进欧洲，以表面多褶皱而闻名，其制作方法是将浸湿的布料从多个角度反复地挤压，直到表面凹凸不平、充满褶皱为止。据英国画家哈特里克（1864—1950年）的叙述，凡·高是一位十足的"皱纹布"爱

图109
《巴黎小说》
1887—1888年
布面油画
73 cm × 93 cm
私人收藏

图110
安藤广重
《大桥》，出自《江户的一百处著名景色》
1856—1858年
木刻版画印刷
36.5 cm × 24.4 cm

图111
《日本风格：雨中大桥》（仿安藤广重）
1887年
布面油画
73 cm × 54 cm
凡·高美术馆
阿姆斯特丹（文森特·凡·高基金会）

好者，经常在画中追求、模仿这种布纹与众不同的效果。有一次他去拜访凡·高的时候刚好看见他正在画一幅大尺寸的《巴黎小说》（图109），画面中尚且保留的一点新印象派的色点紧挨着那些或平行或交织的粗线条。被油画夸张呈现出来的那种山脊般的细小褶皱肌理和方块交织的用笔，体现了凡·高在1887年年底发展出来的"日本风格"，而且这种画法在以前那幅《意大利女人》中的边缘和黄色背景部分其实已经出现过了（图92）。这种绘画样式体现了日本版画对凡·高的影响，比如安藤广重的《石药师寺：稻田和花树》（图95）和英泉的《花魁》（图98）都出现在了凡·高为唐居伊所作的画像里（图113），而这两张版画本身并不是"皱纹布"效果的。

凡·高对浮世绘的敬意不仅仅停留在单纯的复制，他特意对照着安藤广重的《大桥》创作了一幅变体画（图110、图111）。

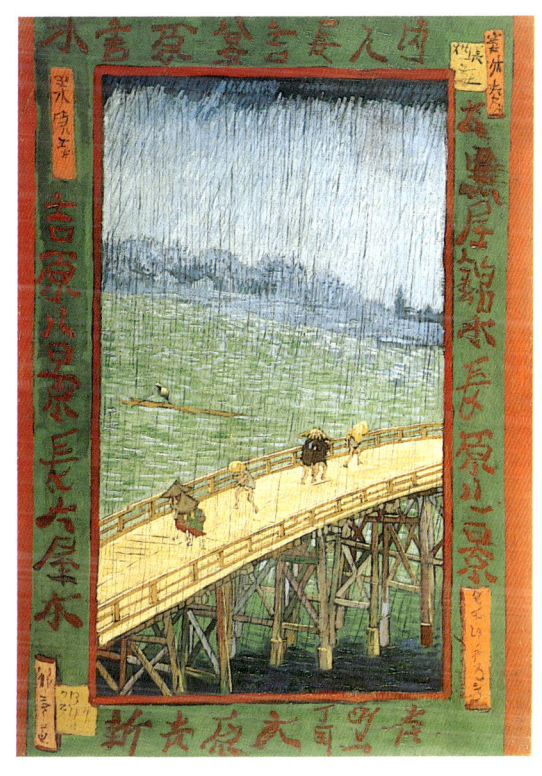

日本梦 浮世绘的影响，1887—1888年

凡·高将自己的美学观点同偏爱的日本样式相结合，尽可能地用油画媒介适应图片中的主题和绘画痕迹，而不是刻意压抑油彩的厚重感而简单地模仿墨水在纸上显现的平面性。例如，在凡·高版本的《日本大桥》中，倾斜的雨线是刻进厚重的油画颜料中的，而原作中

图112
《老爹唐居伊》
1887—1888年
布面油画
65 cm×51 cm
斯塔弗洛斯·尼阿科斯
收藏
雅典

图113
《老爹唐居伊》
1887—1888年
布面油画
92 cm×75 cm
罗丹美术馆
巴黎

的雨线只是平铺在画面之上；在用色上凡·高则使用了在另一幅浮世绘上学来的高调色彩，被大雨冲刷的大桥看上去明亮得有些不太自然，远景颤动的色彩被华丽的衬边包裹起来。像其他痴迷者一样，凡·高从马奈、德加到莫奈、安克坦那里进行了有选择的学习借

鉴。他的《日本大桥》中显示出的（并非安藤广重原版里具有的）种种特征：强烈的色彩、尖细的线条和硬朗的轮廓线，鸟瞰的视野和急剧升高的地平线，色彩、图样和远近的明显对比，标志着凡·高的"日本主义"正在走向成熟。

凡·高的"日本主义"经历了逐步的发展，将浮世绘和西方风格的表现方法完全整合了起来。在他给唐居伊画的第一张肖像画里，两者之间的张力明显地体现了出来（图112），商人单调的服饰和皮肤颜色在西方明暗处理画法的宝石般华丽的背景中获得了均

衡，使得唐居伊的形体具有了那些日本同行们所欠缺的实在的体积感。和浮世绘中那些永恒不变的、理想化的概括形象不同，唐居伊的手部和脸部都因为细节充分而显得非常具体，而且他四平八稳的方形姿势和身后那些艺伎优雅的身姿也形成了鲜明的对比。与马奈为尼娜·德·卡利亚斯所作的画像或莫奈为妻子所作的画像传达的时髦主题不同（图97、图104），唐居伊肖像中的日本风格起到了相反的效果，强调了画中人物的天真烂漫。唐居伊本人既不收藏也不售卖浮世绘（他身后的那些图片都是属于凡·高的），所以看上去似乎与环境有些格格不入，凡·高甚至在唐居伊手肘右下方精心描画了一个歌舞伎的图片，并且好像为了强调两者之间的差距，特意在男人和背景图片之间描上了一圈粗粗的红线：一条区分真实与艺术、西方幻觉体系和日本抽象体系的界线。

因为这个"浮动的世界"而狂喜的凡·高，骨子里还是一个带有脚踏实地情怀却又居无定所的乡下人，并且与伦勃朗和哈尔斯有着剪不断的亲密联系，所以他还是很难放弃自己领域中坚实的物质性。在唐居伊的第二幅画像中，凡·高通过夸张日本版画的表面肌理和压制自己强烈的个人风格，使人物和背景实现了更大的统一（图113）。唐居伊的头变得有些萎缩并且平面化了，不自然的苍白脸孔和图片上涂成大白脸的浮世绘艺伎相互呼应，而且凡·高还将富士山的图片恶搞似的放在了老爹头戴的那顶日本劳工草帽上面。这张"日本化"的作品说明凡·高正在日本版画的幻想中迷失自我。唐居伊没有聚焦的目光表明了他对遥远未来的思考，如果说老爹与背景的日本版画相比已经显得不那么重要，缺少了自我存在感的话，那么我们也可以说，凡·高的艺术风格也在面临着同样的问题。

惠斯勒的《老巴特西桥》将西方主题套到了东方形式之中（图99、图100），凡·高的第二张唐居伊画像也类似地体现了一种对美学现状的牺牲。唐居伊老爹是一位朴实无华的有社会主义倾向的艺术爱好者，凡·高始终对他有一种理想化的感情，所以在画中将他塑造为一个佛祖式的圣人,使之置身于充满美与平衡的乌托邦之中,不过肖像画中的这种内涵意味是不易显现的。在 1887 冬天到 1888 年,第二张唐居伊画像让位给了具有更多"日本主义"的《意大利女人》(图92),至此,凡·高对日本风格的模仿达到了顶峰,我们可以看到浮世绘决定性的影响(色彩和纹样、平面化的椅背和衣服褶皱、不均衡的构图和没有画出的地面之上的结实的轮廓线),但是艺术家和模特本身的西方特质,也通过凡·高充满能量的处理手法和他对塞加托莉形象、肤色和壮实的身材的准确把握体现了出来。

图114
《从蒙马儒山看到的克劳平原》
1888年
黑粉笔、钢笔、芦苇笔、鹅毛笔、褐色和黑色墨水
49 cm×61 cm
凡·高美术馆
阿姆斯特丹(文森特·凡·高基金会)

不过在搬到普罗旺斯之前,凡·高的"日本主义"并没有真正开花结果。他很信服杜雷的著作,认为自己喜欢的浮世绘效果和主题是艺术家生活亲近自然的结果,于是在明媚的阳光和透明的空气中,他开始思考自己未来的发展。尽管凡·高经常习惯性地回到乡下去寻找他的田园梦想,1888 年 2 月,他还是选择了法国南部作为自己心目中的日本,"思考,"他写道,"在自然明亮的天空下去观

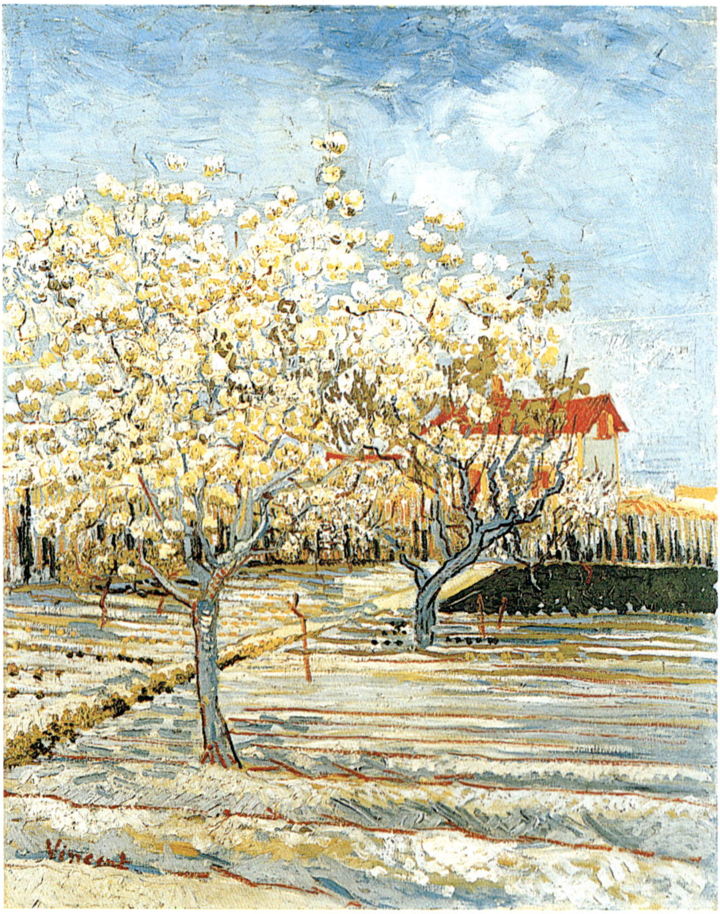
Vincent

察自然，可以让我更好地以日本人的方式去思考和感觉。"在阿尔安顿下来以后，他对伯纳德说："这里的乡下和日本一样美丽，都有着清澈的大气和艳丽的色彩效果。"

阿尔位于罗纳河畔，距地中海仅 40 千米之遥，离巴黎大约 800 千米，在 19 世纪 80 年代中期周围都是沼泽平原，面对着卡马格西南未开发的沿海地区。阿尔东部的平原依靠克劳运河排水和灌溉，北面则以阿尔卑斯山脉为界（图 114）。阿尔城由尤里乌斯·恺撒大帝建造，拥有法国境内最大的罗马竞技场和一个古代墓地，阿里斯冈沿着两侧的林荫大道摆放着精美石棺（图 127）。自从成为中世纪中心那天开始，阿尔就拥有了一座 12 世纪的教堂和修道院以及被摧毁的蒙马儒修道院。不过，这样的遗迹对于正在寻找远东感觉的艺术家来说没什么吸引力，凡·高反而更喜欢镇子外面的郊区风光。

突然而至的反常寒流和大雪给了凡·高出人意料的的惊喜，这让他想起了"日本人描绘过的冬日雪景"，于是他非常快乐地迎来了阿尔 25 年以来最寒冷的冬天。冰消雪融就意味着春天即将到来，他告诉伯纳德：

图115
《盛开的果树》
1888年
布面油画
72 cm × 58 cm
私人收藏

"雪水形成的水洼中映出的翡翠绿色和丰富的蓝色，就像我们看到的皱纹布一样。日落时分的淡橘色调使得大地看起来很蓝，太阳是灿烂的黄色。而且，我看到的还只是这里乡下平常的夏日绮丽风光。"

在 1888 年三四月份，凡·高画了十几幅开花的树，这是一个很受欢迎的浮世绘主题（图 95），也是他尤其喜欢的安藤广重的作品类型之一。在凡·高的画作中，盛开的花朵象征了因为春天到来而再次觉醒的希望感觉。当毛沃去世的讣告传到这里时，凡·高惊闻噩耗"哽咽神伤"，不能自已，他为这位前导师画了一幅桃花图作为"对毛沃的纪念"，并签上了兄弟两人的名字。这是一种感情的寄托，凡·高渴望同自己的祖国再次建立联系，他给提奥写信说这幅画要送给毛沃的遗孀，认为没准"可以化解与荷兰的坚冰"。画面除了隐喻了的毛沃生死轮回以外，还包含着一种更加世俗的用心："恢复同荷兰的业务关系。"

凡·高相信"这种主题一定会让所有人感到愉快"，祈求弟弟资助"他那为果树疯狂的心"，并得到了及时的反馈。为了感谢兄弟，凡·高画了一张《盛开的果树》（图115）作为生日礼物送给提奥。画面中的白花、怪异的红房顶、深绿色的植物形成了鲜明的对比，呼应了令杜雷、凡·高和其他同时代艺术家们激动不已的浮世绘的光鲜

图116
葛饰北斋
《孤独长夜》，来自
《保姆讲诗100首》
木刻版画
25.3 cm × 36.5 cm

图117
《圣玛丽海滨的街道》
1888年
布面油画
36.5 cm × 44 cm
私人收藏

色彩。少而有力的线条从弯曲转向细碎，反映了艺术家对日本版画的研究，那些版画通过运用线条刻画使茅草、烟雾、植物和喷涌的蒸汽从色块中浮现出来，否则就会难以辨认，使画面变得非常抽象。

然而，凡·高使用的线性透视系统依然遵循着欧洲模式（表明他还在依赖透视结构），场景中使用厚画法处理犁沟、鲜花和天空的方式也反映了西方人对触感的兴趣。《盛开的果树》介于日本主义和印象主义之间的中间地带，画风非常的独特，调色和笔法以及艺术家的签名都极具个人风格。

日本梦　浮世绘的影响，1887—1888 年

凡·高在阿尔摸索出来的色彩方案（图117）原则上虽然是受到了日本版画的启发，但实际上比色彩最丰富的浮世绘更加难以捉摸，用色更加多样。彩版画家用色会受到技术制约，因为他们需要将颜色分成各个单色使用，而油画媒介可以使用全色域进行创作。从实践上看，凡·高在阿尔的色彩理论同样受惠于印象派色彩斑斓的高调调色法和自己对补色应用的长期痴迷。

印象派画家早已摒弃了画室的惯例常规（如影子要用灰色，水要用蓝色），而非常注重视觉效果（略带紫色的、蓝色的影子，五光十色的水面，被周围环境色柔和渲染的白花；图118）。另外一个与那些日本版画家的不同之处就是凡·高在户外作画，更愿意接受自然嬗变的启示而不在乎固定的概念。正如凡·高所说，画面大簇的白色花团中"最为淡雅的黄色和淡紫色"使得提奥感动不已。

然而，作为一个很喜欢夸张的艺术家（想想以前那些黑乎乎的农民画吧），凡·高经常通过夸大观察到的尤其是相互对立的颜色

图118
克劳德·莫奈
《盛开的苹果树》
1873年
布面油画
62.2 cm × 100.6 cm
大都会美术馆
纽约

效果,把普罗旺斯的色彩描绘得特别华丽,而很少去照抄对象。虽然他采纳了毕沙罗的建议"要大胆地夸张各种协调与不协调的颜色",但凡·高还是觉得在阿尔这样自由自在地运用色彩是一种对印象主义的背离,一种对布朗克《视觉艺术法则》思想的回归:

"在巴黎学到的东西正在渐渐远去,我又回归了以前在乡下时的想法,那时我还不知道有印象派这回事呢。我一点也不惊讶印象派画家很快就会从我的工作方式上挑出毛病来,因为我的方式向来植根于德拉克罗瓦,而不是印象派。我现在要做的不是去试图再现眼前的事物,而是更加霸道地用色,强有力地表现自我!"

尽管经常出人意料,《盛开的果树》中"霸道的"蓝色以及红色的树和土地,《圣玛丽海滨的街道》(图117)中黄色的天空和粉色的小路,都表明凡·高已经不再坚持印象派的用色方法了。《圣玛丽海滨的街道》中倾斜的景色、强劲的轮廓线、图像肌理和结实的色块都体现了一种日本风格,说明了凡·高一直将"日本艺术家忽略色彩表现,将平淡色调并置"的方式记在心上,但是画中富有想象力的对立色彩冲突(例如,淡紫色的茅草屋顶和硫黄味道浓烈的天空)却可能真的"来源于德拉克罗瓦的思想",遵循了布朗克的《视觉艺术法则》。

当然,凡·高在阿尔的创作中对日本主义的偏好与包容,融入了早期对日本版画的狂热。虽然对立色彩的搭配组合并不是浮世绘的典型标志,却成了凡·高那一时期作品的主要特征。例如,在某个时间,他曾要求提奥想象阿尔"四周的田野被黄色和紫色的花海包围起来的样子……一个真正的日本梦"(事实上在日本木刻版画中紫色是相当少见的)。凡·高意识到了自己对从浮世绘中发现的色彩冲突的偏爱,并且被皮埃尔·洛蒂的《菊花夫人》(1887年,一部基于作者在长崎的生活经历创作的小说)中对日本美食的描写迷住了,"甜辣椒、炸冰块、咸糖果",凡·高从中推导出一种饱含"刺

日本梦 浮世绘的影响,1887—1888年　　173

激对比"的民族之爱,他觉得这种强烈的对比和他自己的对立色彩表现非常相似。

凡·高在阿尔所钟爱的带有对立冲突的色彩组合,延展了日本风格模式。尽管一些画会让人想起那些刻画日本戏服的版画,在那些版画中精心设计了各种人造纹样,方格配植物,线条配圆点,但其实凡·高大部分时间都在家研究葛饰北斋和安藤广重风景中的自然样式。日本图样大都是通过不停地重复图形标记构成的(图95、图100、图106、图110和图116),1888年春天,凡·高很想再现类似的纹理,于是他用线描画了20多张普罗旺斯的远景。他在画中大面积地使用芦苇笔作画,笔触的方向和密度表示了风景中的不同位置区域,并简洁地呈现了画面的纹样和色调(图114、图119)。

凡·高的图像样式非常宽泛,点戳和花饰、尖刺和涡卷图案,都带有他喜爱的日本版画家的影子,但是凡·高并不完全以他们为范本。1882年在海牙,他还没有接触油画(和思考日本版画)的时候,他就已经在《晒鱼场》(图41)这样的画中有意地加入了线条,这种对画笔线条的长期训练为他后来在巴黎最终发展形成的独特笔法打下了坚实的基础。凡·高对日本版画的研究确立了他对线条表现的长期兴趣,所以后来促使他重新检视了阿尔作品的画面维度。

凡·高想要简化和放松自己的绘画风格,他很羡慕那些日本同行快速洒脱的工作方式,认为他们"画起画来急速如电,因为他们的胆量更大,感觉更单纯"。凡·高同样羡慕日本人传达出来的自然性和轻松感,以及为追求类似效果所做出的努力,"他们画画如同呼吸一样简单,寥寥几笔就能画出一个人物,就好像在给大衣系扣子"。凡·高的《晒鱼场》正好相反,在一个线性框架内用图案费劲地填满了整个画面,不过他在《阿尔郊外的鸢尾花》(图119)中运用的笔触则是以一种更加自然的方式从被观察到的物象中生长出来的,非常灵动。

图119
《阿尔郊外的鸢尾花》
1888年
芦苇笔和墨水
43.5 cm × 55.5 cm
罗德岛设计学院美术馆
普罗维登斯

日本梦　浮世绘的影响，1887—1888 年

这并不意味着凡·高在阿尔画的这张大素描是即兴创作的。他为创作《阿尔郊外的鸢尾花》精心挑选了一个绝佳的观察位置，通过倾斜的花草地带、树木和城镇以及构图下方田野一角向前的投影，强调出了逐渐退后的幻觉空间。虽然这幅画明显画得很快，但这种笔痕还是让风景变得很生动，而且看上去还非常有秩序感。凡·高用"果断的几笔"便体现出了鸢尾花盛开的花朵和嫩叶，地面上断断续续的戳点更是精彩地表现出了一片刚刚收割过的田地中的"鬃毛"效果。这些点由画面底部到中部逐渐变小，到了顶部便完全消失了，巧妙地支撑起了作品整体的透视深度。

凡·高很快就将更复杂的风格应用在了对克劳平原的风景创作中（图114），在蒙马儒的高处俯瞰，他使用芦苇笔和鹅毛笔（后者用来体现阴影线条和戳点）来描绘平原风景中的斑驳感。这种画法最后形成了"我用硬笔和墨水创造出的最美好的画面"，他将之形容为"无边无际的重叠，就像海洋一样延展到远处的地平线"，它们"貌似看上去不太日本"，凡·高写道，"但其实真的很日本啊！"

凡·高日本风格的素描效果（也包括他画的一些油画版本）很快就从同时代绘画中脱颖而出。他像使用硬笔一样运用沾满油彩的笔刷，为线条添加了色彩，通过华丽、稠厚的厚涂画法建构了一种和物象接近的质地。比如在《普罗旺斯的农舍》（图120）中，凡·高用黄色和紫灰色编织出了石墙的粗糙感，几抹红色和绿色就呈现了野花的速写，垂直重复的金色和绿色精准地捕捉到了焦草的外观。沿着地平线望去，农舍的几何形和干草垛不均衡的曲线形成对比，树冠分叉的轮廓线插进了被风搅成旋涡状的广阔天空中。

如同在克劳画的那些素描，《普罗旺斯的农舍》虽然表面缺少了一些"日本劲儿"，但其中的色彩效果还是和浮世绘有所关联的。然而全色域的色彩和丰富的肌理质感已经从凡·高和他同时代人喜爱的日本艺术的极简效果中释放出来。另一张夏日风景《丰收》（图121）更接近于凡·高所谓的"一个真正自然朴素的理念"，画

图120
《普罗旺斯的农舍》
1888年
布面油画
46 cm×61 cm
国家美术馆
华盛顿

日本梦 浮世绘的影响，1887—1888 年

图121
《丰收》
1888年
布面油画
72.5 cm×92 cm
凡·高美术馆
阿姆斯特丹（文森特·凡·高基金会）

日本梦　浮世绘的影响，1887—1888 年

图122
《卧室》
1888年
布面油画
72 cm×90 cm
凡·高美术馆
阿姆斯特丹（文森特·凡·高基金会）

面上方柔和的笔触补偿了下半部分的书法样式和人物。这幅画是凡·高受东西方模式共同影响的成熟的"日本主义"典范，结合了东方鸟瞰视角和西方中心构图的风景画惯例，画中空间沿着对角线方向有序地后退。画面前景用色比中远景的更加稠厚和活泼，景深效果被这种印象派画家经常使用的"触觉透视"有效地加强了（图118）。凡·高自己认为《丰收》的色彩可以同德拉克罗瓦和塞尚相媲美，并声称这个巧妙的混合式杰作是他最具力量的作品之一。

夏去秋来，凡·高开始模仿浮世绘色彩中的"平面渍洗"效果。举例而言，《卧室》（图122）的表面油彩虽然还是比较厚，但和他夏天创作的风景画相比少了一些搅拌调和。为了表现出"绝对的宁静"，"像日本版画一样平面的、自由的色彩"，凡·高把画中的阴影去除了。他强调了补色对比（他进一步指出其实连镜子也采用了黑白并置），有意识地压制了模式化处理。回想起自己当时受"皱纹布"影响而去追求的高度肌理化的"日本主义"，凡·高声明这张《卧室》比《巴黎小说》（图109）更加"阳刚和单纯"，而这多归功于画面中没有出现点彩和阴影的"和谐的平面化色彩"。房间内倾斜的地平线和古怪的凹形地面可能是由于近距离描画小空间的难度较大，也说明凡·高或许正在试图模仿日本空间处理规则；此外，一张老式楼层平面图表明这个房间的形状确实很奇怪。

凡·高终于占有了一间属于自己的"黄房子"，特意创作了《卧室》以示庆祝。房子在1888年5月租下以后整个夏天都被当作工作室使用，在9月中旬重新粉刷装修完毕之前，凡·高并没有在里面过过夜。这几个月里，他受洛蒂的《菊花夫人》的影响很大。洛蒂对日本房间内部简洁设计的表述让他很激动，"非常明亮……十分空荡"，凡·高也将极简主义美学应用在自己的房间中，白色粉刷的墙壁、空空的地板，多半还会配上一株未经刻意修剪的松树。洛蒂有着过度娱乐倾向，赶时髦的巴黎人的那种摆满了小装饰品的"日本"沙龙对凡·高影响很大。"我正在着手营造一个艺术家的家，"他和提奥说，"但是……并不是寻常那种堆满小玩意儿的工作室……你有没有读过《菊花夫人》呢？"

凡·高在新房子安顿下来以后，非常希望在他已经敏锐捕捉到的"华丽的蓝色"天空和"硫黄般黄色"的阳光之下（图96）能够保持住自己的创造力。他想象着能够过上一种"越来越像日本画家"的生活，与在巴黎时候的"颓废"生活形成反差：

"如果我们要研究日本艺术，那么一个肯花时间……去研究一片草叶的人，无疑是明智的、富有哲理和智慧的。

然而就是这片草叶，可以让他能够描绘所有的植物，随后是四季、乡村宽广的远景、动物和人物形象。尽管他经历了人生，但生命实在太过短暂，不能够面面俱到。现在，这些像花儿一样生活在自然之中的单纯的日本人教导我们的，难道不是一个真正的信仰吗？

在我看来，如果不能变得更加幸福和快乐，那么你是无法学习日本艺术的，所以尽管我们的教育和生活都处在一个传统的世界，我们也必须要回归自然！"

日本艺术家们哲学式的理想化概念与欧洲对日本艺术的流行诠释是相符的，表明了这些"原始"创作者们构想出来的纯洁能够允许他们畅通无阻地凭直觉感悟大自然的深奥。尽管欧洲人通常都认为其他大陆的原住民都比较单纯，甚至"野蛮"，但是18世纪那种鼓吹"原始人"没有污点的"自然性"的倾向，致使19世纪欧洲很流行将那些光明尚未褪去的"非欧洲"国家同自己悲惨的虚伪和堕落的"文明世界"相互对照。凡·高认为日本人胆子够大、品位简约，这种刻板印象主要源自萨缪尔·宾，因为凡·高在1888年9月曾经收到过前两期的《日本艺术》（1888年）。宾将日本艺术家描述为既是热爱自然的"诗人"，又是一丝不苟的观察者，他们相信

"我们其实没有创造什么,甚至最精细的草叶,也"不配"在高雅艺术中"占据一席之地"。

学者们一直不太确定凡·高对日本艺术家那种苦行僧式的团体生活的错误印象从何而来,他坚持认定"日本艺术家互相交换自己的作品……人与人之间相互关爱和支持……在一种充满兄弟情谊的团队中生活,非常的自然……都是纯粹的匠人"。凡·高对艺术家友谊的想象可以肯定是源自于他对高更和伯纳德在布列塔尼阿旺桥创建的艺术家社团的了解,以及他和高更在去年冬天交换作品的行为:那次他用两张向日葵习作交换了高更的一幅马提尼克岛风景(图123)。

对日本艺术家们快乐、友爱、互助的臆想使凡·高开始准备与高更、伯纳德和他们的朋友查尔斯·拉瓦尔交换自画像(详见第六章),并打算建立一个普罗旺斯艺术家合作社或"南方工作室",这样"我们就可以如同那些日本人所做的一样,为这里可爱的乡村做点什么了"。他既渴望亲近未受破坏的大自然,也想和艺术家朋友们一起生活,凡·高期待着伙伴们能够到来,并认为租下黄房子是朝这个方向迈出的第一步。在给弟弟和朋友们写的信中,凡·高因为在阿尔像僧侣一样生活能够带来的潜在回报而感到欢欣鼓舞,但他也解释说,这并不是一种完全禁欲的生活(他自己"每两周"便去一次妓院),而是一个有节制的团体,志趣相投的人们在这里为艺术奉献灵魂。高更远离城市生活的传奇故事已经尽人皆知,所以凡·高写信给他时特意强调阿尔绝对远离"我们所谓的文明让人迟钝的影响"。伯纳德是和他一起分享浮世绘的人,凡·高信中便将普罗旺斯形容成"日本天堂","来亲眼看看南方吧,真的太有帮助了!这里的户外有这么多鲜活的生命,绝对可以让你更加深入地了解日本"。

鉴于当时伯纳德正在计划去布列塔尼做一次夏日旅行,而不愿去南边探险,高更从阿旺桥写信表明了自己想要搬家的意愿。

图123
保罗·高更
《马提尼克岛》(在池塘边)
1887年
布面油画
54 cm×65 cm
凡·高美术馆
阿姆斯特丹(文森特·凡·高基金会)

凡·高高兴得手舞足蹈,和提奥一起鼓励他搬到阿尔来。高更那时候刚过40岁,经济上捉襟见肘,还被从加勒比带回来的疟疾和痢疾搞垮了身体。所以,1888年,高更主要是被免费的吃住以及提奥定期发放补助的承诺所吸引,而不是想要跑来和凡·高建立一个艺术家的乌托邦(毕竟他在阿旺桥有足够多的朋友,而且伯纳德在夏末也会来访)。高更已经感觉到自己无论以哪种理由搬到阿尔,凡·高都会很开心,提奥也会感到很满意。

凡·高兄弟都很相信高更伟大的天赋,在1887年冬天到1888年,也就是高更和凡·高交换作品的时候,提奥买了高更最具雄心抱负的一张马提尼克岛风景画《女黑人》,作为兄弟俩的私人收藏,这是他们购买的最贵的一幅画,并且挂在了自家客厅的沙发上。凡·高同时在交换来的作品中发现了"高度的诗意",而且被高更画中"令人惊讶的驯服人物"的高雅味道深深地迷住了。高更以前是一名水手,这让凡·高总是把他想象成作家皮埃尔·洛蒂(朱利安·维欧的笔名)式的男人,因为洛蒂那些奇异的冒险故事都源自他做海军军官时四处旅行的见闻。本来高更已经放弃了航海事业而去巴黎转行做了股票经纪人,但他最终还是放弃了商业生涯,为了追求某种精神使命而拿起了画笔(如同凡·高一样)。这么酷的一个人,凡·高推测道:"会到我的虚拟日本来做艺术僧侣吗?"

凡·高心中已经将高更看作了"寺院大住持"(凡·高语),积极地为高更入住黄房子做着各种准备。然而,随着夏天一点点过去,凡·高越来越怀疑高更的真诚,质疑他的动机,并且对他的迟迟不到而感到不满。高更承认自己很穷,可能是为了筹措旅行路费,解决未清债务以及推广自己的作品,最终他用甜言蜜语搞定了提奥。他也可能是害怕自己失去同伯纳德在一起时已经有了新转机的创作动力,伯纳德以布列塔尼人为模特创作的《草地上的布列顿妇女》彻底改变了高更的图形模式(图124)。如果对比高更于 1888 年八九月份在马提尼克岛创作的《布道后的幻象：雅各布和天使摔跤》(下文简称《幻象》)，就可以清楚地看到这一点。《幻象》中的摔跤手形象受到了葛饰北斋日本漫画的启发，高更对德加作品的兴趣，以及纳德对他的影响，可以在画面中强烈的裁边效果、人物远近并置等其他特征上得到确认，这些都直接或间接地体现了浮世绘的痕迹。这幅画明显是一幅日本抽象画，色彩和线条比高更之前创作的作品都要更加大胆。尽管高更曾声称"要为风格牺牲一切"，但相较于其他艺术家传统拘谨的效果，《幻

图124
埃米尔·伯纳德
《草地上的布列顿妇女》
1888年
布面油画
74 cm×92 cm
私人收藏

图125
保罗·高更
《布道后的幻象：雅各布和天使摔跤》
1888年
布面油画
73 cm×92 cm
苏格兰国家美术馆
爱丁堡

象》画面中最终具有的叙事维度和"有意味"的色彩则更加地引人注目。

因为《幻象》寄到了巴黎提奥那里（希望能卖掉），所以凡·高只是通过高更来信中的草图见识过这幅作品，信中高更向他发表了一通关于自己目标的野心勃勃的言论，搞得凡·高很是担忧自己没有能力和"如此伟大的艺术家"共事，他向这位伙伴吐露了心声：

日本梦 浮世绘的影响，1887—1888 年

"和你的雄才大略相比，我发现自己的艺术理念实在平庸至极。"

高更到达阿尔之后本来也打算认同凡·高这种妄自菲薄的评价，但很快他就意识到凡·高的水平其实和他不相上下。道格拉斯·德鲁克和皮特·席格尔都认为高更看到了凡·高在阿尔创作的作品——包括最近画完用来装饰客卧的油画《向日葵》（图126）——之后，感到自己的优越感受到了挑战，这促使高更在以后的文章里开始系统地编造事实，诋毁凡·高。德鲁克和席格尔都认定在高更发表的回忆录《此前此后》（1903年）中对凡·高的断言，根本不是笔误或者"记忆有误"，而是他早有预谋的捏造。

高更在《此前此后》中将1888年秋天的凡·高塑造成一个没有希望的业余画家，"挣扎着想要找到自己的路"。高更将这位朋友对于补色的痴迷描述成导致他痛苦的最大障碍，他写道："我开始对他进行启蒙教育……从那天起，我的凡·高兄弟取得了惊人的进步……教育成果就是那整整一系列的'向日葵'。"

除了标榜自己是指导凡·高创作那些最有名的作品的关键角色以外，他暗示自己还教了这位同伴兼跟班很多其他的"重要课程"，同时坚称自己对室友一无所求，只是很享受帮助凡·高所带来的满足感。

凡·高确实有了一种动力，《此前此后》将这种动力描述为他遵从高更教诲的结果，说凡·高在高更身上不仅看到了伟大艺术家的天赋，还看到了令人羡慕的男子汉气概。在凡·高给提奥的信中却表明，其实是高更曾经做过"真正的水手"这件事，"让我对他十分尊重，从他身上看到了一个男人绝对的自信。高更像极了洛蒂笔下的冰岛渔夫"。

这些渔夫是洛蒂塑造的最具英雄气概的人物形象，他们离开布列顿的土地和家人，辛勤地往来于北部水域进行贸易。凡·高认为高更也像他们一样坚定、能干，并一直将他想象成鲁滨孙·克鲁索（丹尼尔·笛福小说《鲁滨孙漂流记》中的主人公）式的人物，

图126
《向日葵》
1888年
布面油画
93 cm × 73 cm
国家美术馆
伦敦

日本梦 浮世绘的影响，1887—1888 年

凡·高非常高兴有这样一位一级水手能够在阿尔上岸和他相伴。伯纳德形容这个时期的高更是一个"带有野蛮本性的处女",同时表明了高更标榜自身高尚"原始性"的自我吹捧的效力以及凡·高渴望和他一起工作的迫切程度。

高更决定先在阿尔再次创作一幅马提尼克主题的画《女黑人》,这可能不仅因为他对周围环境还不熟悉,还在于凡·高对此十分期待。创作过程让高更很是享受,因为凡·高还没有掌握这种不用观察、直接凭想象创作的能力,这也成为他们随后在阿尔主要讨论的话题。

高更一周之后慢慢熟悉了阿尔和室友(他从10月底待到了12月底),他开始和凡·高一起去阿里斯冈画画,这是个凡·高还从来没有画过的地方。为了让这位尊敬的朋友觉得阿尔很有趣,凡·高带着高更走遍了镇上所有风景如画的地方。在阿里斯冈,凡·高共画了四幅画,高更则画了两幅。凡·高的前两张画采用了典型的自然主义俯瞰的垂直构图,后两幅则大胆地采用了横向构图(图127)。他故意设计出下垂感,高更房间里的黄麻画布很对他的胃口,他通过和谐的色调和足够稀薄的颜料使黄麻画布的纹理显现出来。他并没有因为高更的反对而放弃使用补色对比,为了缓和这种冲突,温和地回应高更对"凌乱的"厚涂颜色的反感,凡·高已经更倾向于使用日本版画的"平面渍洗法"来驾驭画笔了。这几幅水平构图的阿里斯冈风景画主要得益于高更在阿尔购买的黄麻画布与众不同的粗糙质地,这种画布的表面效果和日本"皱纹布"很是相似。《阿里斯冈》中强烈的对比、剪裁过的平面图案、夸张的色彩和倾斜的透视,在浮世绘和凡·高作品中随处可见,但这幅画的风格好像还是被伯纳德《草地上的布列顿妇女》(这幅画被高更随身带到了阿尔,凡·高还临摹过)和高更《幻象》中那种缺少现实羁绊的日本主义给扭曲了(图124、图125)。凡·高的《阿里斯冈》也有

图127
《阿里斯冈》
1888年
麻布油画
73 cm × 92 cm
库勒—慕勒美术馆
奥特洛

日本梦 浮世绘的影响，1887—1888 年

图128
《播种者》
1888年
布面油画
32 cm × 40 cm
凡·高美术馆
阿姆斯特丹（文森特·凡·高基金会）

可能不是在现场,而是在工作室完成的,这成为他对自称导师的高更的又一次让步。

高更对印象派画家对可见世界的依赖越发地鄙视,他对凡·高大肆渲染应该做到"对内心角落"神秘而诗意的一瞥。在阿尔,高更要求同伴和他一样抛掉可见物象,去追寻感觉和想象。经过一阵子的主观变形练习,凡·高也能够不参照对象画出线条来了。尽管他觉得天气不好的时候在室内采用这种精神想象的方法创作很实用,但他对"纯粹的想象"还是保留了慎重的态度:

"我不参照对象就画不出画来。我的意思并不是说我不会去摆脱自然进行变形研究、安排色彩、进行夸张和简化,但当画面形成的时候如果离开了合理和真实,我就会非常恐惧……我会夸张,也会做出变化……但我却不能虚构出整张图画。"

凡·高一直在跟着高更学习这种他后来称为"被施加魔法的土地"的虚构画面能力,但随后发现他根本无法达到那种程度。当他们两人在黄房子里不用参照直接创作的时候,凡·高所谓的"用心灵"画画,其实也只是在靠着记忆重新塑造他自己或其他艺术家的作品。他在 1888 年 11 月创作的《播种者》,就是这种情况的典型案例,在这个"硬编"出来的场景中,人物是从米勒那里挪用的(图 20),那棵日本风格的树是从高更的《幻象》中借鉴来的,就连田野也是凡·高在克劳时经常画的那种大地。画中最富有想象力的地方可能也就是用色了,但和之前他曾经画过的《圣玛丽海滨的街道》(图 117)相比还是差远了。

高更的高压态势和极度的自信让凡·高慢慢成了一个受害者,在 1889 年的最后几个月,他始终在怀疑自己。高更强烈要求他区分开"粗俗的模仿"和"白日梦"式的主题的两极,这反而让凡·高忽视了他在两极之间的中间地带本来已经成功挖掘并可以为己所用的东西。因为担心作品太过平淡、粗俗和蠢笨,无法和高更发自内心的画作相比,凡·高开始试图改进自己的工作方式。1888年11月,凡·高宣称:"高更给了我想象事物的勇气。"指出他的信念被误导了,自己确实缺乏这方面的能力。

  似乎凡·高和高更现在都把焦点放在了自我意识对主题的虚构上,这使得凡·高"在法国南部发现日本"并精力充沛地进行数月创作的极富想象力的进取心受到了严重的忽视和低估。凡·高来到阿尔的第一周,本想"用更日本的眼光去看待事物","相比单独地对现实简单的一瞥,将会有更加激动和令人慰藉的世界……让我们去感知"。但事实上,高更却在向凡·高抱怨普罗旺斯的景色看上去非常"萎缩、焦躁和微不足道",而这位诗意的热情支持者其实本该在这里发挥出更加非凡的创造力,阿尔,毕竟是滋养了凡·高的日本梦及其"日本风格"作品的地方。

伟大而又平凡　在阿尔的肖像画，1888年

6

凡·高

图129
《阿尔妇人》（玛丽·吉诺）
1888年
布面油画
91.4 cm × 73.3 cm
大都会美术馆
纽约

尽管普罗旺斯的风景确实激发了凡·高的"日本眼光"，但他仍然觉得自己是个人物画家，认为"那才是唯一能够感动我灵魂深处的艺术"。阿尔和巴黎、甚至和海牙相比都只是一个小地方，不过这里的人口（19世纪80年代大概23000人）为凡·高所谓"生动的漫画"提供了多种多样的人物样板。

"祖阿夫轻步兵、妓女和可爱的阿尔小女人正在进行初领圣体仪式，穿白袍的牧师看上去活像只危险的犀牛，人们喝着苦艾酒，而我看上去就像是来自另一个世界的生物。"

凡·高被人们晒黑的肤色和他们"经过精心挑选的幼稚的色彩搭配"以及身上穿着的印花布料迷住了，认为应当立即按照莫奈画风景的方式将这些人物画出来……"变成一位空前绝后的色彩大师"。

凡·高经常长途跋涉到农村去（图130），因为那里总会让他想起米勒描绘的乡下场景，但他很快意识到《播种者》(图20)中"无色感的灰色"和南方鲜活的色彩并不一致。凡·高在阿尔开始按照德拉克罗瓦的造型和蒙蒂切利与莫奈的用色来重新研究米勒的人物形象。这里乡下人的行为举止让凡·高想到了"左拉作品中的人物"，尤其是《土地》（1887年），这本小说打破了农村无产者安逸生活的神话，塑造了为了争夺更多的土地不惜杀人的残酷的农民形象。

伟大而又平凡 在阿尔的肖像画，1888年

图130
《在去塔拉斯贡路上的画家》
1888年
布面油画
48 cm × 44 cm
原弗里德里希皇帝博物馆
马格德堡

城里人似乎也变成了左拉笔下的漫画人物（公共花园、夜间咖啡馆和杂货店是杜米埃而非米勒的题材，而且带有绝对的"左拉"风格），这让凡·高同时想到了奥诺雷·杜米埃（1808—1879年）创作的当代法国漫画和葛饰北斋笔下不假思索勾勒出的滑稽人物。

凡·高感觉当地人很滑稽的原因在于左拉和杜米埃的南方小兄弟阿尔丰斯·都德的著作，当时都德凭借一个名叫达达兰的普罗旺斯人的乡间故事而获得了巨大成功，他认为主人公自吹自擂的癖好就是南方人的典型特征。凡·高不但在巴黎读了《达拉斯贡的达达兰》，而且还有可能也读到了《磨坊信札》，这是一部都德在阿尔附近的一座废弃磨坊中创作的短篇故事集，生动详细地展现了阿尔的地域特色、风景和传说，都德极端细致的描述或许影响凡·高做出了要搬到这里的决定。

凡·高经常描述"达达兰乡下"的南方，而且他认为莫泊桑的《漂

图131
《有石膏像的静物》
1887—1888年
布面油画
55 cm × 46.5 cm
库勒–慕勒美术馆
奥特洛

亮朋友》正是达达兰的阴柔版本,小说描写了一个英俊的乡下人在巴黎闯荡并获得成功的故事。莫泊桑笔下的那位惹女人爱慕的男人的绰号就叫"漂亮朋友",是凡·高永远也无法企及的那种成功人士。在巴黎读过《漂亮朋友》后,凡·高将这本书同一个色情的小雕像和龚古尔兄弟的小说《热曼妮·拉瑟顿》(1865年)画在了一起。《热曼妮·拉瑟顿》讲述了一位容易上当受骗的老处女被情人、背叛和抛弃的故事(图131),而"漂亮朋友"正是热曼妮甘愿典当自己母亲的首饰去侍奉的那种男人,凡·高在画中将两者非同寻常地联系到了一起,他的这种做法无疑受到了这本快乐小说的鼓励。"我现在很喜欢不那么严肃的事物,"他在阿尔写信说,"比如《漂亮朋友》这样的书。"

阿尔的女人以美貌闻名于法国,当凡·高见到她们的时候简直目瞪口呆,他认定"在这里最美好的事情就是画人像,所有种类的女人和儿童肖像画"。随后他表示"我认为自己……还没看够《漂亮朋友》呢"。假牙问题和逐渐老化的身体成了凡·高实现肖像画目标的障碍，他很担心自己因为缺乏轻松愉悦的心情而无法维持必需的进取心。他渴望自己可以"像莫泊桑笔下的男人一样"成为普罗旺斯的成功画家，能够"在这里自由自在地描绘着那些漂亮的人们"。凡·高写到自己甘愿"等待运用克劳德·莫奈的风景画方法来创作的下一代艺术家，因为那种大胆创新的风景画很有莫泊桑笔下男人的味道"，而这时他已经准备开始这么干了。"对于肖像画，"他在1888年5月时告诉提奥，"当我准备开始在这条道路上前进时，我多么希望自己的精神能够稳定些，并且能够安顿下来啊……"

整个春天他都因为"丰富的色彩"而感到愉快，所以暂时没有聘请模特，但他确信，只要时机到来，"我一定会疯狂地突击肖像画的，尽管我现在貌似有点敬而远之……可那才是我真正的目标"。但等他准备好画室想要开始创作的时候，才发现阿尔人都对他退避三舍，人们都极力避开这位精神紧张而且浑身沾满油彩的外国人，甚至付模特费也不行。"这些可怜的小灵魂，"凡·高推测道，"恐怕是害怕受到连累，认为其他人会嘲笑他们的画像。"

凡·高还曾有些小小的期待，认为肯定有人会需要自己的服务。不过在1888年，他通常都是叫朋友来为他做模特，而不是为付钱的主顾服务。事实上，他经常花钱雇人当模特，美术史家乔安娜·伍德尔认为，19世纪末期出现的很多没有委托人的肖像画，可以印证当时的艺术家更倾向于画自己的朋友和家人，而不是商业赞助人。当时只有少数人还在付钱给模特进行老套的肖像画创作，而凡·高倒是挺喜欢这种方式，因为这样可以让他摆脱画面必须很像本人的义务，将重点放到对个人特征塑造的整体思路上来（那些在纽南画的头像与个体模特相比，表达出了更多的"农民性"，见图46、图56、图58）。

尽管凡·高短暂地体验过一阵子印象派模式的肖像画法，捕捉对象不经意的生动姿态和周围环境，但很快他又转向了象征性的肖像画（图92）。在阿尔，他倾向于表现静态的画面，并按他喜欢的《图画报》中"人民的头像"的插图样式进行创作，同时结合了都德讽刺漫画式的夸张手法以及其他能够贴切地表现普罗旺斯的方法（图129）。他开始通过改变作品的命名策略，替换掉模特的真实名字（比如《老农民》，见图135），以此来使画中人更加贴合自己的创作目的。就像《夹伞的孤老户》（图36）和之前在纽南画的劳动者一样，凡·高第一批以阿尔人为模特的画像虽然还是他的典型样式，但画面中潇洒的祖阿夫步兵（图132、图133）和他称为"日本姑娘"的端庄女孩（图134）的真实姓名在他的书信和作品名称里都没有出现过。

　　凡·高在阿尔的时候，有一个祖阿夫步兵军团驻扎在那里。士兵们的制服体现出了浓郁的异域特色：红色的灯笼裤、宽宽的腰带、绣花的夹克和带流苏的桶状绒毛军帽。祖阿夫步兵的惊艳装扮让凡·高感到眼花缭乱，他选择了一位无名士兵作为模特。这位留着小胡子的祖阿夫步兵有着"古铜色的狡猾头颅""公牛的脖子""老虎的眼睛"，人物黝黑的皮肤和北非服饰也是热血异族人的老套标识。士兵色彩丰富的头部和躯干画在了绿色和橘色背景上，而这种不和谐的野蛮色调组合是很难驾驭的（图132）。尽管画作看上去很粗糙，甚至还有些"丑陋"，但凡·高并没有任何不悦。因为他在大约三年前画《吃土豆的人》（图61）的时候，就已经开始有意识地表现人性的粗俗了，或许他是想故意用野蛮的色调来帮助塑造人物性格吧。随后凡·高又为模特画了张更大尺幅但不太成功的全身像，祖阿夫士兵坐在那里，叉开双腿、自我指示的姿态和过分艳丽并且提亮的裤子展现出了十分豪爽的男子气概（图133）。

　　凡·高的下一幅肖像画的模特衣着色彩艳丽，很有异域风情，当他开始着手创作他称为《日本姑娘》（图134）的作品时，他又发展出了一种相当与众不同的人物样板。这个模特是一位确凿无疑

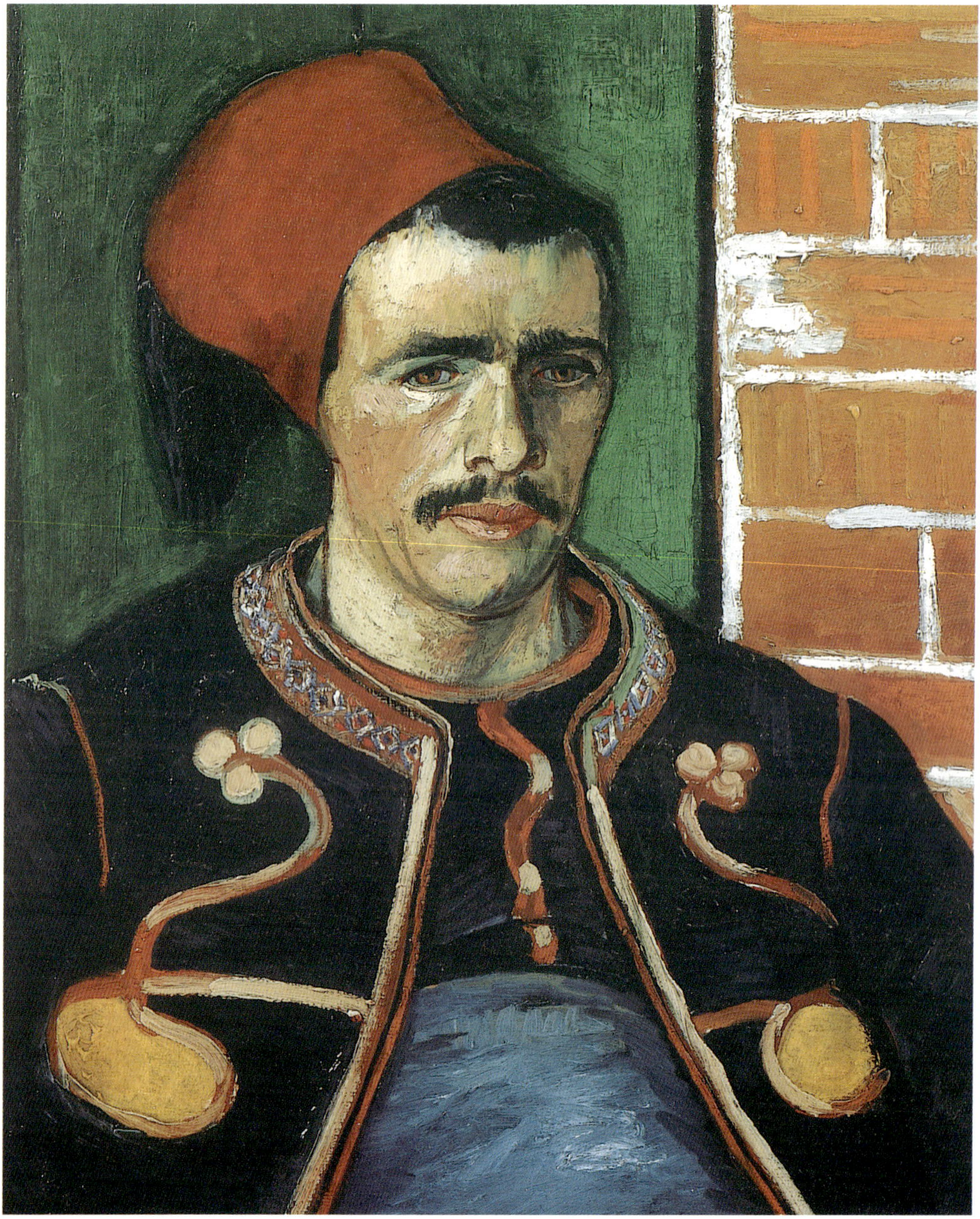

图132
《祖阿夫步兵》
1888年
布面油画
65 cm×54 cm
凡·高美术馆
阿姆斯特丹（文森特·凡·高基金会）

图133
《祖阿夫步兵》
1888年
布面油画
81 cm×65 cm
私人收藏

伟大而又平凡　在阿尔的肖像画，1888年　203

的普罗旺斯人，穿着凡·高偏爱的那种带有夸张图案的外套。如画作名字所示，凡·高从这个苗条的黑发女孩身上感受到了一些日本气质。"日本姑娘"一词挪用自洛蒂的小说《菊花夫人》，凡·高向提奥解释说："这个词的意思是指一个日本小女孩，画中的普罗旺斯姑娘大概也在12岁至14岁的年纪。"这里凡·高并没有说得很清楚，所以从来没有读过《菊花夫人》的提奥推测可能模特与洛蒂的"日本姑娘"之间唯一的联系只是年龄而已，尽管洛蒂书中对日本女孩其他方面的描写也经常被凡·高玩笑似的安置到这个模特身上。

《菊花夫人》是洛蒂根据自己担任法国海军上校时的经历撰写的一部小说。内容大意是一个欧洲人到达异域番邦后便开始同当地女人交往，两人的结合在表面上让他融入了异族的思想形式，这种男女关系随着男人的好奇心与性欲的消失并且要调离到另一个港口任职而告终。《菊花夫人》中未成年的女主人公被家庭按每月一次的频率租给了一个海军军官，作者对她的描写或许影响了凡·高，促使他很想接近这位他雇用了一周的"日本姑娘"。洛蒂褒扬了菊花夫人缺乏传统魅力、表面上无聊的行为以及不情愿被人挑中的样子，发现她文雅的礼貌举止比她斜睨的眼睛、丰满的脸颊和肉感得恰到好处的"半像是生气、半像是笑"的嘴唇要更加地吸引人。

和洛蒂挑选的女主人公一样，凡·高的"日本姑娘"算不上传统意义上的好看，鼓起的脸颊和年轻的嘴唇显露出一种暧昧的神情。画中人最大的魅力主要在于那种欲说还羞的样貌。尽管一直保持着眼神接触，但她僵硬的姿态、压低的下巴、微微侧转的脸和身体以及刻意摆放的双手都表明模特在画家的注视下感到有些不安（和《意大利女人》的坦率相比较，见图92），她头上带有缎带的发饰也暗示了一种适度的克制。和祖阿夫步兵的极度开放不同（图133），包围住女孩的圈椅和她紧紧握住的夹竹桃强化了她的拘谨情绪。据

图134
《日本姑娘》
1888年
布面油画
74 cm×60 cm
国家美术馆
华盛顿

伟大而又平凡　在阿尔的肖像画，1888 年

凡·高讲，夹竹桃的花语是"爱情"，而这位"日本姑娘"在手臂的最下方牢牢地抓住了这个多情的象征（依然和《意大利女人》比较，后者年华已经老去，手中花朵已经垂落）。

"现在已经完成了两张肖像了，"凡·高汇报说，"祖阿夫大兵和这个姑娘。"在作画的过程中，凡·高不但再次投入到自己喜爱的工作中，而且还在作品中努力地表现着独特的南方特色。着眼于一种长久的打算，他给伯纳德写信表示很多前辈艺术家的作品已经唤醒了全人类和新时代，而自己在左拉和巴尔扎克的著作中也发现了相同的东西，"他们是为社会造像的天才……表现了他们所描述的整个新时代"。凡·高指点伯纳德应该好好研究一下哈尔斯和伦勃朗：

"请牢牢地记住哈尔斯吧，他是这个英雄的、朝气蓬勃的、不朽的共和国中的全能肖像画大师，请牢牢地记住和他一样伟大的荷兰共和国肖像画大师伦勃朗吧……我想要让你见识到那些伟大而又简单的东西：通过肖像画单纯的意味去展现人性或共和国的绘画。"

凡·高清楚地知道当代批评家对肖像画的评价很低（迪雷将之标榜为中产阶级艺术的胜利），他渴望能够反思并复兴这种艺术。传统肖像画主要是一种表现个人样貌、地位和气质的私人化记录，有着广泛的群众基础。凡·高确信可以用另一种方式来表现同时代人的画像，他希望"能够通过肖像画的新意涵来重新赢得大众"，声称他还从没见过"能够让群众易于理解的单纯有力的肖像画"之外的未来绘画。他打算运用夸张和简化的手段弱化个人特点而强调人们整体具有的印象特征，以此来捕捉大众共识而非个体特质。为了实现不朽的感觉，他选择了"中性或者模糊不清的背景"，而埃德蒙德·杜兰蒂十几年前在《新绘画》中曾发文将这种画法定性为不合章法。当时《图画报》中的"人民的头像"、巴尔扎克多卷本的《人间喜剧》和左拉的《卢贡·马卡尔家族》系列（1871—1893年，展开记叙了第二帝国时期的法国社会生活发展史）都鼓舞了凡·高，使他远离了细节的纷扰，将书中的主题同特定的时代和地点绑定在了一起。他希望能够创作一系列可以构成合集的肖像画，以反映普罗旺斯的社会生活和人性的不朽。

凡·高的主要创作模式来源于17世纪的荷兰肖像画，他告诉伯纳德，"这种艺术画出了无限的物质实在性"。凡·高这里所说的无限同时指代了世间万物和宇宙。哈尔斯几个世纪前创作的肖像画至今还依然鲜活"不朽"。此外，凡·高还觉得伦勃朗和哈尔斯再现人物的时候融入了神学思想的火花。他觉得哈尔斯的作品非常杰出，因为哈尔斯"从没有画过天使、基督受难和复活"，只是"纯粹地画着肖像画，别无他念"。凡·高列举了哈尔斯的很多画作（人物大多是贫贱的），从士兵、地方官员到"吉卜赛妓女（图94）、穿尿布的婴儿……流浪汉和大笑的野孩子"，他发现哈尔斯的作品"完全可以同但丁的天堂以及米开朗琪罗和拉斐尔的杰作相媲美"。

因为长期放弃了正统基督教，凡·高现在对上帝在自然和人性中的显现非常在意。当凡·高为肖像画的将来思考的时候，他大胆地设想，在现在这个没有信仰的进步社会，他期待的那种肖像画将会取代宗教圣像画，传达出一种永恒感和对无限的窥视。正像他对提奥说的："我想在人们身上画出一种以前的宗教画中神像头上的光环所象征的永恒感，我们可以通过色彩的焕发和颤动来寻求传达这种感觉。"

凡·高相信19世纪后期肖像画的复兴需要"一位从未存在过的色彩大师"。当他提到下一代艺术家应当按照莫奈画风景的方式去创作的时候，他的意思是艺术家应当超越对物理表象的记录，而通过与众不同的笔法，以及更重要的，丰富的色彩和大胆的组合来深入表现灵魂（就像莫奈在19世纪80年代的作为）。凡·高觉得"焕发"的色彩可以为最世俗的主题增添出类拔萃的光辉（图135、图138），他提到的可以激活色彩的"颤动"（最早出自布朗克著作的概念）也表明了他对德拉克罗瓦那种音乐般的作画方式重新燃起了兴趣。这种绘画的色彩按照非意向派音乐的方式从艺术家的情感中生发出来，可以和观众进行直接的对话。在阿尔，凡·高决定"在画中融入类似柏辽兹和瓦格纳音乐的元素，创作一种可以慰藉人心的绘画"，并且"能够诉说像音乐一样令人舒适的东西"。

在巴黎的时候，凡·高开始重新研究使德拉克罗瓦的色彩和形式被称为"图画音乐"的那种关联性。凡·高在法国首都发现"联动"的理念正在被广泛讨论，而以前在纽南生活时曾经学习过的钢琴课程对他在这方面的理解也略有助益。瓦格纳的音乐理论已经在城市文化人中间泛滥并持续升温，这不仅因为德国作曲家极度华丽的音乐，还在于他采用了反古典主义美学的流动性结构和将各种独立的艺术形式融合成整体艺术的创作方法（艺术的统一协作）。

在 19 世纪末，知识分子和美学家们对器乐艺术空前地重视。而早在 1790 年，伊曼努尔·康德就已经开始嘲讽这种音乐为最没有意思的高雅艺术了，因为现在的音乐效果主要依靠感觉而非理念，感性胜于理性。随着浪漫主义的兴起，音乐在多方面受到的重视反而长期限制了其自身的影响：缺乏具体实在性以及对语言转译的抵制。音乐的无形象性现在成了形而上学的标志，其效果比那些具象艺术要深奥得多。凡·高在 1883 年阅读了托马斯·克莱尔的《英雄与英雄崇拜》（1841 年），并曾引用过书中的一句话："音乐是一场含糊不清、高深莫测的演讲，将我们引领到无限的边缘。"布朗克也同样地认为音乐可以将我们带到"缥缈的河道和令人费解的世界"。

在 19 世纪 80 年代，长久以来认为绘画应该近似诗歌的老规则被绘画应该近似音乐的新规则所取代了，音乐对于形式和内容的融合为画家提供了一种新范式。1885—1888 年，《瓦格纳爱好者月刊》大力地推介了绘画中的音乐性，这是一份由批评家爱德华·迪雅尔丹创建的巴黎杂志，专注于推广象征主义文学，并且在音乐和视觉艺术方面具有反自然主义的倾向。不精确和暗示已经成了《瓦格纳爱好者月刊》撰稿人泰奥多尔·德·埃泽瓦的关键术语，他倡导画家应该"抽象地"用色和造型（而不是照抄世俗的对象）以生发情感，并使用"一种创造整体印象，可以和交响乐媲美的方式"将它们融合起来。

当在巴黎生活的时候，凡·高参加了"一些瓦格纳的音乐会"，并且确实和伙伴们探讨过音乐和绘画之间的相似之处。西涅克就是欣然接受了音乐性的象征主义者圈内人士，19 世纪 80 年代中期他就已经非常熟悉美学家查尔斯·亨利关于纯粹线条和色彩的表现潜力的研究专著了。亨利的《方向理论》（1885 年）、《科学审美》（1885 年）和《音乐情感进化法则》（1886 年）激励了修拉在 1887 年采用了反自然主义的色彩和线条处理方式。同年，西涅克和凡·高与亨利合作出版了《形式的精神》和《色彩的精神》（1888 年）。安克坦作为迪雅尔丹的密友，也和当时有关"联动"的大讨论有着密切的关系，并且可能也是他把凡·高引荐给了《瓦格纳爱好者月刊》（杂志主编的哲学理念也和伯纳德非常相似）。当凡·高在巴黎遇到高更时，高更正在酝酿一本解决色彩的音乐性问题的手稿《综合的音符》。

凡·高随着巴黎的流行趋势也开始关心起"色彩音乐"来，他将作曲家赫克特·柏辽兹和瓦格纳凑成了一对，他们的音乐都以戏剧性、无节制和"色彩感觉"而著称于世，展示了一种将图画的"音乐性"进行转换的应用知识。"音乐性"这个术语在 19 世纪 80 年代意指为了支持"抽象"表现，色彩和线条形式从具象再现和象征功能中获得的解放。虽然凡·高还在继续使用具象模式创作，但他也开始倾向在观察到的物象中加入越来越多的自主意识了。

为了完成具有普遍意义的肖像画的使命，凡·高按照音乐的方式，主要依靠色彩来建立基础层面上的交流。他的笔法也一样有意地增强了暗示性，在信中，他写到自己极力地想让作品"稳固的，

同时能交织着感情，就像一首被激情演奏的乐曲一样"。

在凡·高创作的阿尔人肖像画中，最具有"音乐性"的作品是两幅他命名为《老农民》的油画。两幅画的模特碧昂斯·埃斯卡利是一名劳工，凡·高从他的身上发现了农民性的精髓。"你懂的，"

他和伯纳德说，"这个农民实在太地道了，让人强烈地联想到某种野兽。"凡·高为自己能够找到这样顶级的模特而感到很自豪，而且他为埃斯卡利画的第一张肖像（图135）看上去简直就是纽南时期农民头像的"一种绝对的延续"，"除了没有《吃土豆的人》那么黑乎乎以外"，他认为从"粗野性"和"丑陋性"这两点来看，《老农民》和《吃土豆的人》是很相似的，凡·高为了抽象地表达模特的缺少教养和"带种"的感觉而使用了冲撞的色彩和粗鲁的笔触，"粗野性"和"丑陋性"就是凡·高为这种画法创造的两个术语。

在纽南时，凡·高使用深暗的颜色去画那些劳动者（图56、图58、图61）。然而到了阿尔之后，凡·高发现之前画的北方"农民画"毫无生气，当地风景与"现如今对色彩的追求"完全不相符。他认为德拉克罗瓦作品中"只通过色彩便形成了一种象征语言"，反之"米勒的《播种者》则运用了一种类似伊斯雷尔斯的无色感的灰色"，他开始透过这些认识重新审视这些农民。"能不能够像德拉克罗瓦一样用刺激的黄紫色对比去画一幅有色彩的播种者呢？"凡·高用"极度"强烈的颜色翻画了米勒的这幅名作：黄色的太阳和天空照耀着蓝紫色的大地（图136）。

对人物画创作的渴望加上缺少模特，促使凡·高在阿尔经常会通过想象来进行创作，但他还是毁掉了凭空编造出来的几幅基督受难画和"面对星月夜的诗人"，"因为这些形象根本就没有预先通过模特进行过推敲"。米勒的《播种者》（图20）不是值得尊敬的完美之作。凡·高对画中的二维人物"非常熟悉，认为这个形象作为基督或诗人的替身才是说得过去的，因为基督的确曾经在一篇寓言中自称为播种者"，他认为这些宗教赞美诗和隐喻故事通过艺术表现而达到了"至高无上的顶峰"。事实上，基督的寓言故事也是凡·高为发展"象征语言"而选取的众多范本之一，他可以通过上色版《播种者》这类的作品获得经验，而这幅画也给他带来了一些麻烦。凡·高从未成功地将米勒的人物令

图135
《老农民》（埃斯卡利）
1888年
布面油画
64 cm×54 cm
诺顿·西蒙博物馆
帕萨迪纳

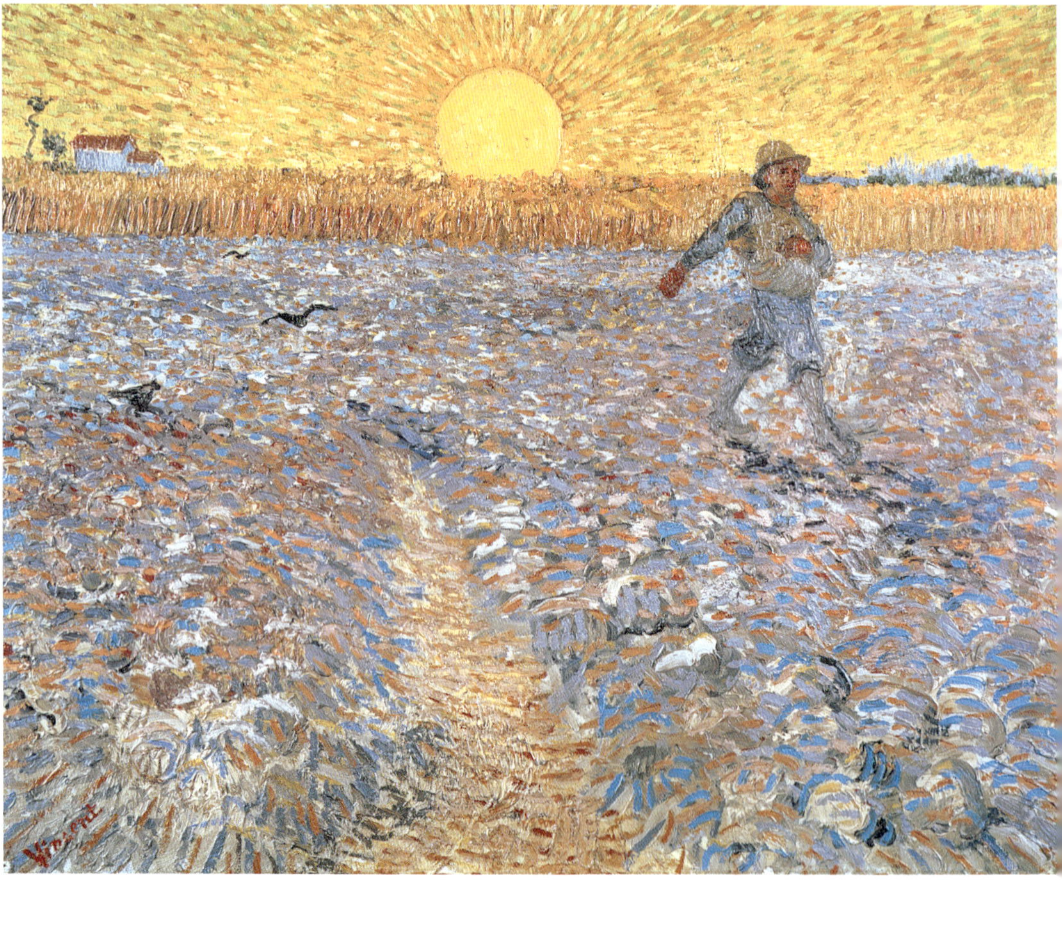

人信服地安置到新的环境中，在将自己的"失败之作"打包给提奥之后，他写道"《播种者》的想法持续不断地纠缠着我"。所以当他面对埃斯卡利的时候还明显处在彷徨之中。

在凡·高心目中，"米勒画出了农民的综合特征"，他在阿尔打算借助带有色彩观念的眼睛来改进自己的计划，这种眼光因为其纯粹的紧张感和音乐角度而变得很"现代"。埃斯卡利并没有让凡·高联想到米勒因过度辛劳而精疲力尽的《倚锄的男人》，同样也没有

图136
《播种者》
1888年
布面油画
64 cm × 80.5 cm
库勒–慕勒美术馆
奥特洛

图137
让–弗朗索瓦·米勒
《倚锄的男人》
1860—1862年
布面油画
80 cm × 99 cm
保罗·盖蒂美术馆
洛杉矶

让他想到左拉文学中刻画的无产阶级。为了形成自己的人物形象，凡·高想象着"老农民"：

"在收获时节热火朝天的劳动熔炉中，身上包裹着长罩衫。橘黄色调如同闪电般划过，鲜艳得犹如火红的钢铁，阴影之中的古金色调散发着光芒……乡下小伙都能从中看出讽刺漫画式的夸张变形。但这些对我们来说有什么意义呢？我们已经读过了《土地》和《萌芽》，如果我们要画一个农民的话，我们就要展现我们读

到的并且已经几乎成为我们自身一部分的东西。"

　　凡·高采取了一种都市人无法接受的方式去理解农民,他为大多数巴黎人都缺少"一种对粗俗的品位"而感到悲哀。他预言很多人都会认为《老农民》和《吃土豆的人》一样不招人待见,但他坚决维护自己按照阅读到的和亲眼见到的样子去描绘那些工人阶级的权利。尽管他为埃斯卡利画的第一幅肖像并没有倾向左拉的某个特定角色,但这种近景的、尖锐对焦的画面还是体现了自然主义风格的精细观察,而生硬的姿态、草率的用色和粗糙的手法将须发花白的模特塑造成了左拉在小说《土地》中刻画的一个暴躁而又开朗的

图138
《老农民》(埃斯卡利)
1888年
布面油画
69 cm×56 cm
斯塔弗洛斯·尼阿科斯
收藏
雅典

人物,曾经的"野兽"已然在长期与自然的抗争中变得身体僵硬了。

　　凡·高的第二幅《老农民》(图138)虽然用色比较强烈,但相比之下看上去还是比较柔和的。他和威尔说:"如果同时加强所有的颜色,那么便会再次归复安静和和谐……很像瓦格纳的音乐,就算由一支大型交响乐队演奏,音乐本身依然是很私人化的。"冷

蓝色的作用是为了对比埃斯卡利被"日光暴晒"的皮肤上的热烈颜色以及模特围巾、袖口和背景上的鲜艳的暖色,从而制造了一种神秘的安静效果。在第二幅画里,凡·高将"收获时节热火朝天"的色彩扰动,更换为重视强化和暗示,而非"局部真实"的"落日光辉":他指出橘色的背景"虽然不能替代红色的落日风景",但"暗示一下总是可以的嘛"。联系到那些暗示老人年龄和疲劳感的外在标记(模特灰色眉毛下的蒙眬的眼神和手臂合肩抱拢按在手杖上的姿势),这些色彩暗示了白天已经走到终点,也意味死亡的临近,甚至就连模特的工作服和双手也都预示了他终将劳碌的一生。

几周之内,凡·高又画了另外一幅肖像,到达了一个伟大超越的拐点。与以往的劳动者不同,《诗人》(图139)的头部和肩部飘浮在星空之上,看起来并没有受到这个世界的束缚。这幅画的模特是正在丰维耶过夏天的比利时画家尤金·波什(1855—1941年)。《诗人》很像埃斯卡利的画像,从中可以感受到凡·高一直在培养,但尚未成形的理念。波什"像剃刀一样的脸庞"让凡·高想起了但丁的画像。克莱尔曾激情洋溢地评论但丁,"无论他描述什么,都带有一种永恒的感觉",所以凡·高在精神上将波什塑造成了一个"梦想着伟大梦想的人"。他先把波什的容貌画得像"信徒"一样,之后"夸张了头发的顺滑程度",并且在背景中"画上了深远的……最丰富、有趣的蓝色"。凡·高期待着"这种明亮的头部和丰富蓝色背景的简单组合"能够产生"一种神秘的效果,好似在蓝天深处的一颗星星"。波什深绿色的头发外面勾勒了一圈金色轮廓线,赋予了画面一种背光效果,服饰上非常鲜艳的金色、绿色和红色则重复使用了皮肤和胡须上的醒目亮色。

打破常规的用色让波什的画像脱离了平凡的现实,一种更加深邃的暗示隐藏在星空之中,预示了超越的到来。凡·高被阿尔的夜空迷得神魂颠倒,促使他很想表现宇宙、永恒以及创造活力。他喜欢将死亡看作一次迁徙而不是终点,"就好比我们乘火车去塔拉斯

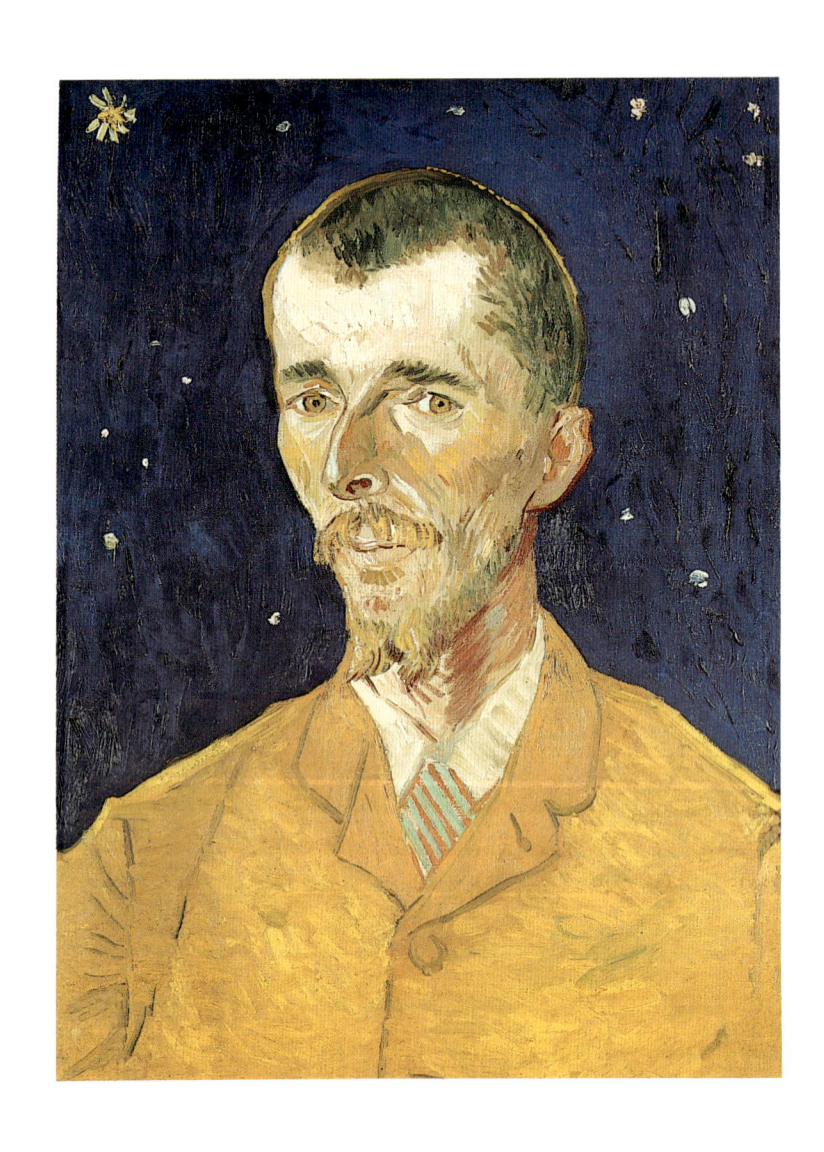

图139
《诗人》（尤金·波什）
1888年
布面油画
60 cm × 45 cm
奥赛美术馆
巴黎

图140
《情人》(保罗-尤金·米利特)
1888年
布面油画
60 cm × 49 cm
库勒-慕勒美术馆
奥特洛

伟大而又平凡 在阿尔的肖像画，1888年

贡一样……我们搭乘着死亡去往一颗星星",并且幻想着"那些希腊人、老荷兰大师和日本人正在其他的星球上延续着他们光辉的艺术"。凡·高在为49岁便英年早逝的毛沃守夜时,对死亡进行了深刻的思考,他希望他和他的朋友们能够在来世兴旺发达,"能够在无数天体中的一个上面,在更优越的条件下作画"。

凡·高向提奥指出普罗旺斯"宝石般"的星光给他带来了灵感,为"我的同志们"创作了一组肖像。《诗人》可以看作是一种合成的肖像,表达了凡·高对那些"从想象中去追梦和作画的人"(凡·高曾这样评论伦勃朗)的赞美。出于对高更的尊重(他的《马提尼克岛》非常诗意)和与伯纳德的友情(伯纳德曾和凡·高一起分享他的诗歌),《诗人》也暗示了凡·高正在形成自己的"诗意":一种自然主义、基于色彩的抒情或者说是"音乐性"的联合。他和朋友们在一起交流对诗歌式绘画的想法,回应高更对于色彩和形式可以"制造出属于它们自己的诗意"的论断,他告诉威尔,"画家仅仅通过排列色彩便可以创造出一首诗来,如同人们可以在音乐中诉说愉快的事物一样"。凡·高为波什肖像起的名字也意味着艺术家的作品可以在诗歌、散文、音乐和绘画之间互相激发灵感和变换。波什本人的作品在凡·高看来还没有达到这种境界,不过那张"很像但丁的脸"让凡·高觉得他还算得上是反映艺术人格的理想人选,可以放在代表永恒的背景前面成为不朽的形象。"真心感谢他啊,"凡·高说,"我已经完成了一幅长期以来梦寐以求的画像——诗人的画像。"

他将《诗人》挂在自己的床头,这个凡·高梦想开始的地方,现在加入了一位亦友亦徒的新人,保罗-尤金·米利特——一位祖阿夫轻骑兵上尉兼热情的插图师(图140)。尽管他身着制服坐在带有星月标记的军大衣下面,凡·高还是觉得米利特更像是一个色鬼而非军人(就像之前他画过的那位低军衔士兵一样),所以他将肖像画命名为《情人》。凡·高相信"颜色之间可以互相映衬发出光彩……成为一对情人，就像男人和女人一样相互成全"，而且《情人》中的补色对比也暗示了米利特据说在男女之事方面很强的能力。此外，画中人物那让小女人们爱恋不已的军队制服也体现出了一种内在的渴望。

不过米利特坐在那里率直憨厚的样子，好像和画名不太相符。这可能是因为凡·高在画过收费模特埃斯卡利、熟人波什和女朋友塞加托莉之后，在重铸男性气质方面有些力不从心。凡·高在阿尔

图141
《坐在藤椅上的约瑟夫·鲁林》
1888年
布面油画
81 cm×65 cm
波士顿美术馆

最好的朋友是约瑟夫·鲁林，但凡·高为他画的肖像可以说是所有画中最乏味的一幅（图141），而与此相反地，他却将鲁林的妻子奥古斯汀画成了体现母性慰藉的圣母似的人物，并将画作命名为《摇篮曲》（图154）。

凡·高和经常去消磨时光的车站咖啡馆老板约瑟夫·吉诺也是朋友，但他给吉诺画的一幅小画也完全被一系列为吉诺夫人玛丽所

图142
《阿尔妇人》（玛丽·吉诺）
1888年
黄麻布面油画
93 cm×74 cm
奥赛美术馆
巴黎

图143
《保罗·高更》
1888年
麻布油画
37.5 cm×33 cm
凡·高美术馆
阿姆斯特丹（文森特·凡·高基金会）

作的画像比下去了。凡·高认为吉诺夫人是阿尔女人中的精品（这也是之前他梦想画好的另一个题材类型）。玛丽一直帮助丈夫经营着咖啡馆，所以凡·高为她所作的第一幅肖像——他认为那只是一次速写"习作"（图142）——中的人物姿态和身边的小道具很容易让人想起《塞加托莉在小铃鼓咖啡馆》（图89）。很快凡·高又创作了一幅"正式画作"（图129），将玛丽·吉诺的肤色变得更暗，容貌变得更清晰了（黑白混血的肤色和罗马式的鼻子是南方美女很有辨识度的特征）。除了从模特疲倦烦乱的外貌中提炼出了优雅和思索的表情之外，凡·高还在"正式画作"中将在"习作"里出现的雨伞和手套替换成了小说，并把环境设定在了一个家庭房间内部，重新塑造了一个与自己志趣相投的吉诺夫人形象。

凡·高发现男性题材明显很不好处理。他开始将问题归结为这些朋友模特做得太失败，抱怨鲁林"太僵硬"而米利特"姿势摆得太差"，但另外一个可能性因素是他在面对关系很好的男人时总会有一种说不出的不安感。在巴黎的两年间，凡·高好像也从没画过提奥，而他给高更画的肖像，也仅仅是一幅未完成的、背后越肩视

角的小画，好像是他鬼鬼祟祟偷窥到的场景（图143）。

　　凡·高将米利特画成了《情人》，这在思路上和挂在他卧室床头的《诗人》是一样的，尽管比起在阿尔寻欢作乐，他还有更多的梦想要去追寻。实际上，凡·高把波什和米利特的画像并排放在一起，可能是为了故意表现出他对于艺术和情爱的态度。他以前就一度认为婚姻本质上会影响艺术的成功，他在阿尔经常不厌其烦地宣称如果每月性行为超过两次的话，画家的创造力就会失调。这种认知可能在凡·高平时的读书过程中就已经形成了，无疑导致了凡·高很害怕失去自己的吸引力以及依靠苦行赎罪来获得身心平衡的行为。

　　在龚古尔兄弟和左拉反映艺术家生活的小说《玛奈特·萨洛蒙》（1867年）和《作品》中都将女色和婚姻描述为男人创造力的威胁。埃德蒙·德·龚古尔为纪念死去的兄弟兼合作伙伴创作了《臧加诺兄弟》（1879年），凡·高在巴黎和提奥一起生活的时候也曾经读过这本书。他在阿尔曾警告提奥说："如果你想将脑力和精力都投入到工作中，那么不要纵欲过度消耗自己才是明智的。"出于同

伟大而又平凡　在阿尔的肖像画，1888年

样的目的,凡·高还劝诫伯纳德要注意保存"创作精力",这样他的画中才会"充满精气"。为了避免"过盛的精力迫使我们跑到妓院和酒吧的情况"出现,凡·高声称"如果我们真的想成为强大的男人,那我们必须时常克制住自己","像僧侣或隐士一样生活,充满激情地工作"。

凡·高承认自己在阿尔的生活"并不怎么诗意,但我觉得有责任让自己的生活从属于艺术"。苦行僧般的生活状态在《形似僧侣的自画像》(图145)中得到了视觉化的表达,为他的阿尔人系列绘画添加了僧侣类型。

凡·高随后注意到他把自己同时画成了"印象主义者"和"永恒佛祖的崇拜者",而他对佛教其实知之甚少。"僧侣"这个称谓的维度和普遍的僧侣含义相比,在他的自画像中是次要的。洛蒂小说所描述的"僧侣"并不是艺术家,凡·高这张僧侣般的画家自画像也更倾向于和欧洲先贤建立关系。他清楚地意识到中世纪的修道院制度已经建立起了十分庞大的艺术团体网络,而且在1888年他特意将自己的"僧侣和画家的双重天性"和雨果·凡·德·高斯(1440—1482年)做了比较(后者是一位荷兰艺术家,在自己事业上升期突然出家进了修道院,后来饱受疯癫之苦)。

凡·高还认为自己和圣卢克很像,这位福音使徒和画家是艺术家们的保护神,以公牛作为象征。凡·高提醒伯纳德,他自己和朋友们正被艰难的事业所束缚,需要时刻保持"公牛一样的坚忍",他建议他们接受一种"在圣卢克公会时期"盛行的团队合作精神。他建立艺术兄弟会的信念和启示一群维也纳学院学生在1809年建立圣卢克兄弟会(后迁至罗马占据了一座废弃的教堂,被称为拿撒勒画派)的信念没什么不同,类似的还有一批英国画家因为对维多利亚艺术的陈规旧例感到不满,在1848年建立了拉斐尔前派兄弟会,他们专注于以严肃道德为目的、以自然为根基的艺术创作。凡·高的艺术公社理想以欧洲为中心,随后融入了他对日本版画家的赞赏,因为他想象的浮世绘大师们就像僧侣和古老的公会成员们一样，是相互合作的。

凡·高将自己描绘成一个"僧侣"的时候，他在欧洲人、日本僧侣和艺术家之间兜了一圈后又返回了原点。虽然凡·高很清楚自己的穷困、禁欲苦行和对僧侣式合作的渴望，但促使他创作这幅自画像的初始动因其实是他为了缓解夏天的高温而剃掉了自己的头发和胡子。他告诉提奥自己和埃米尔·沃特兹的《雨果·凡·德·高斯的疯狂》（图144）中的人物很相像："我的胡子都剃掉了，觉得自己既特别像那位正在研究音乐安慰功能的温和的牧师……又很

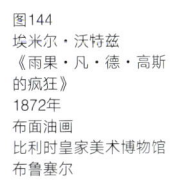

图144
埃米尔·沃特兹
《雨果·凡·德·高斯的疯狂》
1872年
布面油画
比利时皇家美术博物馆
布鲁塞尔

像坐在他前面的疯狂的画家。"此后，凡·高便认定自己就是一个"疯狂的"画家，并且以后将会变为"温和的牧师"。就像后来他对高更说的，凡·高认识到自己现在需要"从我们所谓的文明的愚弄中更多地清醒过来，找个更好的模特，画张更好的画"。

凡·高的自画像没有刻意隐藏冲突的曲线和尖角，紧张的容貌看上去像是受到了极大的刺激。人物脸上"苍白的"粉色和灰绿色的病态色彩（凡·高后来将这种色彩和疾病与悲痛对应起来）好像暗示艺术家遇到了一个巨大的麻烦。这幅自画像貌似"只通过色彩就表达了一种象征语言"。从形象上看，故意倾斜的眼睛角度暗示

伟大而又平凡　在阿尔的肖像画，1888年　　223

224　凡·高

图145
《形似僧侣的自画像》
1888年
布面油画
62 cm × 52 cm
福格美术馆
哈佛大学美术馆
哥伦比亚
马萨诸塞州

图146
保罗·高更
《悲惨世界自画像》
1888年
布面油画
46 cm × 55 cm
凡·高美术馆
阿姆斯特丹（文森特·凡·高基金会）

了艺术家对"纯粹日本人"的认同,他对日本人深深的向往使他不能满足于穿着日本服饰或是在周围摆放日本物品,这次他甚至对自己的外貌也做了修改。凡·高总希望"能用更加日本人的眼睛去看待事物"的理想,在这幅自画像进步的色彩和简约的形式中得到了实现。

凡·高曾撺掇高更和伯纳德一起交换画作,这张《形似僧侣的自画像》就是他送给高更的交换作品,高更和伯纳德也已经在 1888 年 10 月各自送了一张自画像到阿尔。高更对自己的自画像(图 146)在此之前有一段评述。他将自己同维克多·雨果的名著《悲惨世界》(1862 年)中到处受到迫害的主人公冉·阿让相比较,告诉凡·高在他那张热血暴徒式的面孔下面隐藏着"高贵和温柔"。高更写到,雨果笔下长期受难的英雄很具有普遍性,"今天的印象派画家"就正在面对同样的遭遇,"我将冉·阿让融入了我送你的自画像里,权当作是为我们所有人所作的画像吧!"高更还在画面的右下角标注了"悲惨世界"字样,将这个题字献给了伯纳德(文字上面的画中之画描绘的是伯纳德的侧面像)、凡·高以及他自己。

凡·高拿出了自己的画像作为酬谢,他写道:"我也夸张了我的个人特点。"可能是对高更受到冉·阿让的启发,画出了可以代表大家的自画像的回应,凡·高坚持向提奥表示,他的自画像也"不仅仅表现了自己个人,而是表现了整整一代印象派画家"。凡·高使用了高更式的措辞,认为自己的画表现了全体现代画家,而不仅是一部分主流印象派。以雷诺阿的作品《莫奈在花园中作画》(图 147)为例,现在没有一个画家的个人形象能和他的肖像风格或理念完全符合,能够算得上是真正"印象主义"的。作为一幅表现老派印象派画家创作情景的作品,我们可以在雷诺阿的画中看到莫奈被包围在物象之中,专注于自己的艺术,按照对视觉刺激的直接反应按部就班地推进着画面。而高更和凡·高的自画像作为现代画家的作品，开启了一个新的航程：两人的自画像都以思想和梦想为根基，强调了人物的头部，画面中都没有出现拿着画笔和调色盘的手，抹去了画家的谋生工具。这种缺失表明画面背后的理念已经超越了绘画的物理过程（不过在高更的自画像中他虽然没有画自己的手，但他还是通过画面右上角的伯纳德画像体现了绘画的手工劳动性质，伯纳德是一位更加保守的艺术家，画像中他的大拇指正端着一块调色盘）。

高更有多么的激情，凡·高就有多么的冷静，他的自画像相比之下就像是极简主义者的作品。高更的自画像利用文学性来进行"讲

图147
皮埃尔–奥古斯特·雷诺阿
《莫奈在花园中作画》
1873年
50.3 cm × 106.7 cm
沃兹沃思学会
哈特福德
美国康涅迪格州

述"，画中的题字拼写出了他的悲惨，画中之画讲述了工作性质和同伴情谊。所以《悲惨世界》是需要被"阅读"的。与此相反，凡·高的自画像是关乎"看"（或"不看"）的。与那个时代大多数自画像不同，凡·高躲避凝视的眼神表明他在作画的时候没有被他的镜子束缚。他同时通过心灵之眼和肉体之眼进行创作，作品对视觉实在性的依赖越来越少，更加忠实于精神的建构。凡·高在 1885 年对左拉的评论阐明了他的观点：凡·高注意到，坦率地说，自然主义文学"不会举着镜子对照事物"，而是"重新创造，赋予其诗意，

图148
保罗·高更
《画向日葵的凡·高》
1888年
布面油画
73 cm × 92 cm
凡·高美术馆
阿姆斯特丹（文森特·凡·高基金会）

这就是它如此美丽的原因"。凡·高再次仿效了注重提炼而非照抄自然形式的日本人,拒绝了将图画艺术和镜子相提并论的古老的柏拉图模仿理论。他受到3世纪哲学家普罗提诺著作的启发接受了浪漫主义的立场,普罗提诺认为表征的作用应该像一盏油灯,能够主动地照亮对象,而不是仅仅反射对象。批评家威廉·黑兹利特在《一般的诗歌》(1818年)中指出,"诗歌的光芒"既是直接的也是反射的,不仅"为我们呈现出物体",还"在物体周围播洒下闪烁的光辉"。

凡·高新近提高的艺术能力在油画《高更的椅子》(图150)中得到了证明。画中显示的光源是蜡烛和汽灯,它们发出的黄色光线为画面增添了动感的力量,光线斑驳地洒在地毯上,照耀着书籍并沿着椅子的曲线游走,在"住在这里的新诗人,高更"的诱发下变成了视觉和幻想的隐喻。因为伯纳德在蓬塔叮不愿为他们的朋友画像,凡·高对他进行了强烈的谴责,并发誓当高更来到阿尔以后,一定会为他画一幅肖像。然而当他们面对面相处的时候,凡·高发现他也同样被侮辱了,尽管高更为他画了一幅肖像(图148)。这幅《画向日葵的凡·高》是可以和雷诺阿为莫奈的画像相提并论的,因为两者都描绘了艺术家处理真实世界对象的过程。高更的画可能刻意地表现了凡·高富于想象的改造对象的能力(因为向日葵在秋后并没有开放),以此显示他曾经教导过凡·高如何画画(如后来他在《此前此后》中记叙的)。同时,他的画面中毫不掩饰地表达了对凡·高欠缺创造力的作画方式的批评:扭曲的面孔、几乎交叉的眼睛,高更把凡·高画得看上去十分茫然蠢钝。凡·高或许在高更的画中察觉到了一些自己称为"虚妄的现实主义者"的东西,而且凡·高对艺术写实思维的鄙视,也让他失去了请求高更为他画一幅传统肖像画的勇气。

不过为了记录高更的到来,凡·高从身后为高更画了一幅画(图143),随后为了纪念两人一起度过的时光,他以更加拐弯抹角的

图149
《凡·高的椅子》
1888年
麻布油画
93 cm × 73.5 cm
国家美术馆
伦敦

图150
《高更的椅子》
1888年
麻布油画
90.5 cm×72 cm
凡·高美术馆
阿姆斯特丹（文森特·凡·高基金会）

伟大而又平凡　在阿尔的肖像画，1888年

方式为两人的椅子画了一对油画（图149、图150）。高更喜欢的扶手椅是在晚上画的，以"点燃的蜡烛和两本现代小说"作为装饰。凡·高偏爱的松木椅子则是在白天画的，这把未上漆的椅子展示了一种凡·高和高更一起生活时强烈体验过的"粗粝感"。凡·高的椅子在左，高更的椅子在右，这两把椅子各自朝向对方，像极了一对荷兰夫妇的肖像画，极其滑稽地强调了两人同居之后才注意到的昼夜差异。《凡·高的椅子》暗示了画家的最基本要求："要创作出好的作品。"凡·高在秋天写道："就得吃得好，住得好，时不时地放荡一下，抽上几口烟斗，安静地喝喝咖啡。"《高更的椅子》则表达了更多难以捉摸的东西：理念、被照亮的书籍还有蜡烛的隐喻，以及被扶手椅中闪烁的火苗所暗示出来的潜在力量。

凡·高笔下的"诗人""僧侣""椅子"是一组系列作品，都没有直接参照"画中人物"原本的职业，说明他已经改变了艺术发展方向的观念。就在几个月前，他还将自己描绘成一个被手艺束缚的傀儡，"活像一只拿着手杖、背着画箱和画布的豪猪"，而且还"穿着劳工式样的衣服"（图130）。直到夏秋交替之时，凡·高才不再以这种方式看待自己和现代艺术家，开始全神贯注地研究观念基础以及与高更和伯纳德交换来的"音乐"绘画。

1888年，凡·高感觉自己已经掌握了"高级的黄色调子"，然而现在他却无法再继续坚持下去了。凡·高在12月精神崩溃了（详见第七章），极度的痛苦加剧了他对自己的怀疑，邻居们对他精神失调的冷淡态度也使得"伟大而又平凡的东西"变得越发复杂。在凡·高崩溃的前一个月，他对个人的肖像画法做了一些改变。凡·高为了将绘画的精华变得更加易于理解并且能够面对更广泛的观众，削弱了"形似"的重要性，放大了"诗意的品格"，赋予模特色彩，并使其脱离原本的语境，继而进行提炼和重新整形，并且在凡·高的两幅"椅子"中，他甚至干脆把模特都舍弃了。

以画为药　艺术与病痛，1889—1890年

7

凡・高

图151
《耳朵绑绷带的自画像》
1889年
布面油画
51 cm × 45 cm
斯塔弗洛斯·尼阿科斯收藏
雅典

    凡·高在阿尔的禁欲计划彻底失败了,他成了妓院的常客,并沉浸在咖啡和酒精的"极度刺激"之中。他在吉诺咖啡馆(图152)大肆挥霍,将这个24小时营业的车站咖啡馆看成是"沉沦、疯狂和犯罪"的绝好去处。1888年9月,凡·高花了三个晚上在汽灯的黄光下创作了一幅《夜间咖啡馆》,他使用了艰涩的黄色、互相冲撞的红色和绿色来"表现恐怖的人类情感"。作品中鸟瞰的视角、题字的地面和刺激的色彩,一定是源自他想起的某位日本版画家。画面的"丑陋程度",他写到,绝对可以匹敌《吃土豆的人》。

    凡·高开玩笑说《夜间咖啡馆》是他酒后乱性的结果。这样的说辞加上画面令人不安的面貌,就够我们将他在崩溃之前几个月自己承认的那种毫无道理的狂乱放置在一个语境中研究了。普罗旺斯的太阳和大风同化学刺激一起让凡·高感到不安,随后与高更在一起的两个月生活、一段时间的妓院放荡、酗酒和既震撼又耗人的美学讨论加剧了他的焦虑,这种激动不安帮助他在1888年"达到了艺术巅峰",然而仅仅到了年底,他就崩溃了。据高更反映,酗酒导致了两人之间的冲突升级:他声称,凡·高曾经用装满苦艾酒的酒杯扔过来砸他,作为回应,高更则威胁要勒死这个无法无天的荷兰人。

    在这种压抑的环境中,凡·高开始间歇性地失去理智:在圣诞夜前两天,他独自在家,因为自己被高更(已经开始计划返回巴黎)和提奥(已经订婚)抛弃而感到万分绝望,加上可能又因为醉酒,他用

图152
《夜间咖啡馆》
1888年
布面油画
70 cm×89 cm
耶鲁大学美术馆
纽黑文

剃刀割下了自己的耳垂。他跑到妓院将血糊糊的肉块当作礼物送给了一个妓女之后，被鲁林抬回了家，如果不是有位警官命令他必须去医院就医的话，凡·高可能早已躺在自己的床上流血致死了。提奥在得到高更的通知后，将未婚妻留在了巴黎并在圣诞节当天赶到了阿尔，然而弟弟的到来没起到什么作用，他在几个小时后便可能同高更一起离开了。不过提奥为凡·高的死亡可能性做了担保，随后他很快便康复出院了。

凡·高不久之后便创作了那张著名的割耳自画像（图151），画中他戴了一顶蓝帽子，身着绿色大衣，坐在以视平线为分界的橘色和红色背景前面，他确信这幅画"可以让自己保持住自我控制"。画面高纯度的色彩突出了人物的苍白（和《形似僧侣的自画像》类似，见图145）并补偿了那条既隐藏又强调了伤口的白色绷带。凡·高稳定的眼神表现了不情愿的目光接触和身体的拘束，头部和耳朵带来了一种令人无法靠近的气氛。嘴唇紧紧压着的烟斗则体现出了画家正在极力保持镇定的样子。逐渐康复的凡·高在记录中写道，"抽上一袋烟草"正是狄更斯推荐的抗自杀疗法的环节之一。

1889年1月，凡·高开始重新创作因犯病而中断的油画——他称为《摇篮曲》（图154）的奥古斯汀·鲁林画像。秋天，凡·高决定为鲁林的五口之家画像，于是他又为奥古斯汀画了三张肖像，其中最早的一张描绘了她怀抱婴儿的样子。《摇篮曲》中的奥古斯汀是单独出现的，不过还是曾经的看护人形象：手中拿着绳索，正在晃动着幼童摇篮，画作的题目也写在了油画表面，翻译过来就是"保姆"和"摇篮曲"。奥古斯汀丰硕的胸部和臀部重点突出了她的母亲职能，而她木然的姿态和简单的妆容则体现了西方文化中经常与母性相联系的那种平易近人的无性欲的女人特质。

《摇篮曲》的绘制过程加剧了凡·高对儿时嬉戏的地方和久远时光的思念，在1889年11月中旬，他创作了一幅母亲和威尔在埃顿（或纽南）的牧师宅邸花园中散步的油画，将她们融进了美好的往昔之中。

因为受到了高更的影响，凡·高用一种暗藏的所谓"诗意"的方式创作了这幅回忆风格的作品，没别的，"对我来说大丽花强烈的黄色象征了母亲的人格"（图153）。"在发病的时候"，他告诉提奥，"我再一次看到了松丹特家中的每一个房间"。他还向高更吐露在神志昏迷的时候自己曾经哼唱了"一首老保姆的歌"。

凡·高在思念故乡之时便会把鲁林夫妇比作自己的父母。因为被约瑟夫中年得子（鲁林47岁时迎来了第三个孩子）的自豪劲儿所感染，凡·高在和唐居伊老爹（详见第四章）比较之后选择将鲁林当作自己父亲的形象。他将鲁林妻子塑造成一位坐在大丽花装饰的背景前面，摇着摇篮的黄皮肤女人，也为自己遥远记忆中的母亲找到了替身。《摇篮曲》只画到了人物膝盖高度，这使得他可以更容易地幻想自己回到了幼年：因为观众会将自己假想成鲁林夫人摇篮中的婴儿。

凡·高曾经将玛丽·吉诺视为自己热爱文艺的灵魂伴侣（图129），这种女性观念在他崩溃之后彻底改变了。如1889年春天凡·高和提奥所说的，他现在经常"对居家女人有一种极度热切的渴望"，并认为这是"歇斯底里的过激情绪"带来的副作用。这种渴望确实促使他偏执地对《摇篮曲》进行着修改，以至在完成此画之后他又重新画了四遍之多。

当他在绘画中为自己设计一个母亲替身的时候，凡·高想起了多年之前在美术馆观摩时期形成的那些根深蒂固的圣洁画面。他从中抽取了一些意象，比如鲁林画中纪念碑似的植物背景就来源于早期欧洲北方绘画中悬挂在圣母马利亚身后的华丽背景（图155），并且通过夹在两幅向日葵之间的展示方式形成了"一种三联画效果"（三嵌板形式的祭坛画），强调了《摇篮曲》与基督教艺术的密切联系。这样的悬挂方法（图156）让两侧的油画"成为火炬和大烛台"，"人物头部黄色和橘色的色调也会因为靠近这对黄色的翅膀而更加具有光泽"。

尽管画作和教堂艺术产生了广泛的联系，但作为三联画的中间主画，人物阴郁的表情以及人到中年的样貌和基督徒们熟悉的那种理想

图153
《埃顿花园的回忆》
1888年
布面油画
73.5 cm × 92.5 cm
艾尔米塔日博物馆
圣彼得堡

以画为药　艺术与病痛，1889—1890年

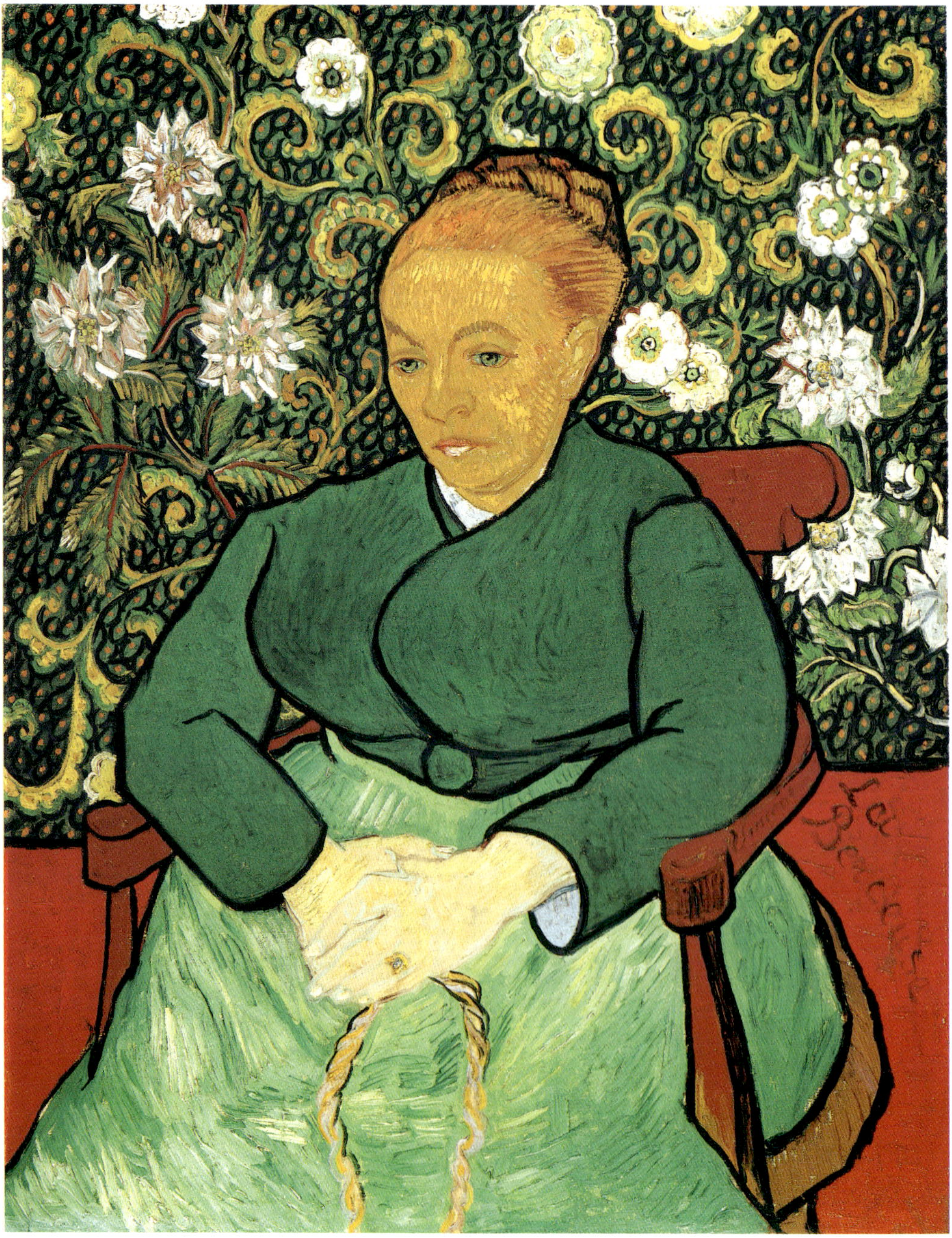

图154
《摇篮曲》(奥古斯汀·鲁林)
1889年
布面油画
92 cm × 73 cm
库勒—慕勒美术馆
奥特洛

图155
扬·凡·艾克
《喷泉旁的圣母子》
1439年
木板油画
19 cm × 12 cm
皇家艺术博物馆
安特卫普

图156
凡·高在1889年5月22日给提奥的信中所附的草图显示了他想要将《摇篮曲》和《向日葵》组成三联画的意图
凡·高美术馆
阿姆斯特丹(文森特·凡·高基金会)

以画为药　艺术与病痛，1889—1890年　　241

化的圣人肖像还是有所冲突的（例如图155）。据凡·高讲，《摇篮曲》是绘制"圣人和圣女们的生活肖像"的一次尝试，"当今中产阶级女性与最古老的基督教徒身上有着某种共同的东西"。他的这种理念源自诸如伦勃朗发自荷兰人谦逊内心创作的圣家族像、米勒《熟睡的婴儿》（图157）和伊斯雷尔斯的《村舍圣母》（1867年）这类"农民画"中的神圣典范，凡·高相信德拉克罗瓦所谓"圣女"的力量就来源于

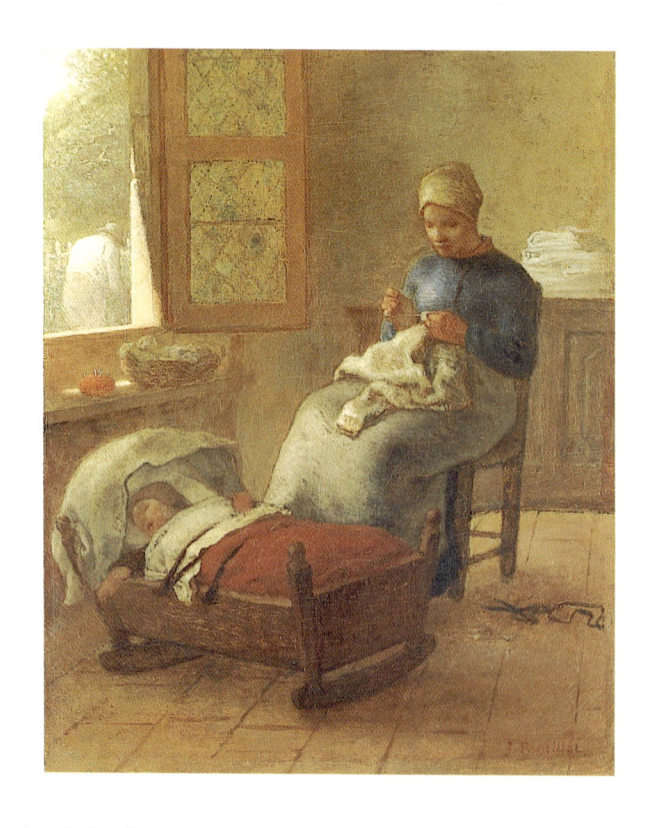

图157
让-弗朗索瓦·米勒
《熟睡的婴儿》
约1855年
布面油画
46.5 cm × 37.5 cm
克莱斯勒美术馆
诺福克
弗吉尼亚州

和她们的"现代传人"之间的共同之处。

　　黛博拉·希尔弗曼认为凡·高的《摇篮曲》和当地人对基督降生的认知有所关联：伯利恒的马厩在普罗旺斯变成了育儿所，阿尔人将基督降生的故事改编成了本地版本，按凡·高的描述，"那就是一家子目瞪口呆的普罗旺斯农民（译注：指圣家族）"。而他对朴素之中蕴含的神性的兴趣（例如他对系列铅版插图"人民的头像"的兴趣），在

来到阿尔之前就已经形成了。《摇篮曲》的创作可能还受到了欧内斯特·勒南的著作《耶稣传》（1863年）的一些影响，这部传记文学反对教堂宣扬基督是上帝造的人，将基督塑造为一个纯粹的凡人（尽管他非常高尚而且具有神授之力）。凡·高在阿尔并没有重温这本"勒南的名著"，但他经常在心中将南部地区比作圣地。1889年，凡·高曾公开声称勒南笔下有血有肉的基督形象在慰藉心灵方面比他在教堂里看到的那些粗浅的基督形象要强上一千倍。凡·高对于"原初基督徒"的看法可能也源自勒南，他将基督的第一批追随者描述成一群乡巴佬，这些土包子村腔野调的普罗旺斯口音还一度成为耶路撒冷市民的笑料。勒南始终在提醒着读者，基督教的创始人并不是富人，也不是什么学者或僧侣，而仅仅是普通人民大众中的"男男女女"。

凡·高想要把普罗旺斯的妇人画成"圣女"，可能还和他对当时列夫·托尔斯泰的《我的信仰》（1884年）的浓厚兴趣有关。这是一本颇具争议的小册子，记叙了托尔斯泰如何放弃了远大的理想并回归乡村生活。托尔斯泰将农民与虔诚紧密联系起来，使凡·高产生了一种相似的共鸣。《我的信仰》似乎预言了凡·高的观点："这是一场革命……从中会诞生新的信仰……这种信仰同样具有以往基督教可以平静心灵、让人随遇而安的功效。"在那套不正规的"三联画"中，凡·高很想证实一种与基督教图像"相同的安抚效果"。

凡·高自己把《摇篮曲》同皮埃尔·洛蒂的一部关于布列塔尼渔夫的小说《冰岛渔夫》（1886年）中的文字联系了起来。他曾在1888年秋天同高更讨论过这本书，洛蒂在小说中把海洋形容成一位保姆，把渔船比作摇篮，波浪就像臂弯一样轻轻地摇动着摇篮，让里面的水手们安然入眠。这种文字让凡·高特别感动，他开始考虑创作一幅作品，"采用一种方式将水手们瞬间变成孩子和殉道者，在冰岛渔船的船舱中我们可以见证这一切，船员们昔日被怀抱呵护的感觉会再次涌上心头，并使他们回想起那些古老的催眠曲"。在这次激烈的病痛过后，凡·高暗暗地觉得自己总是在"孩童和殉道者"之间猛烈地摇摆，所以他很想追寻这种类似的安宁感。他在给高更的一封信中提到他想去"畅游七海"的想法，并经常求助于"老保姆之歌……《摇篮曲》中哼唱的的歌，这是轻摇着水手入眠的曲调，也是我在发病前通过研究色彩排列组合所追求的东西"。

凡·高在心中对《摇篮曲》同时抱有两种感情，于是他为画面中的"摇篮者"带来了一种色彩相互作用形成的"音乐感"：粉色、橙色和绿色"不协调的高调子"因为"平面化的红色和绿色而变得柔和"。因为确信"在德拉克罗瓦、柏辽兹和瓦格纳的作品中"可以找到治愈自己疯癫和精神衰弱的特效药，凡·高尽力地让《摇篮曲》具有优美的调子，"我是不是真的用色彩唱出了一首《摇篮曲》，就留给批评家们去判断吧"。无论如何，画面中强力、冲突的色彩很难和摇篮曲的舒缓温柔达成一致，但体现了凡·高认为普罗旺斯和人民大众需要一位空前绝后的色彩大师的信念。凡·高的摇篮曲无疑是一种南方化的曲调，一种"将所有的色彩音乐汇集进《摇篮曲》的尝试"，他还想要找到一种用视觉展示南方土话的方法，因为"阿尔人在说当地土话的时候和唱歌一样"。

用色方面，凡·高承认，可能会导致《摇篮曲》和"廉价商店中的彩色印刷画"有些相似，那是一种充斥于大众市场的以强有力的线条和饱和的色彩为主要特征的彩色印刷画片（图158）。因为反对这些彩色石版画反映的流行趣味，凡·高开始探索如何在自己的作品加入"粗野"效果，"那些喜欢彩色画片并且一听到管风琴响起便会内心融化的普通人，都走着某些模糊而正确的道路，并且可能比那些热衷参加沙龙活动的城里人更加真诚"。凡·高指出，《摇篮曲》中色彩的粗野性（如同管风琴音乐和流畅演讲效果的视觉表现）和有缺陷的比例关系紧密联系，展现了"如同不会画画的水手在梦想着岸上的一位女人时头脑中浮现的画面"（他可能也考虑到了与奥格斯汀分居、调往马赛工作的鲁林，这幅画或许会取悦她的丈夫）。凡·高抢在专家批评之前声明他在创作时刻意地模仿了低俗美学，以便所有人都能够轻松地欣赏《摇篮曲》。

　　这幅作品同样具有日本绘画的因素，尤其是伯纳德和高更惯用的那种黑暗、浓重的轮廓线和大面积平面化的颜色。对于凡·高来说，曾经的水手高更就是《冰岛渔夫》的真人版本，当凡·高想要忠实地、隐喻地为那些在海上劳作的人们画一幅肖像的时候，高更的形象就会立刻浮现在他的心中。高更拥有一幅《摇篮曲》的复制品，这让凡·高非常敏感，他无疑很期待这位前室友（凡·高指出高更也与妻子分居）能够比其他人更快地理解他的意图。他可能也在希望这个"悲惨的世界"能够获得画作中的安抚效果。然而，高更却对拥有这幅《摇篮曲》没什么兴趣。

　　凡·高对画作进行过多次复制，因此我们可以感受到他非常想分

图158
彩色石版圣母像
来自皮埃尔·路易斯·迪沙尔特和勒内·索尔尼耶
《民间图画》
巴黎
1926年

以画为药　艺术与病痛，1889—1890年　　245

享自己作品中的有益影响。莫奈的系列作品中相关的重温和提炼主要是为了追求个人满足，凡·高与莫奈不同，他像一位老派的圣像画家，以一种对原作充满情感的近乎精确的复制为目标，以便进行大众传播。他的新计划在痛苦的环境下举步维艰；妄想病症的发作使得凡·高在1889年2月再次被医院收容，虽然医生很快认定他有能力在白天外出创作（或者在夜间有人监护的情况下），但周围担忧的邻居们竟然相互串通，提交了一份请愿书要求对凡·高进行全天候的监禁。作为回应，警察所长下令剥夺了"这个疯子"的自由活动、绘画、读书以及抽烟的权利。一个月之后，凡·高被获准再次外出创作，尽管还在

图159
圣雷米疗养院广告

住院，但他觉得这样的安排已经算是近乎于完美的了。凡·高并不认为自己是"一个严格意义上的疯子"，"一想到还要再次开始孤独的生活，我就会感到一种绝对的恐怖"，并且"我愿意为了自己心灵的安宁，而保持收声沉默"。

因为对邻居们的敌意感到沮丧，凡·高在5月自愿搬到了圣雷米，打算在那里的疗养院休养一个夏天。圣雷米位于阿尔东北24千米处，1889年大概有5000人口。此地不但以壮丽的自然环境和罗马遗迹闻名，而且还保留着莫索尔的圣保罗修道院的罗马式建筑，这个前修

道院综合建筑群现在已经改建成了一家私人疗养院（图159）。人们可能期待着曾经将自己塑造成僧侣的凡·高会对圣保罗基督教会的建筑风格和员工（四分之三是修女）带来的持久不散的宗教狂热表示欣赏，但是，他反而认为建筑的外貌激起了"关于宗教的歪曲而又可怕的观念"。

疗养院公开认定男女患者都遭受了不同程度的苦难，对他们实行的主要治疗手段就是休息和水疗法。这里的主管泰奥菲勒·佩龙虽然发现凡·高相对来说心智比较健全，但还是认为"对他进行长时间的观察才是明智的"。因为只有半数床位被患者占用，所以凡·高被准许在圣保罗疗养院拥有一间画室，但是美好的5月的天气还是更加适合去户外创作。他几乎不介意花园围墙的限制，因为"我现在对……普通生活中的任何事物都几乎不敢心存奢望"。

医疗机构内部长满花草的"乱蓬蓬"的庭院或许让凡·高想起了帕拉杜，这是一个在左拉的小说《穆雷教士的过错》中详加描叙的草木丛生的普罗旺斯花园。小说讲述了一个很像凡·高的高度紧张的牧师，在被监禁于高墙的过程中精神崩溃后，又恢复健康的故事。左拉的小说中的主人公因为疾病而患有失忆症，同看守人的侄女一起打破了贞洁的誓言，被女人领进了帕拉杜花园草木深处隐秘的角落之中（这些怀旧的记忆可能促使凡·高也将疗养院的花园看成了"情侣们的爱巢"）。帕拉杜花园是凡·高和提奥都很喜欢的小说中的场所，他们将这个名字应用在任何适合情欲探险的地方。1883年，凡·高曾告诉弟弟说他总有一天会"攻克一个帕拉杜式的主题"，而且在五年之后，当他和米列特（《情人》的模特）一同游历了草木丛生的蒙马儒花园之后，凡·高写到，这让他再次想起了左拉笔下那个天堂般的隐秘之地。

凡·高的名作《鸢尾花》（图161）就是在这个庭院花园中创作的，画面显示出了惊人的、旺盛的元气。冷暖色相互作用，松软的花朵和利剑般的叶子互相衬托形成了一个动态的对角线构图，并且通过一朵单独的白花形成了一种不对称的均衡。在《阿尔郊外的鸢尾花》（图

图160
葛饰北斋
《鸢尾花》，来自"大花"系列
1833—1834年
木刻版画印刷
26.8 cm×39.4 cm

图161
《鸢尾花》
1889年
布面油画
71 cm×93 cm
保罗·盖蒂美术馆
洛杉矶

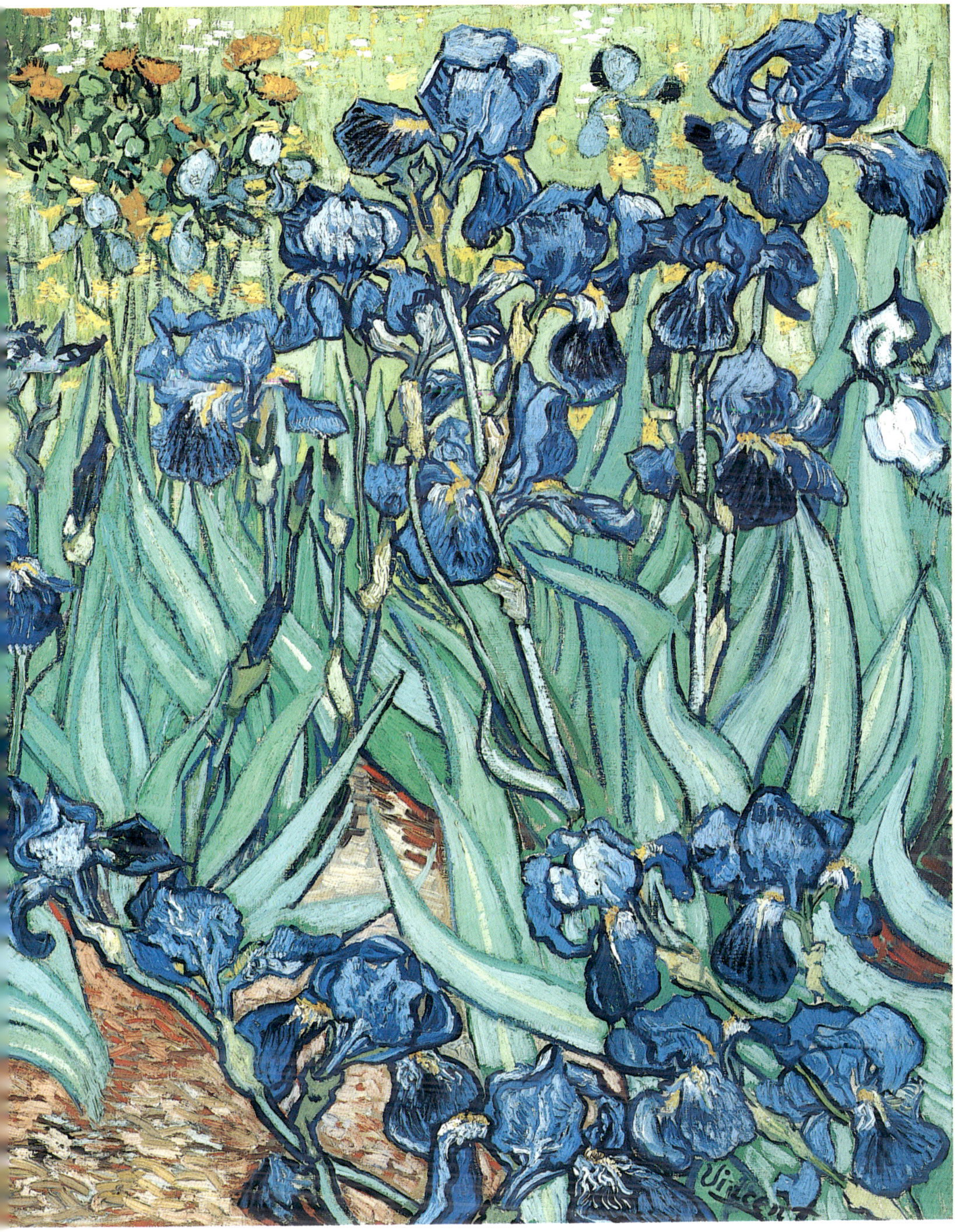

119）中凡·高画了俯视的几十朵小花，而在疗养院的花园中，他捕捉到了一些直接面对的景象，圣雷米的《鸢尾花》采取了近景和实物等大的尺寸，在比例和个性上几乎具有了人物的特征，很像他在阿尔用充满爱意的细节描绘的《向日葵》。而与《向日葵》不同的是，凡·高的《鸢尾花》是生长在土地中的，使得这幅画处在了介于风景画和静物画的中间区域。凡·高将自己代入了画面，不愿意将花朵和它的生命之源相互分离，并且采用了他从日本艺术家那里学来的方法，开始近距离研究"每一片草叶"（图160）。相信万物皆有灵魂的态度让凡·高

图162
《绿色的麦田》
1889年
布面油画
71 cm × 92 cm
苏黎世美术馆
苏黎世

图163
《收割者》
1889年
布面油画
72 cm × 92 cm
库勒–慕勒美术馆
奥特洛

在多年以前就将"贫民窟居民"比作"被践踏的草地"（详见第二章），将养老院里的孤老户比作矮小的柳树，将新生儿比作"幼嫩的庄稼"，这种态度在《鸢尾花》中依然很明显。画作生气勃勃的气息预示凡·高已经把握住了技艺、主题和他自己。

1889年5月底，凡·高的创作思路转向了在他的二楼房间"透过窗口的铁栅栏"看到的麦田（图162）。大片成熟的麦地让凡·高联想到了事物的自然规律，帮助他接受了自己的命运：在给威尔和提奥的信中，他写下了自己的觉悟，凡·高认识到每天对不确定因素的

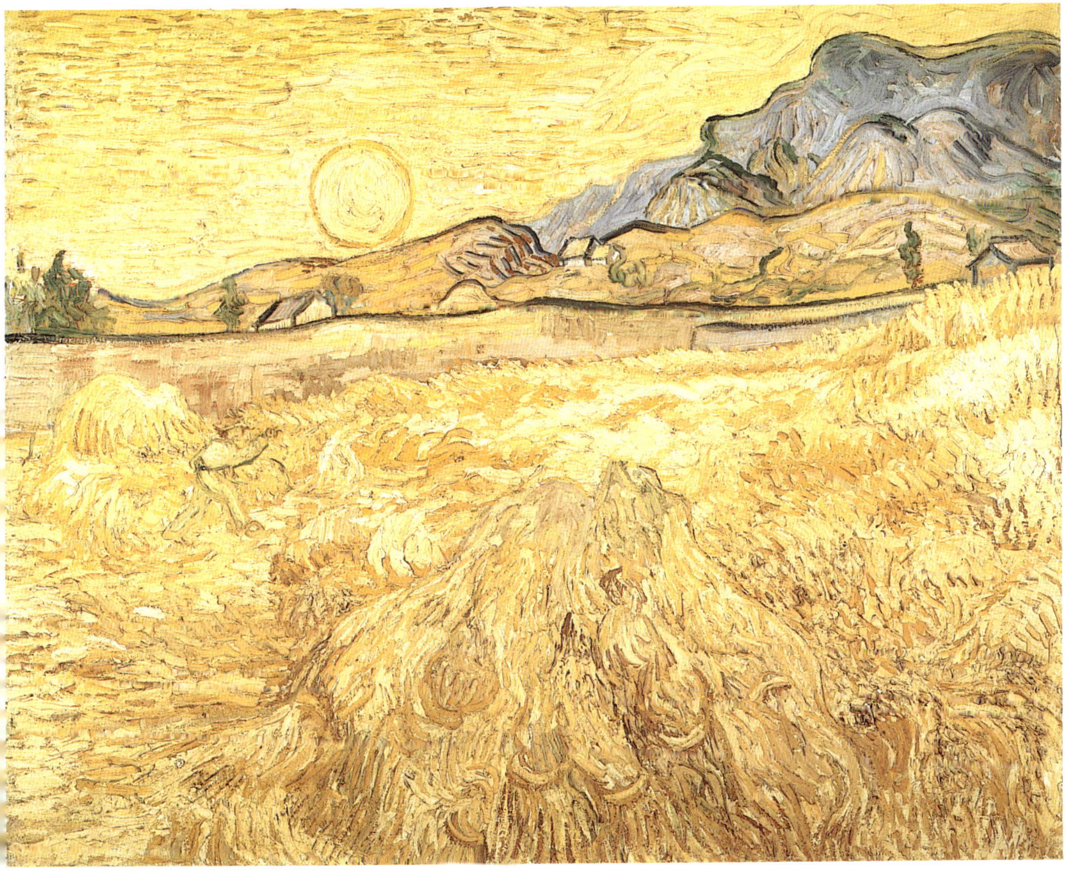

抗争是不会有任何结果的,因为人最终会像麦子一样没有力量,只是一个"收割的时候就只能被收割"的对象。这种象征性联系和播种者的寓意很相似,在视觉上强化了凡·高对早期范·德·马丁的《穿过麦田的葬礼队伍》(图5)的延续,那幅画中在行进队伍前面的就是一片刚刚收割了一半,地上还散落着麦束的麦田。当凡·高透过窗口看到正在收割庄稼的工人的时候,一定是想起了这张版画(他终生都不会忘记这张画,因为父亲在布道时经常提及,而且他自己也在《圣经》上对此画做过注解),于是他开始创作一系列将收割者比作死亡的图画(图163):

"如果你喜欢的话,这就是我以前努力创作的播种者的对立面。但是在这种死亡中并没有什么好悲伤的。它在光天化日之下悄然而至,太阳将所有事物都镀上了一层纯金色的光芒。"

为了回避"残酷的收割者(死神)"的传统图像(以及拒绝范·德·马丁画中的忧郁气氛),凡·高把光辉作为表现的目标,他的作品反映了福音书中的寓言:"田野即是世界,丰收就是时间的尽头",如同麦子般的正义,正在被天使收割……"之后正义会像在他们的父之国中的太阳一样闪耀光辉"(马太福音:13:36—43)。

获得佩龙的许可后,凡·高在1889年6月和7月得以离开疗养院到外面去探险,他在阿尔皮勒崎岖的山麓丘陵地带画了橄榄树林和有丝柏树点缀的田地,他写到,看到一片草叶,一根冷衫树枝,一穗麦子都能让人感到平静。为了避免出现"令人目眩的高调子",凡·高努力地简化与减少各种对比。"再次从更简单的色彩开始入手",他回避了冲突强烈的配色方案;《橄榄树》(图164)中没有出现补色的橙色和红色,主导的相互关联的蓝色和绿色因为少量的淡黄色而稍微变暖了一些。此外,他继续使用了浓稠的厚画技法,努力获得更加统一的笔触,"按照对象自身的方向"用笔描绘。"当然,"他写道,

"这样看上去更加和谐和舒服,而且你可以加上任何你觉得安静和快乐的东西。"

凡·高在圣雷米创作的作品中,普遍软化的线条和色彩相应地减少了画面的对比效果。在阿尔作品中出现的尖角和分离的轮廓线在这里让位给了弯曲的轮廓线,画面中经常出现的旋涡状和螺旋状线条成为凡·高后来众所周知的标识。他确信自己越发偏好使用灰色的趋势(比如橄榄树上满是灰尘的树叶)和在疗养院中被强行管制的生活有关。

把灰色调子放到一边,《橄榄树》还呈现出几乎是醉醺醺的样子。这种起伏不定表明画家在干燥的陆地上找到了大海的感觉。虽然画面中的湍流可以归因于实际风景的怪异,但阿尔皮勒奇异的岩层并不能解释清楚画面地平面的流动性和前景树林的回旋。尽管画中出现了可识别的地标(左侧白云下方有两个孔洞的石头和右侧的戈西埃山),《橄榄树》还是更多地表现了感情而非地理特征,这是一幅质疑世界的稳定性以及观察者位置是否安全的画作。与凡·高在阿尔画的果园相比(图115),《橄榄树》少了很多系统的组织结构,缺乏透视的深度,取而代之的则是由近及远,从地面到天空紧密联系起来的色彩、线条和内部的运动。

凡·高认为《橄榄树》很适合与同时期创作的《星月夜》(图165)凑成一对。尽管一幅是在日光下的现场风景写生,另一幅是在画室创作的夜间版本,他认为两者都采用"弯曲的"线条进行了"夸张"。在《橄榄树》中凡·高开始了一种新的热忱,他发现这些树是普罗旺斯的典型特征,并且和世俗的痛苦有所联系,但《星月夜》标志了他对于以前在"塑造人民内心世界"的希冀中探究过的诗意母题的回归。凡·高曾用星空在作品《诗人》(图139)中表现了某种终结,也暗示了在汽灯照明的旅馆阳台里的画中人的窥视;随后他在《罗讷河上的星夜》(图166)中描绘了布满繁星的广阔夜空,这幅画是他晚上到户外写生时创作的。凡·高在描绘阿尔的夜景时没有使用黑色,

图164
《橄榄树》
1889年
布面油画
72.5 cm × 92 cm
现代艺术博物馆
纽约

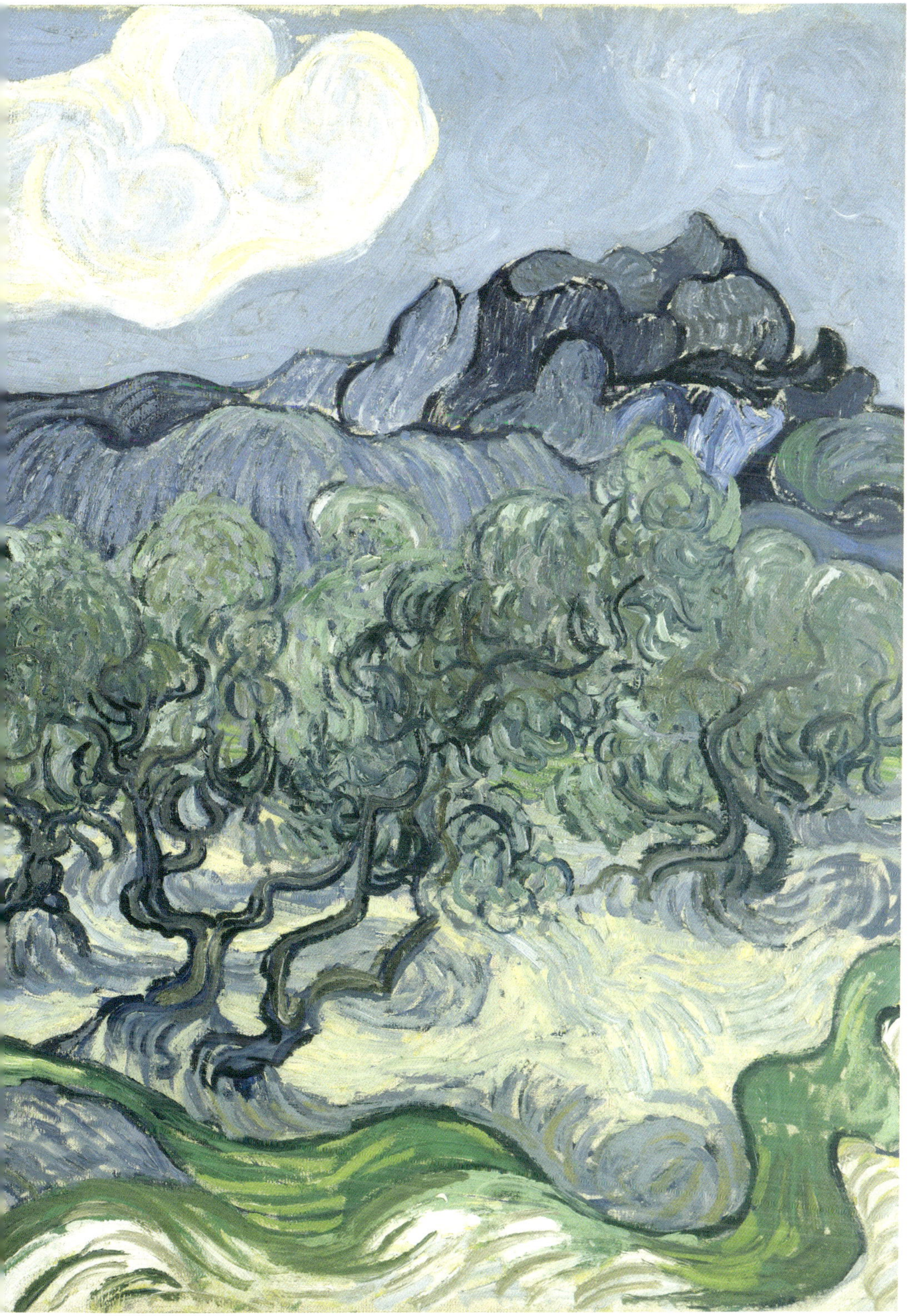

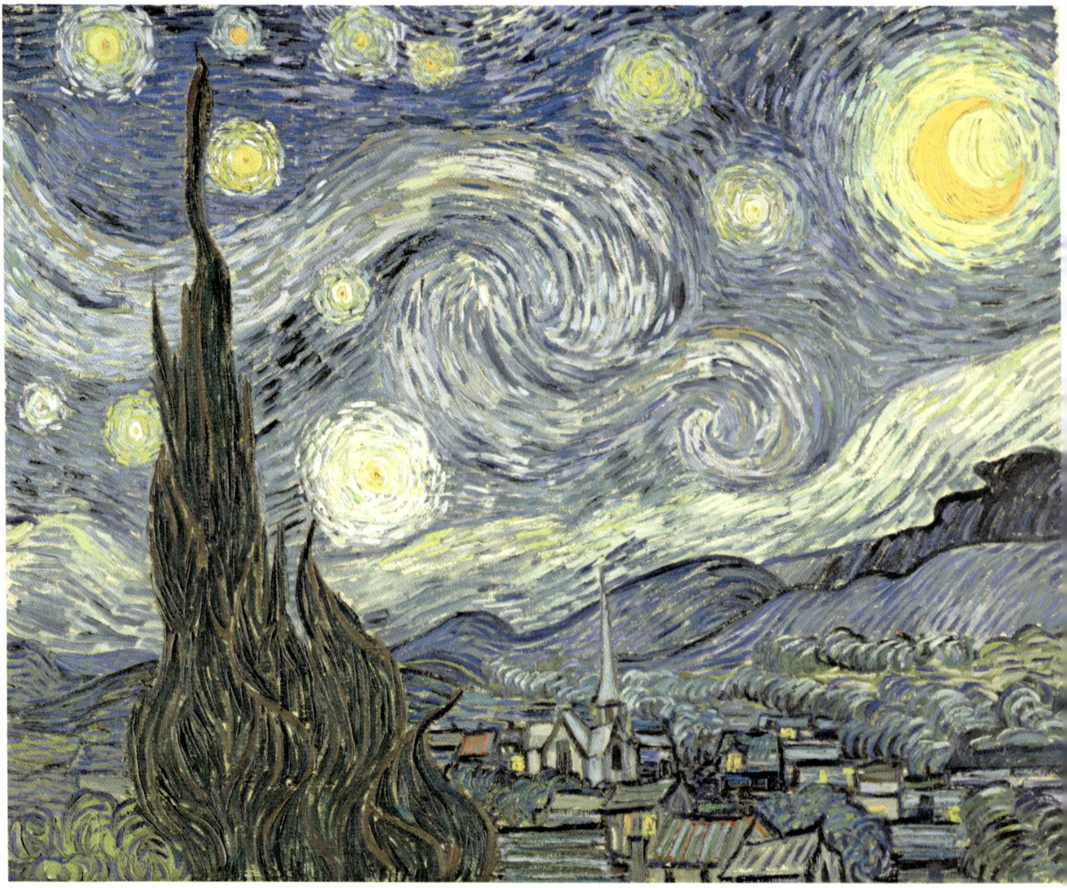

他为《罗讷河上的星夜》打破传统的用色而感到特别自豪。不管怎样，从疗养院出来之后，凡·高还是有些没底气，正是这个时候他建议提奥将这幅画提交到独立沙龙去，他认为《罗讷河上的星夜》"或许可以给其他人带来处理夜景的灵感，创造出比我更好的效果"。

随后不久，他开始尝试超越自我。凡·高在圣雷米看到的夜空没有建筑物遮挡，星光也没有因为照明的汽灯而显得黯淡。尽管疗养院禁止他晚上外出画画（而这是他非常喜欢干的事情）的规定让他很沮丧，但这实际上也让他得到了某种解脱。因为他不得不依靠想象描绘出来的"夜晚效果"有着无穷无尽的活力和丰富的色彩，天空以一种在《罗讷河上的星夜》中不曾有过的光之天堂的形式，活力无限地在画面中展开。凡·高一直以来想要释放想象力的渴望，一种"可以引导我们创造更加激动人心和令人慰藉的自然"的能力，在《星月夜》中找到了出口，尽管他自己并没有像后世观众那样对这幅画产生强烈的感觉。

图165
《星月夜》
1889年
布面油画
72 cm × 92 cm
现代艺术博物馆
纽约

讽刺的是，现代观众们总喜欢和凡·高联系到一起的《星月夜》，并不是他的典型作品，而且他在书信中也很少提及。这幅画是凡·高在工作室创作的少数画作之一，只是他将之前看到和画过的主题进行混合夸张的拼凑之作。画中如同被风搅动的明亮天空、形状怪异的山脉和毛发状的柏树反映出了他在普罗旺斯的体验，村庄中部细长的尖塔是一座荷兰教堂，融入了与《埃顿花园的回忆》（图153）相同的拯救精神。橙色的月亮是凡·高喜欢的那种肥厚的新月，月牙几乎形成了一个完整的圆形，而且它的光晕和那些星星一样，看上去难以置信地巨大、鲜艳和夺目。

因为凡·高相信夜空是生命超越"这个忘恩负义的星球"的希望，所以占《星月夜》三分之二面积的天空景象很可能反映了他认为死后便可以到星星上过上美好生活的梦想。画面下方边缘处近乎黑暗的小村庄则在更大的范围内体现了世俗生活的边缘性，并给予沉溺于其中的人一些有限的教化。在这方面，凡·高将自己的幻象和卡斯帕尔·大

图166
《罗讷河上的星夜》
1888年
布面油画
72.5 cm × 92 cm
奥赛美术馆
巴黎

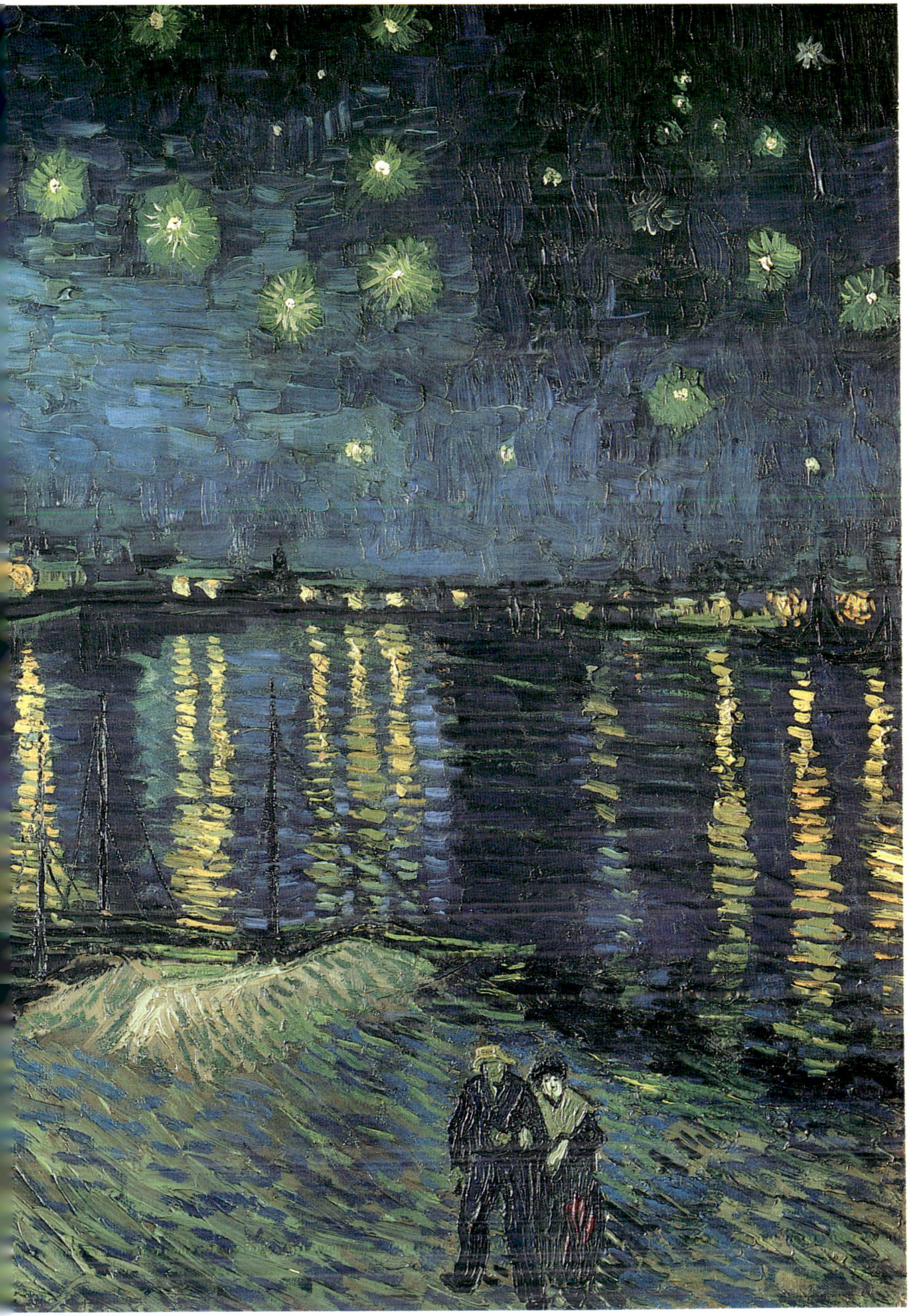

卫·弗雷德里希针对卑微的凡人无力穿越世俗迷雾的认识的浪漫感召（图52）做了对比。弗雷德里希的荒废教堂显示了人类建筑在上帝和不断自我更新的自然面前根本毫无意义，而《星月夜》中的教堂则完好无损而且保持着向上的张力，代表人类还是在试图通过虔诚地修炼来接近来世。一年前，凡·高曾经表明了自己对于信仰的"极度渴求"，这促使他开始在夜间外出去描画星星。火焰般的柏树高高地超越了地平线，成了访问"生命的其他半球"更有效的途径。柏树是中世纪墓地的必备植物，传统上总是将柏树和哀悼（因为其颜色深暗）与不朽（因为其气味芬芳而且常青）联系起来。凡·高表示，在圣雷米的时候柏树"总是占据着我的思想"，认为它们很"适合葬礼"，然后在《星月夜》中他故意将柏树处理成为象征死亡的经典范例，认为"人们可以乘坐"这种火车式的运输工具"……到达另一颗星球"，并确信"我们只要还活着，就无法去往一颗星球"。

就像收割者一样，《星月夜》表明了凡·高正在和自己必将死亡的命运进行妥协，这个主题使他在患病期间得到了极大的安慰。之前那幅充满耀眼阳光的图画将死亡人格化为"几乎在微笑"的劳工，正在专心于他的工作，而这幅弥漫着月光的画作则在充满能量和光明律动的无尽来世之中，假想了一种超越黑暗和有限的世俗领域的生活。

凡·高在莫索尔的圣保罗疗养院的第一个月里非常多产，他相信"工作能够使我在极度的精神衰弱中维持某种程度的清醒"，而他的病友们都因为这种精神疾患备受折磨。因为一直保持着规律的作息和清醒的头脑，凡·高感到"通过现在采取的这些防范措施，我应该不大可能再次犯病了"。然而，1889年7月，凡·高的病症再次严重地发作了，他感到非常沮丧，这种迹象说明艺术创作和洁净的生活环境并不能阻止他所惧怕的疾病复发。其中潜在的原因尚不明确。佩龙怀疑是癫痫，在凡·高死后，各种诊断也一直在继续（因为滥用药物而恶化的焦躁症是目前比较可信的理论）。超负荷的精神压力导致了衰弱的爆发，凡·高犯病一次就会有几周时间生活无法自理。在他崩溃之前十天，他得知提奥的妻子怀孕的消息，第一次重访了阿尔。

当时治疗凡·高复发癫狂的方法就是隔离和强制休息，这让他非常渴望能够再次画画。因为害怕"猛烈的发病会永久地摧毁我的绘画能力"，所以在清醒的时候他就"着魔似的"进行创作，就像"一个因为觉得工作太过危险而拼命赶工的矿工"一样。只要感觉还行，他就画画，"这样可以让我保持平常的状态，画画也可以算是我的治疗手段，能够让我分散注意力，赶走那些……不正常的念头"。一幅在疗养院创作的自画像（图167）显示出了凡·高想要继续前进的决心：他将耳朵完好的侧面朝向前方，把自己的目光表现得很是稳定，看上去他就像是坐落在不安且令人心绪繁乱的环境之中的一座禁欲主义的平静岛屿。画中和谐的色调和连环交织的笔触说明了凡·高对简单、清醒和安宁的追求，尤其和《耳朵绑绷带的自画像》（图151）中反差强烈的色彩和活泼的笔触相比的话就更加明显了。

因为凡·高不愿意和病友发生联系，所以他成了自己在臭索尔圣保罗疗养院中最好的模特。他画的那位在户外背景中样貌健壮的男人应该是疗养院的园丁或者当地农民（图168），在1889年9月，凡·高曾经提到过他会定期和圣保罗的院长及其"已经凋谢"的妻子探讨绘画，那位女士就像"路边落满灰尘的草叶一样"平淡无奇。用尽了身边的模特资源之后，凡·高再次回到了自己的样貌上来，极度渴望能够更进一步地研究造型，并且这时他开始用油画来复制黑白版画。

复制名作是一种历史悠久的学徒练习方法，但很少有画家在成熟之后还坚持临摹其他艺术家的作品。凡·高也在问自己为什么要这样做："我们画家始终都要自己创作，这可和演奏音乐完全不同……作曲家的演出可真了不起啊。"在参照南特伊临摹德拉克罗瓦所作的石版画创作了一幅油画版本的《圣母哀悼基督》之后，凡·高将自己看作一位更愿意演奏已有曲目而非自己作曲的音乐家（"我的画笔……就像放在小提琴上的琴弓一样"），并且他发现一位器乐演奏家在演奏贝多芬的时候不但不会因为模仿而受到鄙视，而且许可以在已有的

以画为药　艺术与病痛，1889—1890年

凡・高

经典曲目中加入自己的观点。凡·高认为，在研究画家时，最富于创造性的解读维度在于画作的色彩。在对自己《圣母哀悼基督》的评述中，凡·高指出圣母惨遭遗弃的表情得益于她"灰白色的面容"，显现了一个被焦虑和悲伤搞得筋疲力尽的人的那种迷失、含糊不清的外貌。圣母的色彩和表情让凡·高想起了龚古尔兄弟笔下可怜的热曼妮·拉瑟顿，凡·高将她视作绝望的象征，而且"如果失去了自己的个人色彩，

图167
《自画像》
1889—1890年
布面油画
65 cm × 54 cm
奥赛美术馆
巴黎

图168
《穿条纹衣服的男人》
1889年
布面油画
61 cm × 50 cm
佩吉·古根海姆收藏
威尼斯

她显然就不会……成为热曼妮·拉瑟顿"。

凡·高觉得"让米勒和德拉克罗瓦的黑白版画来为我做范本"，不但让他的缺陷和孤独变得可以接受，而且还很有启发性。凡·高将这些极具创新精神的复制品称作"转译变体"，他写道"这些变体画教会我很多东西"，并且取代了他和伙伴们定期进行的讨论活动。在复制拉维尔临摹米勒的《田间劳动者》的木刻版画时，凡·高

以画为药 艺术与病痛，1889—1890年 263

再次回到了熟悉的领域,但他在疗养院受德拉克罗瓦启发创作的作品也为他的艺术宝库增添了新的内容。他一般会回避过于宗教化的主题,偏好含蓄地表达他在世俗主题中看到的圣洁(按照寓言或者画米利特的那种方式)。凡·高在阿尔的时候就想画一幅"橄榄园中的基督",表达一种尝试直率地表现救世主受难的愿望,而现在他基于德拉克罗瓦的《圣母哀悼基督》为这个未竟的愿望提供了一

图169
《圣母哀悼基督》
(仿德拉克罗瓦)
1889年
布面油画
73 cm×60.5 cm
文森特·凡·高美术馆
阿姆斯特丹(文森特·凡·高基金会)

图170
保罗·高更
《橄榄园中的基督》
1889年
布面油画
73.6 cm×91.4 cm
诺顿美术馆
西棕榈滩
佛罗里达

个基础。凡·高在病中发现"虔诚的思想"可以慰藉心灵,而且这幅母亲(他称其为"圣母马利亚")焦虑地关爱着自己受苦的成年儿子的图像无疑和他产生了共鸣。他将自己比作受伤的基督,将画中的基督变成了和自己一样的红色头发。虽然失去孩子的圣母马利亚和凡·高的母亲没什么相似之处,但还是让他想起了已经消逝的童年,因为有一幅古皮尔公司发行的德拉罗什的《圣母马利亚》"一

直挂在松丹特父亲的书房之中"（凡·高第一次崩溃的时候曾经幻想自己重新回到了这个房间）。

凡·高在《圣母哀悼基督》中的自我投射和高更同时期创作的《橄榄园中的基督》（图170）在理念上的相似简直有些不可思议。两位艺术家在高更离开阿尔以后就中断了通信联系，凡·高对高更的画一无所知，在这幅画中高更同凡·高一样为基督添加了自己的

特征。有一次，凡·高收到了这幅画的评论和素描，以及一张伯纳德处理相同题材的照片，这让他变得异常愤怒，怒气冲冲地对提奥说："我在这里的所作所为毫无疑问都是遵循《圣经》来行事的。"（那些临摹其他人的圣经画显然不算数。）他蔑视地指责朋友的"《橄榄园中的基督》其实并没有真正地发现什么东西"，他记述了自己

以画为药　艺术与病痛，1889—1890年　　265

画橄榄树的目的，他说"当初德拉克罗瓦为了创作'客西马尼'（译注：基督被犹大出卖的地方），就曾经直接跑去观察橄榄树林到底是什么样子"。橄榄树怪异的枝条、灰白的叶子和有关背叛基督的圣经内容（基督在橄榄山上被捕），使得凡·高在心目中已经将橄榄树和世俗的悲痛等同起来，这是一个他想要通过隐喻表达的理念，因为"人们并不需要直接面对历史上著名的客西马尼花园就能够获得痛苦的印象"。凡·高警告同行们要提防圣经主题中的文字描述性，他提倡米列特的那种暗示性手法，并觉得他的同行们应当通过"如实地描画自己的花园"来"弥补"他们圣经类作品的"失败"。

这就是当时他所做的事情。缺少模特的时候，凡·高就去观察"一苗抽穗的麦子、一片橄榄树林、一株柏树"，随后描绘疗养院花园的秋日景色（图171），那里的"土地已经被太阳烤焦"，而且地上落满了松针：

"最近的那棵树就是一段被闪电击中后被锯断的巨大树桩。但是有一个枝杈长得非常之高，并且还会像雪崩一样掉落无数暗绿色的松针。这个阴郁的巨人就像一位战败的骄傲者一样，作为一个生灵，和秋日仅存的几株玫瑰的苍白花朵形成了鲜明对照……你会感受到被灰色衬托的红赭色和绿色组合以及围绕着边缘的黑色线条营造出的那种痛苦的感觉……此外，被闪电击中的大树和秋天最后几株粉绿色的病态花朵的母题也有助于加强这种感觉。"

因为长期专注于掌握"自然的语言"，想使自然的"情感……能够被其他人所感知"，凡·高还是老套地遵照着"自然形式"的可能性来表达各种隐喻。在1882年早期，他就已经领悟到了《忧伤》（图32）中的肉体表现力和《根》（图33）的无人主题之间的相同之处。《疗养院花园》则呈现了对这个认识的延续性和新进展。受到法国前卫画家的启发，凡·高在普罗旺斯将已经建立起来的自然移情作用的词典进一步地升级和个人化了,并将其作为一种用来夸张和表现线条与色彩的语言形式来加以利用。

尽管如此,自然风景画还是不能缓解凡·高对人物画的渴望。在 1889 年冬天到 1890 年春天的这段时间（凡·高在 1889 年圣诞节崩溃一次之后,随后于 1890 年 1 月和 2 月反复发病）,凡·高继续用油画翻画黑白版画,并将复制范围扩大到杜米埃、多雷和其他艺术家的作品。他虽然认为自己的肖像画比其他作品"更好、更

图171
《疗养院花园》
1889年
布面油画
73.5 cm × 92 cm
福尔克旺博物馆
埃森

严肃",然而在肖像画方面能力的欠缺还是让他倍感痛苦。到了 2 月,凡·高还是找不到有血有肉的真人模特,这让他非常沮丧,于是他开始着手同高更一起创作肖像画（虽然他的前室友对此并不知情）,他们从此开始共用一个模特——玛丽·吉诺。

显然在 1888 年说服吉诺来黄房子为他们做肖像模特的人是高更,他当场为吉诺画了一幅素描习作（图 172）,凡·高则画了一幅油画习作（图 142）,两个男人后来都根据习作绘制了正式画作。凡·高将吉

以画为药 艺术与病痛,1889—1890 年　　267

诺塑造成一位热爱文学的女性，而高更将她画成了平时所见的样子：好像她正坐在丈夫的咖啡馆里，周围坐满了熟络的客人（图173）。

  高更在离开阿尔的时候带走了油画，而这幅素描留了下来，最后被凡·高带到了圣雷米，成为另一幅油画《阿尔妇人》的临本（图174）。在这幅画中，凡·高再次将吉诺画成了与自己志趣相投的人，他惊奇地发现了一个巧合，吉诺在1888年圣诞节和他同时病倒了，并且病情也越发严重。当凡·高于1890年1月去看望她的时候，发现吉诺因为更年期引发的"精神衰弱"发生了极大的变化。在凡·高崩溃几天之后，他感觉两人之间的羁绊更加强烈了，一旦头脑再次清醒过来，凡·高就马上决定采用高更的素描作为他的临本，为"我们亲爱的病人"画一幅画。这幅画成为唤起了画家和画中人的那些幸福时光的纪念品，并且凡·高因为在健康出问题的那段时期能够和吉诺交往而感到非常愉快。"和熟悉的老家具一样"，凡·高发现肖像画可以让人们想起早已逝去的事情。这幅凡·高根据朋友素描创作的肖像是"一个综合体"，他后来和高更说："这幅画作为我们在一起创作的几个月的总结，为你我共同所有。"

  从画中人物蜿蜒的轮廓和饱满的体积感中可以明显地看到高更的痕迹，这和早期带有书本的《阿尔妇人》（图129）中尖锐、平面的形状形成了反差。凡·高要求自己要忠实于高更的素描（这样做也符合他在圣雷米的创作倾向），他运用可预置的"自由的色彩"强调了这位前模特的萎靡状态。凡·高认为他的肖像画中具有最能唤醒记忆的样貌，而且其中敏感的色彩主义也是他在改编其他艺术家作品时最重要的收获之一。

  "我喜欢把肖像里的人物画成生活在一百年前的幽灵……我并不力争要达到一种照片般的肖似，而是通过……运用我们的知识和对色彩的现代品位作为手段来达到表现和强化人物的目的。"

在他这幅肖像画中，他将吉诺的肤色处理成"毫无光泽和生气的土褐色"，在她的头发和衣服上覆盖了"呆滞、肮脏的白色"，并且用灰白干涩的色调将她包裹起来，凡·高将这种色调同清醒、疾病、衰弱以及秋天最后的玫瑰花的"苍白的绿粉色"联系在了一起（凡·高在圣雷米使用的粉色已经严重褪色，画中原本的颜色并不是我们今天看到的那么毫无生气的色彩）。

　　凡·高通过"色彩的抽象意义"表达了吉诺以及他自己发生的变故，这也在肖像画中的道具上得到了暗示。和早期版本的《阿尔妇人》一样，圣雷米的《阿尔妇人》画中出现的是凡·高自己的书籍，而不是吉诺的。但早期画作中出现的不知名的小册子有着鲜艳的封皮，代表了近期的流行小说，而在1890年的作品中出现的则是两本旧书。书本没有打开，而且标题很清晰，这两本小说是法文版的狄更斯的《圣诞故事集》和比彻·斯托的《汤姆叔叔的小屋》。凡·高在年轻时读过的书在他病重时又回到了画中。他以前在松丹特时经常翻看狄更斯的这本让人愉快的假日故事集，随后在博里纳日生活时，他又阅读了《汤姆叔叔的小屋》（详见第一章）。在阿尔入院治疗的那段时间，凡·高希望通过重读《汤姆叔叔的小屋》"给我的头脑带来一些健康的理念"，"理由十足地充分，因为这是一部女人创作的小说，如作者所言，此书是她利用为孩子们煮汤的时间写成的，而且在这之后，我还应该高度关注查尔斯·狄更斯的《圣诞故事集》"。

　　凡·高对这两本书重新燃起的兴趣来源于疾病导致的对童年的思念以及对母亲关爱的渴望。怀旧和伤感，为在圣雷米创作的《阿尔妇人》带来了一种老祖母般的慈爱气氛，可以为像凡·高患病的模特这样的人们提供"健康的理念"，希望能够让他们愉快地承受自己不健康的缺陷。

　　和《摇篮曲》一样，凡·高在1890年创作的《阿尔妇人》存在好几个版本，他在完成原作之后的三周内连续画了四个副本。这两个系列创作在他的心中肯定和那些启发鼓舞他的女人们，还有在病中无

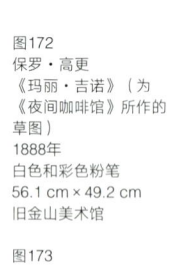

图172
保罗·高更
《玛丽·吉诺》（为
《夜间咖啡馆》所作的
草图）
1888年
白色和彩色粉笔
56.1 cm × 49.2 cm
旧金山美术馆

图173
保罗·高更
《夜间咖啡馆》
1888年
麻布油画
72 cm × 92 cm
普希金国家美术博物馆
莫斯科

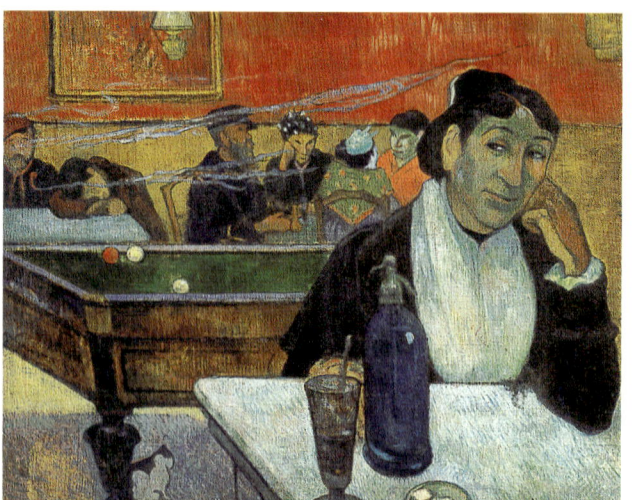

图174
《阿尔妇人》（玛丽·吉诺）
1890年
布面油画
65 cm × 54 cm
圣保罗·阿西斯·夏多布里昂艺术博物馆
圣保罗

以画为药　艺术与病痛，1889—1890 年

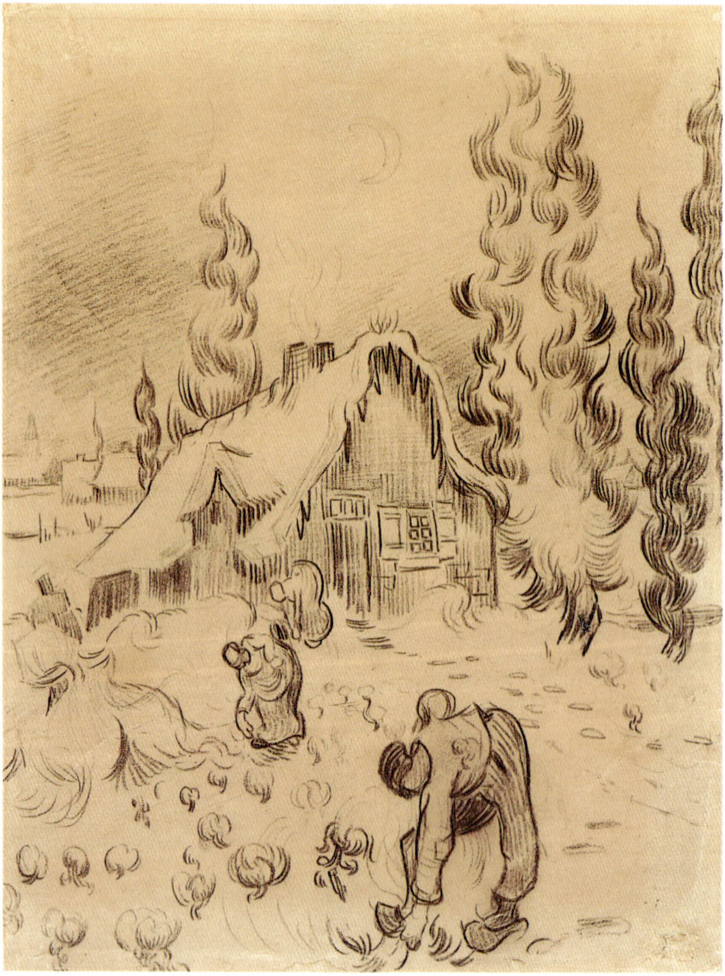

微不至地照料他的忠诚老友们密切相关。他对提奥说："你会非常喜欢那些在你生病的时候看望你的人。"1890年2月底,他最后一次到阿尔旅行,热切地希望能够送给吉诺夫人这幅新画的副本,然而在送到之前凡·高再次崩溃了,无论如何,他必须在圣保罗疗养院的看护下恢复过来。之后他度过了孤独而痛苦的漫长的两个月,然而他还在凭着记忆试图创作一些素描和小幅油画。像平时一样,凡·高的病症再次引发了他对遥远时光和地点的思念;从3月到4月,他的大部分创作都令人想起了布拉班特的田野、农场工人和茅草覆盖的房屋。凡·高称这些作品为"北方回忆录",不过还会有一些南方主题渗透其中(比如一个茅草屋顶的村舍两侧出现的柏树,图175)。

1890年4月底,当他头脑清醒的时候,正如他在模仿伦勃朗《拉撒路复活》所作的充满心酸个性的变体画(图176)中所暗示的,他觉得自己现在枯竭而又坚决。提奥最近给哥哥发来了一张伦勃朗蚀刻版画的复制品(图177),希望通过凡·高心爱的大师作品中起死回生的奇迹让兄弟振作起精神来。凡·高自己也在努力地康复,他根据伦勃朗作品的右下角创作了一幅充满阳光的《拉撒路、马大和玛丽》。画中晴朗、明亮的用色在伦勃朗的作品中是见不到的。然而,更具意义的是,凡·高仅仅选择了伦勃朗版画的一个小局部。他删减了高高在上的基督和旁边的几个观众,只留下了躺倒的男人和他的两个姐姐,马大和玛丽。这种大胆的删减改变了场景的主旨,从对神力的赞颂转向了对人类脆弱的沉思。凡·高的变体《拉撒路》可以说是一张隐蔽的自画像,他似乎自愿将自己安置在那种神力之下。凭借自己的意愿不遗余力地复活,他被关爱着自己的姐姐们激励着,中间的女性以奥古斯汀·鲁林为模特,右边的则是玛丽·吉诺,凡·高在这些"当代中产阶级妇女"身上发现了圣洁的特质。画中的人物,凡·高告诉提奥,是"我所梦想的角色",一种他既想重新振作又想和亲朋好友重聚的愿望的象征。

1890年5月,凡·高已经可以下床走动,但仍然"感到无法言表的愈加难过和可怜",他确信就是因为在疗养院里待了一年,导致

图175
《北方回忆录:在柏树和村舍前的挖掘者》
1890年
铅笔
31.5 cm × 23.5 cm
凡·高美术馆
阿姆斯特丹(文森特·凡·高基金会)

图176
《拉撒路、马大和玛丽》
（仿伦勃朗《拉撒路复活》）
1890年
装裱在纸板上的布面油画
48.5 cm×63 cm
凡·高美术馆
阿姆斯特丹（文森特·凡·高基金会）

图177
《拉撒路复活》（仿伦勃朗）
1632年
蚀刻版画
36.5 cm × 25.7 cm

自己的病情更加恶化了，他发誓要离开这个地方，决定离开普罗旺斯去更加熟悉和离家更近的地方。"如果没有你，"他告诉提奥，"我就会非常难过。"而且他已经见到了弟妹和小侄儿文森特·威廉（1890年1月31日出生）。虽然凡·高很热爱普罗旺斯，但他还是怀疑那里有一种让自己疯狂的作用，"不过在这方面诋毁南方有些不太公平，我不得不承认离开南方让我非常伤心"。

尽管凡·高的身体条件已经可以到户外去了，在圣保罗最后的日子里他还是经常留在室内画画。他将疗养院花园中的玫瑰花和鸢尾花剪下来带到房间里，这种插花艺术虽说是一种足够鲜活的静物，但无论与一年前他画的《鸢尾花》（图161）相比，还是与他看到普罗旺斯春天最早开放的桃花后为刚出生的与他同名的小侄儿创作的《盛开的桃花》（图178）相比，还是显得过于古板。在《盛开的桃花》中，凡·高详细地表现了桃树枝杈的每一个树节和花朵，背景部分他用稠厚的蓝色块面搭建起一片令人眼花缭乱的天空，天空从四周向中间逐渐变亮，好像在桃树后面有一个正在打开的天蓝色的拱顶。作为新生儿和家族延续的象征，大量随风摇曳的白色花朵代表了生命、新鲜以及婴儿的脆弱。和《鸢尾花》一样，《盛开的桃花》也呈现了一个包含在庞大、鲜活的整体中的不受控制的小局部。

在他离开之前，他还画了两幅风景画，因为这两幅画也是在画室里创作的，所以画作还是通过记忆而不是直接观察来获得富于想象力的"抽象意味"。凡·高小心翼翼地通过自己的心灵之眼进行创作，他曾觉得完全放任自由的想象是很危险的事情，因为"你很快就会发现自己被困在一堵高墙前面无法前进"。但在1890年5月，凡·高已经被自己的精神壁垒所围困，他可能觉得自己再也没什么好损失的了，就放开胆子依靠想象创作了两幅月光下的人物画。其中一幅描绘了红色须发的艺术家穿着蓝色工作服，正在和已经痊愈的玛丽·吉诺休闲散步的场景（图179），两人像周围的橄榄树一样，稳健地走在崎岖的地面上，他们的步态很像是在跳舞。还有几株代表葬礼的柏树，不过

图178
《盛开的桃花》
1890年
布面油画
73 cm × 92 cm
凡·高美术馆
阿姆斯特丹（文森特·凡·高基金会）

以画为药　艺术与病痛，1889—1890年　　277

图179
《夜间漫步》
1890年
布面油画
49.5 cm × 45.5 cm
圣保罗·阿西斯·夏多
布里昂艺术博物馆
圣保罗

都在很远的地方，急剧下降的斜坡病态的灰绿颜色也被画面整体充满生气的色调抵消了。《夜间漫步》是一幅充满渴望的愿景，描绘了凡·高心目中普罗旺斯本该有的样子：这里本该是一个能让他感受到永恒的自然天堂，一个容易建立友情的地方，一个每天都能开心创作的地方！

1890年5月16日，佩龙医生为凡·高写下了最后的评语。这位病人在圣保罗疗养院因数次发病受到了伤害，其间他"沉浸在可怕的恐惧之中"，随后他开始尝试用颜料为自己下毒而且还偷窃过煤油，但除此之外，"他已经能够完全平静下来并献身于……他的绘画事业"。在报告中，佩龙宣告我们的画家已经痊愈。对于凡·高来说，这意味着他将告别普罗旺斯，告别这个他不止一次"让自己抵达那些巨大星星"的地方。随后，凡·高乘上了北上的列车。

对大地的执着　凡·高的最后时光

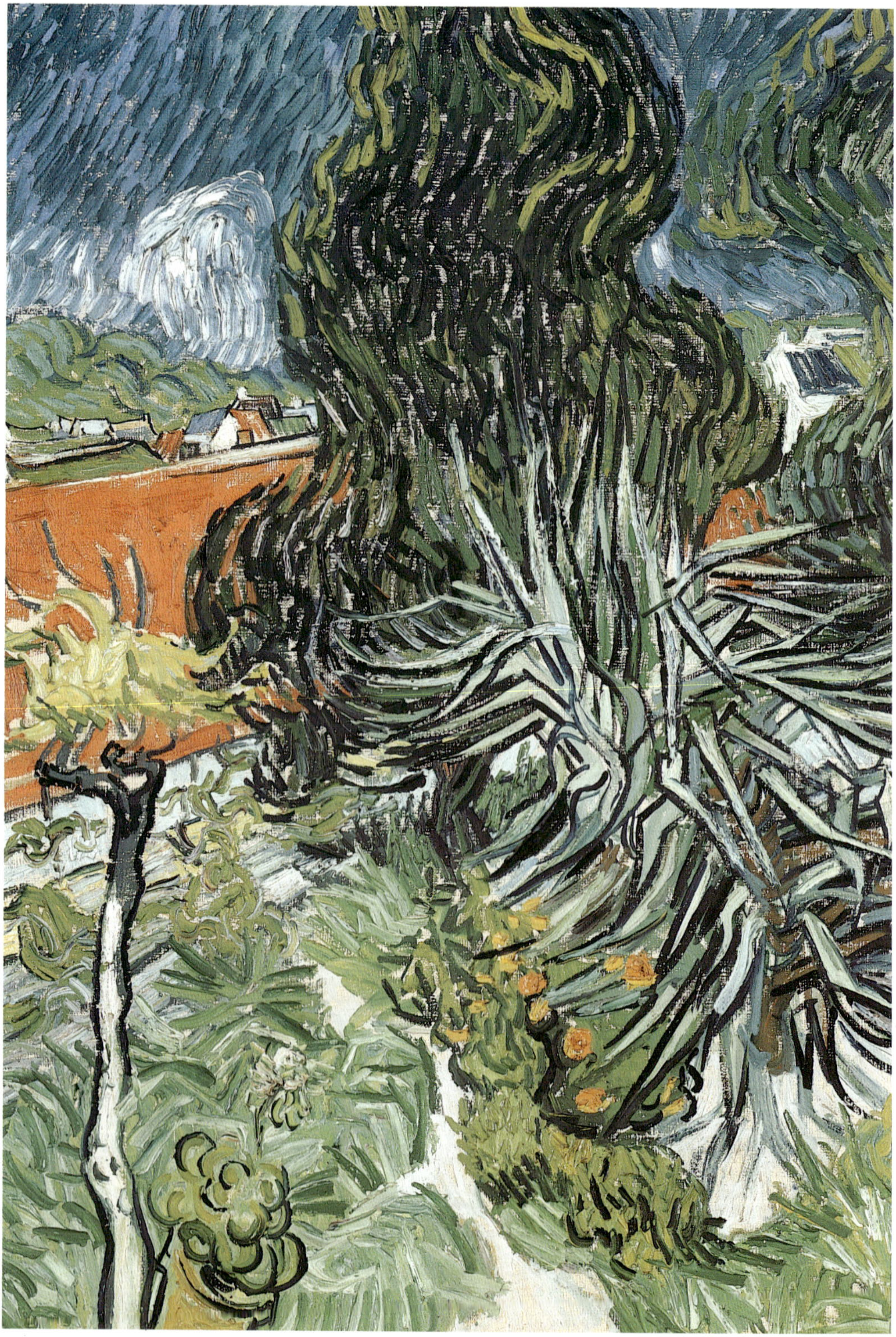

图100
《加歇医生花园》
1890年
布面油画
73 cm×51.5 cm
奥赛美术馆
巴黎

　　凡·高在一个周六的早晨来到了巴黎，在弟弟家度过了一个周末假期，并开始重新检视自己的作品。有一些画挂在提奥家里，如《吃土豆的人》《收获》《罗讷河上的星夜》《杏花怒放》，其他更多的作品被塞在床和沙发下面，还有一部分画寄放在唐居伊那里，凡·高一家还为此专程去串了个门。他们在战神广场参观了一个近期展览，凡·高深深地被皮埃尔·皮维斯·德·夏凡纳（1824—1898年）的壁画新作《艺术与自然之间》打动。凡·高发现了皮维斯画面中对现代服饰的思考，其艺术灵感旨在表现一场"远古与现代性之间奇异而又快乐的会面"（图181）。

　　凡·高在周二再次离去，搬到了位于巴黎北部瓦兹河畔的小镇奥维尔。奥维尔距离巴黎大概32千米，在1890年乘火车的话只能算是短途旅行，但是对凡·高来说已经"足够遥远"而"可以称得上是真正的乡下了"。这里茅草顶的传统村舍坐落在葡萄园、菜园、麦田和苜蓿田之间，同时也有现代化别墅可以安排季节性观光客的住宿。凡·高发现这些景象是"在旧世界中发展出来的新社会……其实并没那么糟糕"，这里保持了他在皮维斯画中感受到的平静祥和的气息，特别是蕴含其中的自然与艺术、新旧时代之间的"快乐会面"。

　　最早"发现"奥维尔及其周边风景的是杜比尼，他于1861年在奥维尔安家并建立了画室，在此工作生活直至1878年去世。很多负有盛名的艺术家都跟随杜比尼来到这里，其中不乏杜米埃、柯

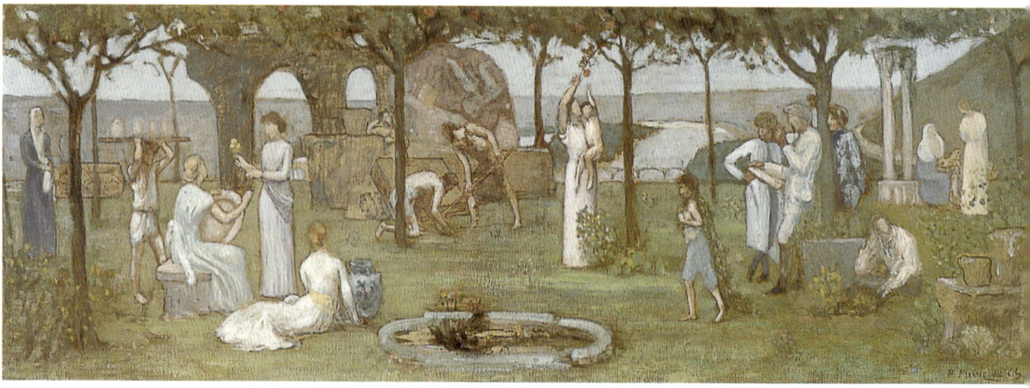

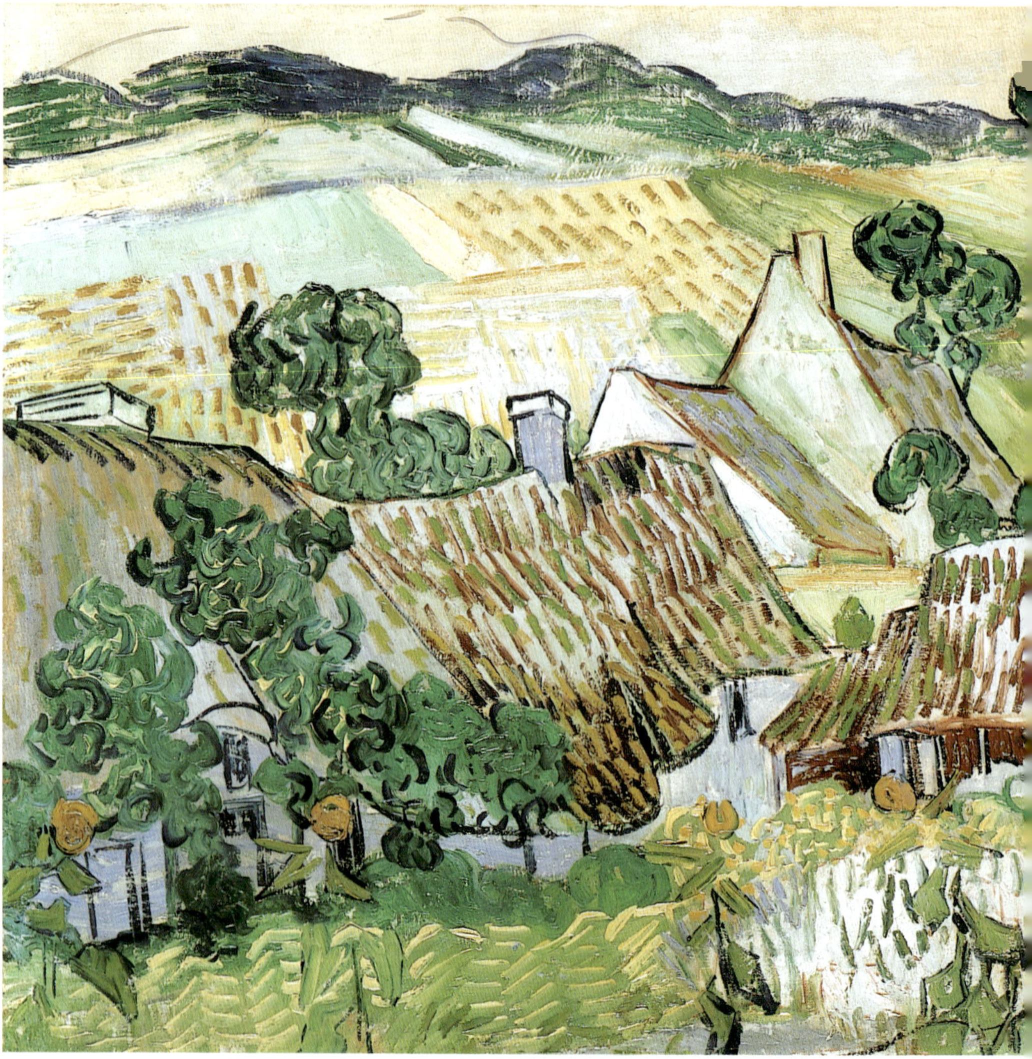

图181
皮埃尔·皮维斯·德·夏凡纳
《艺术与自然》的习作
1890年
布面油画
64.3 cm × 170.1 cm
加拿大国家美术博物馆
渥太华

图182
《奥维尔的茅草屋》
1890年
布面油画
50 cm × 100 cm
泰特美术馆
伦敦

罗、塞尚和毕沙罗等大师,正是毕沙罗在提奥咨询自己的哥哥将来去向的时候推荐了这里。提奥选择奥维尔不仅因为小镇邻近巴黎并且民风淳朴,还因为这里有一位和他意气相投的心理医生保罗·加歇(图186)。这位业余艺术家热心地照顾着印象派圈子里的朋友们,收藏他们的作品,并允许版画家们使用他的铜版印刷机。在医学方面,加歇尤其擅长顺势疗法和对精神焦虑症的治疗,1858年曾发表论文《忧郁症研究》。加歇一家搬来此地定居已经20多年,房子很是宽敞。他平时经常去巴黎开会。提奥提前和医生打好招呼,给了哥哥

一封介绍信，让他去医生的乡下寓所拜访。在见过加歇之后，凡·高和提奥说他觉得这个医生不太靠谱，因为"他看上去非常焦虑，跟咱们一样病得不轻"。提奥曾经说过加歇的身体状况和凡·高很相似，现在他得以亲眼证实，"这位老哥就像我另一个兄弟一样，我们在身体和精神上有太多相同的地方啦"。尽管凡·高曾引用《马太福音》中"瞎子给瞎子带路，结果都会掉进沟里"的寓言来对加歇的医术表示怀疑，不过他随后发现医生这人倒是很善良，也很有人缘，于是两人便很快成了好朋友，经常在一起探讨艺术、谈古论今。凡·高非常羡慕加歇的收藏，加歇则对凡·高新近的作品（包括《自画像》《圣母哀悼基督》《阿尔妇人》，见图167、图169、图174）产生了极大兴趣。这位热爱艺术的心理医生衷心地鼓舞凡·高："你必须勇敢、大胆地进行创作，根本不用去在意你这点毛病！"

凡·高在提奥家做客时发现家里确实遇到了财政困难，所以他因为租金过高推掉了加歇医生推荐的居所，坚持住到便宜的阁楼上去。由于屋顶太过倾斜没法画画，凡·高就在天气好的时候跑到奥维尔的田间路边去画风景，甚至有时不得不在露天画模特（图183）。他平时会定期受邀去加歇家里创作，那里有很多"特别棒"的画、深色的家具和配有静物图案的小摆件。5月，加歇的花园里充满了凡·高所谓的"南方植物"，在他的画中呈现为一片狂乱茂盛的景象（图180）。前景的那棵小树细长病态，在对面爆裂炸开的龙舌兰面前显得无比脆弱，龙舌兰的尖刺抛向了后面好像因疼痛扭曲的柏树、倾斜的地面和阴暗焦躁的天空，营造了一种压倒性的不安氛围。这幅画中沸腾的线条和色彩与凡·高在圣雷米的压抑形成了鲜明对比。他在那里被人监禁，四面高墙之中充满了心中的愤怒，不过也可能正是这种愤怒使得凡·高现在非常痴迷于奥维尔"如同大海一样无边无垠"的狭长风景。

在奥维尔，他画了很多长度两倍于高度（50 cm×100 cm）的油画，这是一种长条状的画作（图182、图184、图189、图190、图191）。在设计荷曼斯的埃因霍温餐厅（图53）时，凡·高就曾使用过这种装饰性画幅。在巴黎他也曾考虑过创作横长尺寸的风景画,并且画出的几幅城市风景几乎都是这种情况的,但是并没有坚持下来,在客居普罗旺斯期间,凡·高就开始放弃使用这种长条尺寸了。在19世纪90年代中期,他开始继续创作长条尺寸画作,这其中的原因除了他从圣保罗疗养院被释放后对广阔世界的感觉更加敏感外,也和他当时对皮维斯的狂热喜爱有着直接关系。凡·高在奥维尔创作的这

图183
《麦田里的妇人》
1890年
布面油画
92 cm × 73 cm
百乐宫美术馆
拉斯维加斯

类画作绝大多数是风景画,其中有一些和《加歇医生花园》一样体现出了令人焦虑不安的寂静,艺术家称之为"接近极度平静的心境"。

凡·高确信自己的"南方病"在离开普罗旺斯之后已经散去,他向母亲声称自己的精神焦躁已经得以平复,"犹如旧日美好时光重回身边"。尽管奥维尔在他的过往生活中并不特别,但"北方的

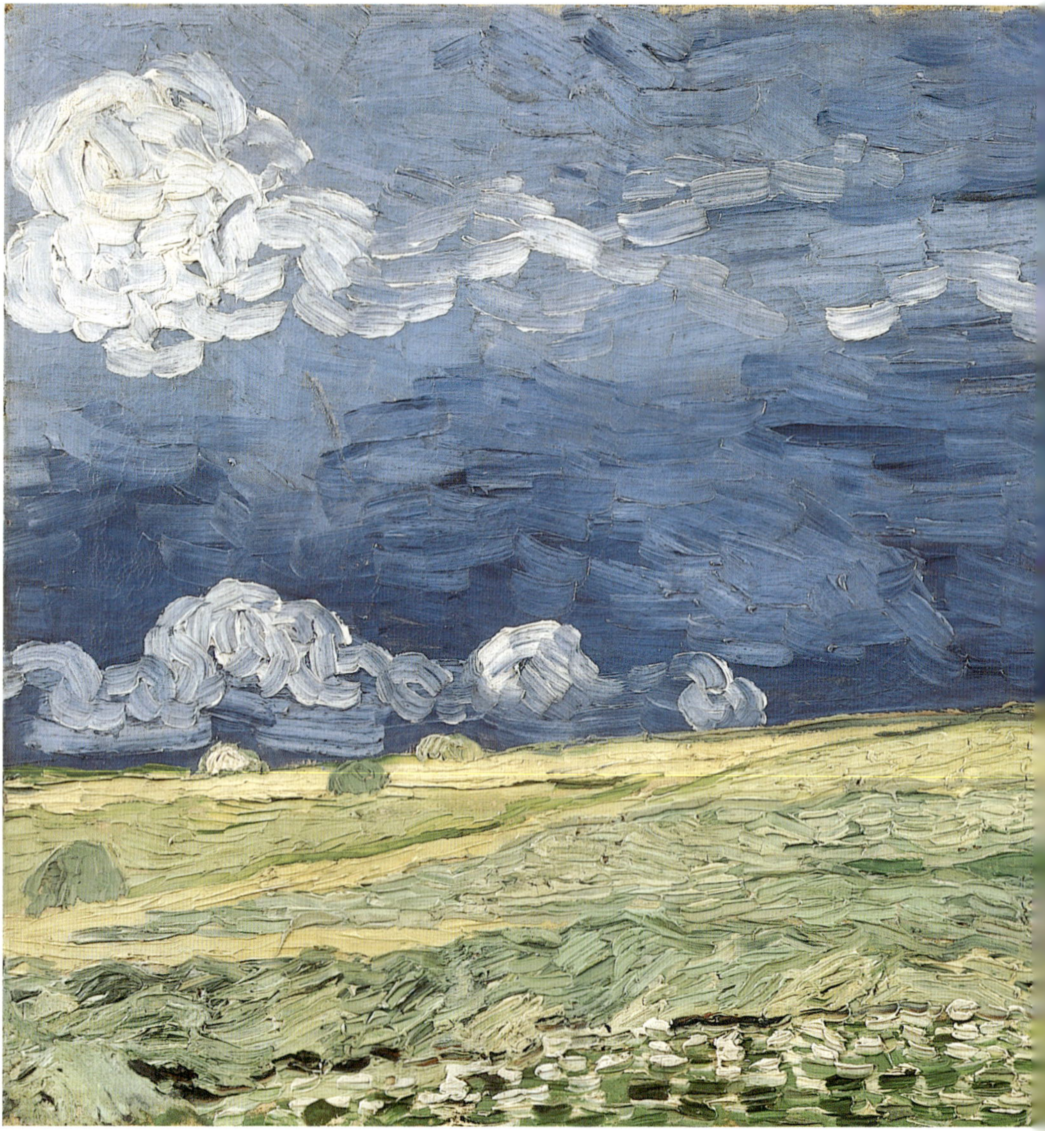

图181
《有云的天空之下的麦田》
1890年
布面油画
50 cm × 100 cm
凡·高美术馆
阿姆斯特丹（文森特·凡·高基金会）

对大地的执着　凡·高的最后时光

回忆"有时还是会给他的认知平添上一抹感情色彩。在给威尔的信中，凡·高评论自己一幅关于镇上哥特式教堂的画（图51）时写道："简直和我在纽南时对旧塔楼和墓地的习作研究是一回事，只是现在我的用色更加具有表现力，更加华丽。"

这段时间，凡·高在给城里亲戚的信中也强调了乡村生活有益于他的身心健康，并觉得奥维尔的空气和阳光对弟弟和弟媳也会有好处，外甥也应该被带到乡下成长。他的画中开始刻意表现乡村生活之美，描绘这里丰饶的景色和健硕的居民。

凡·高在奥维尔的创造力非常值得称道。从1890年5月中旬到7月底的这9周时间里，他完成了100多幅作品，其中素描30幅，油画超过70幅。简·哈斯克认为凡·高不太可能如此高产，这些画里有一部分估计是假的。凡·高在这个时期的有记录的产量，可以说是出奇地高。加歇嘱咐凡·高工作可以帮他"保持平衡"，所以他每天五点起床，整日里画画，直到晚上九点才休息，为第二天的奋斗养精蓄锐。如同在圣雷米一样，凡·高一直在拼命和时间赛跑，因为"我可不敢奢望自己能够始终像现在这样健康"。

图185
《奥维尔的教堂》
1890年
布面油画
94 cm × 74 cm
奥赛美术馆
巴黎

凡·高在奥维尔曾经写道："在我所有作品中最、最、最能打动我的，是肖像画，现代肖像画！"自此，他便特别渴望成为一名肖像画家。加歇医生那时候对凡·高在圣雷米创作的肖像画赞美有加，让他受到了极大的鼓舞，希望医生能够帮忙为他做一次模特，随后凡·高兴致勃勃地为这位新伙伴画了一幅肖像画（图186），此画虽以《自画像》（图167）和《阿尔妇人》（图174）为参照，却呈现出了一种更加复杂的表现力。

凡·高以蓝色为主调来绘制这幅加歇医生肖像，处理手法和《自画像》很相似，色调则更加丰富多样。画面中加歇医生安详地斜靠在桌旁，后方背景描绘了在平行笔触的冲撞中颤动的天空和山岗，极具凡·高风格。色彩与线条暗示出了无精打采和不安的感觉，突出了医生消沉沮丧的样貌：慵懒的姿势，握拳撑起的头颅，"八"字愁眉，额头的皱纹和空洞的眼神，无不让人们感受到忧郁与哀伤。

对大地的执着　凡·高的最后时光

图186
《加歇医生像》
1890年
布面油画
66 cm×57 cm
私人收藏

图187
阿尔布雷特·丢勒
《忧郁I》
1514年
木刻版画
24 cm×19 cm

图188
皮维斯·德·夏凡纳
《尤金·贝农像》
1882年
布面油画
60.5 cm×54.5 cm
私人收藏

凡·高总是在精神层面将加歇医生和吉诺夫人联系起来，觉得他们有点儿同病相怜。这两个人其实从未见过面，凡·高在1890年的肖像画创作中将加歇与吉诺永远地并置在了一起。《加歇医生像》是以《自画像》和《阿尔妇人》（吉诺夫人像）为范本创作的，所以除了画中的沮丧气氛与范本有所不同外，它们都有着极其相似的作品尺幅、构图和带有下垂效果的背景纹理。画作与范本之间的差异不仅因为模特自身的个性不同，可能还取决于性别的不同以及凡·高对自己病情态度的转变。凡·高一直认为自己很潦倒，就将加歇也摆成"悲苦男"的造型，吉诺则正好相反，她散发着那种凡·高希望唤醒的愉悦情感。《阿尔妇人》画面中"灰暗"的配色表明吉诺夫人有病在身，而她却端庄地坐在那里，手撑着头，面带凡·高所谓的"平日里的微笑"，忧郁之中显露出更多的迷人风情。不过这只是艺术家和模特在表面上营造的一种美好氛围，在加歇医生觉察到吉诺微笑背后隐藏的虚弱萎靡之后，凡·高才承认他"真正地"

对大地的执着　凡·高的最后时光　　291

看懂了这幅吉诺夫人肖像画。

在《加歇医生像》中，凡·高并没有美化模特先生的那张"颓丧脸"，因为他知道在加歇夫人1875年去世之后，医生很长时间都沉浸在痛失爱妻的哀伤之中无法自拔。凡·高在信中评论高更《橄榄园中的基督》（图170）时就曾经提到自己心中满是医生那种"伤心欲绝的表情"。加歇悲伤痛苦的样貌，不但可以同高更画中忧伤的救世主相比较，更可以和凡·高自己《圣母哀悼基督》中被哀悼的基督相提并论。加歇很喜欢《圣母哀悼基督》，曾在观赏良久后对凡·高说："如果你真想让我开心欢喜，那就请照着这幅作品来画我吧！"画家虽然没有成全他这个心愿，但还是把《圣母哀悼基督》中的某些元素融入了《加歇医生像》，比如凡·高式基督所特有的枯槁、扭曲的姿态和坚忍顺从的表情。

总的来说，凡·高发现加歇那种"心碎的表情"深刻地反映着"我们的时代"，他认为"现代人将会继续长久地凝视着这幅肖像，甚至可能在一百年后，依然会为画中之人悲恸不已！"凡·高确信加歇医生身上凝聚了19世纪人们的苦难生活，这种现代生活和画中模特肘边放置的两本龚古尔兄弟名著《热曼妮·拉瑟顿》和《玛奈特·萨洛蒙》中描写的那些悲剧人生如出一辙。《热曼妮·拉瑟顿》的主人公热曼妮是一位命运十分悲惨的女性，凡·高一直将她视作苦难的代名词，并将其选为《圣母哀悼基督》的形象素材。而《玛奈特·萨洛蒙》中的主角科里奥利则是一位神经兮兮、极度敏感的画家（见第四章），饱尝人间辛酸之事，按照龚古尔兄弟的说法，这些经历"似乎在为本世纪描绘现代生活的伟大画家的事业和生活加冕"。科里奥利娶了他的模特玛奈特·萨洛蒙为妻，结果发现自己的雄心抱负完全被家庭所拖累，导致画家最终精神崩溃。

在凡·高心目中，这两本黄皮书浓缩了整整一个时代（见第四章），《加歇医生像》中出现的小说虽然成书较早，但书中内容已经足以说明画中模特是一位现代人。厄尔尼特·梅索里埃、阿尔伯特·贝斯那和皮维斯也采用了这种样式来进行创作，这三位大师都曾画过手持书本的当代人物，凡·高在这些画中发现了"19世纪的时代象征"。1889年12月凡·高评论过皮维斯为尤金·贝农所作的一幅肖像画（图188），他记得"画面中有位老者正在阅读一本黄皮小说，身旁放着一枝玫瑰和插着几支水彩笔的玻璃杯"，凡·高觉得这张画简直堪称典范，为《加歇医生像》中出现的黄皮小说和杯中药草提供了明确的参照。在医生画像中，凡·高热切地想要去分享从贝农肖像画中领悟的东西：现代生活尽管痛苦，却依然充满光明！

确信艺术作品可以弥合时代疾苦之后，凡·高发现自身的存在随着"现代"艺术的消费与创造而变得光芒四射；书籍与图画，不但可以追求美丽、满足，"我们对于获得真相的需求"，还可以帮助我们面对苦难。凡·高本着率真的精神来创作《加歇医生像》，而这种精神就来源于画中出现的自然主义小说（据加歇的儿子说，医生其实从来就没看过这两本书，这张画的第二版现存巴黎奥赛美术馆，画中的小说已被省去）。尽管画面前景的花朵透出了些许希望，医生画像还是缺少了《阿尔妇人》画中人物和书本所传达的那种乐观主义的宽容。花茎的外形表明这是一株洋地黄，一种可以用来治疗心脏疾病的药草。药草在这里代表了加歇医生采用顺势引导患者为治疗手段的"激励疗法"。凡·高觉得自己这位新朋友"凭着多年的行医经验一定可以帮助自己搞定……精神问题"，他很可能故意用药草来强调这位心理医生具有治愈自己的能力，尽管加歇身上散发的忧郁气息也在暗示着医生其实连自己的心脏病都治不好。

凡·高意识到医生的"悲伤表情"产生了令人不快的效果，他坚持认为有必要对此加以严肃对待："否则人们便不能把握住界限，与老式肖像画中的平静相比，我们的现代人像中具有一种表情和激情……只是现在我才搞明白，如果能够年轻十岁，我一定可以大有作为啊！"

加歇和吉诺夫人画像中显现出来的情感波动，同样在凡·高于奥维尔创作的一系列风景画中体现出来。这些画尺寸统一，感情表

现各不相同——有的带有让人不安的活力（图189），有的又出奇地安静（图184），其他则简单无害（图182）。全景式的画面刻意地表现了传统地形特征，其中包括了杜比尼花园的狭长风景和奥维尔著名的半坍塌房屋、露天的休闲场景和丰饶的土地。《疗养院花园》（图171）中的感情表现方式在这些画上发挥了同样的作用，"形象地向所有人展示了我无法言说的现代感"。

　　1890年7月初，凡·高在记录中写到，当提奥出现财务危机的

图189
《麦田群鸦》
1890年
布面油画
50.5 cm × 100.5 cm
凡·高美术馆
阿姆斯特丹（文森特·凡·高基金会）

时候，他感到自己的生命遭到了"终极威胁"。凡·高举起画笔，用颤抖的手开始描绘"处在动荡不安天空下的广袤麦田"，以此来回应他在去年夏天的悲伤回忆："我们到底还能做些什么呢，我们要为所有毫无道理的事情去殚精竭虑，完事之后只是到外面去欣赏麦田吗？……我这人，无妻又无子，还真应该去看一看那片麦田了……"在描绘阴暗天空之下的奥维斯平原的时候，他说："我不会再失去自我，用别的方式来表达悲伤和极度的孤独了。"

在最符合凡·高此种动机与情感的风景画中并没有出现人和民居，延展的农田看上去一望无垠，通过几处点缀的麦垛联系起来（图184）。画家记录中提到前后共有两幅"大尺寸"画，人们普遍认为另外一幅便是著名的《麦田群鸦》。《麦田群鸦》经常被认为是凡·高的最后一幅作品（其实并非如此），并被解读为一次可视的自杀预告——阴沉沉的天空和成群黑压压的不吉之鸟预示了凡·高即将到来的死亡。虽然凡·高确实于1890年7月底在麦田中向自己开了枪，但他在画《麦田群鸦》时采用了活泼的用色和丰富的肌理，所以当时应该还没有自杀的念头。尽管画中透露着悲伤与孤独，但是他还从中真切地感受到了他始终难于言表的视觉表现：一种"在乡村感受到的健康和强化的力量"。画中狂暴的天气、低飞的乌鸦以及成熟的麦子，和人的繁衍生息一样成为自然更迭的明证，这可能使凡·高有所振作，看到了自己的"丰收"：这些画面见证了他的存在和极限。

根据凡·高对《收割者》（图163）的评论，有人质疑凡·高是否真的说过当看到摇曳麦浪的时候有点儿想死的感觉，《麦田群鸦》在格式和动机上，也确实显露了某种和范·德·马丁《田间行进的葬礼队伍》（图5）的相似之处。凡·高无论如何是不愿将悲伤和黑暗视作死亡的，而且作为《收割者》和《星月夜》（图163、图165）的作者也不太可能将乌鸦和阴暗的天空视作自己终结的象征吧。"死亡"对凡·高来说应该"伴随着太阳照耀万物的那一缕纯粹金色光芒，在广阔的日光中悄然而至"。在长方形的画布上面，他人生旅途的终点沐浴在一片阳光里，其中整齐、有节奏的笔触将有活力的、不朽的的黄色和金色同淡紫罗兰色交织在一起（图190）。两年前，凡·高在阿尔曾经说过"我依然对掌握过去记忆的魔法，对播种者和麦垛象征意义的无限渴望而着迷不已"。他因为从乡间周而复始的劳作中获得的启示而欢欣狂喜，他体悟到春种秋收的紧密关系，并且为能够管窥自然循环的伟大"模式"（"无限"）而感到无比愉悦。1890年7月，凡·高画出的麦垛再次唤醒了他

的记忆,"人从某种程度上来说就像麦子一样",这个说法要归功于播种者典故中呈现的迷人画面:

"丰收就是时间的尽头。收割者就是天使……之后正义会像在他们的父之国中的太阳一样闪耀光辉(马太福音13：39—43)。"

还有一种可能,凡·高将《麦田群鸦》中俯冲的鸟儿同毁灭的力量联系起来,削弱了播种者典故的效果("当他在播种的时候,一些种子洒落在路上,被飞来的鸟吃光了",马可福音 4:5)。因此在这个语境里,鸟并没有伤害到等待收割的麦田,《麦田群鸦》其实是在宣示着这些恶魔使者的失败。在 1890 年早期高更写给他的信中进一步表明凡·高将这张画视作凯旋的景象。高更充分意识到凡·高对播种者的迷恋,将这位现代画家的抗争同农民劳作(凡·高有时也算是个农民)做了对比:

"犁好自己的土地,农民播撒着种子,成天担心着收获时节千万别赶上个坏天气。可是我们可怜的艺术家呢?我们的粮食要种在哪里?我们的收获季什么时候才能到来?"

《麦田群鸦》能够解读出一个积极的意思,尽管面对所有的艰难险阻,收获的过程对于正在感到生命受到"终极威胁"的画家来说,无疑是一番令人鼓舞的景象。

用"连根拔起"来形容凡·高另外一幅长方形油画再适合不过了,画中是一片处在陡峭、不稳定的路堤上,正逐渐失去根基的树林,树木刻画非常生动(图 191)。树干枝节同树根拥挤冲撞,和恣意生长的树叶纠结在一起,如同一场正在上演的紧张戏剧。画面细碎不易解读,真实世界的物象在这里完全从属于形式效果,体现为扭曲细长的形状和刻薄的用色。如果说画面中的抽象元素演奏出了"音

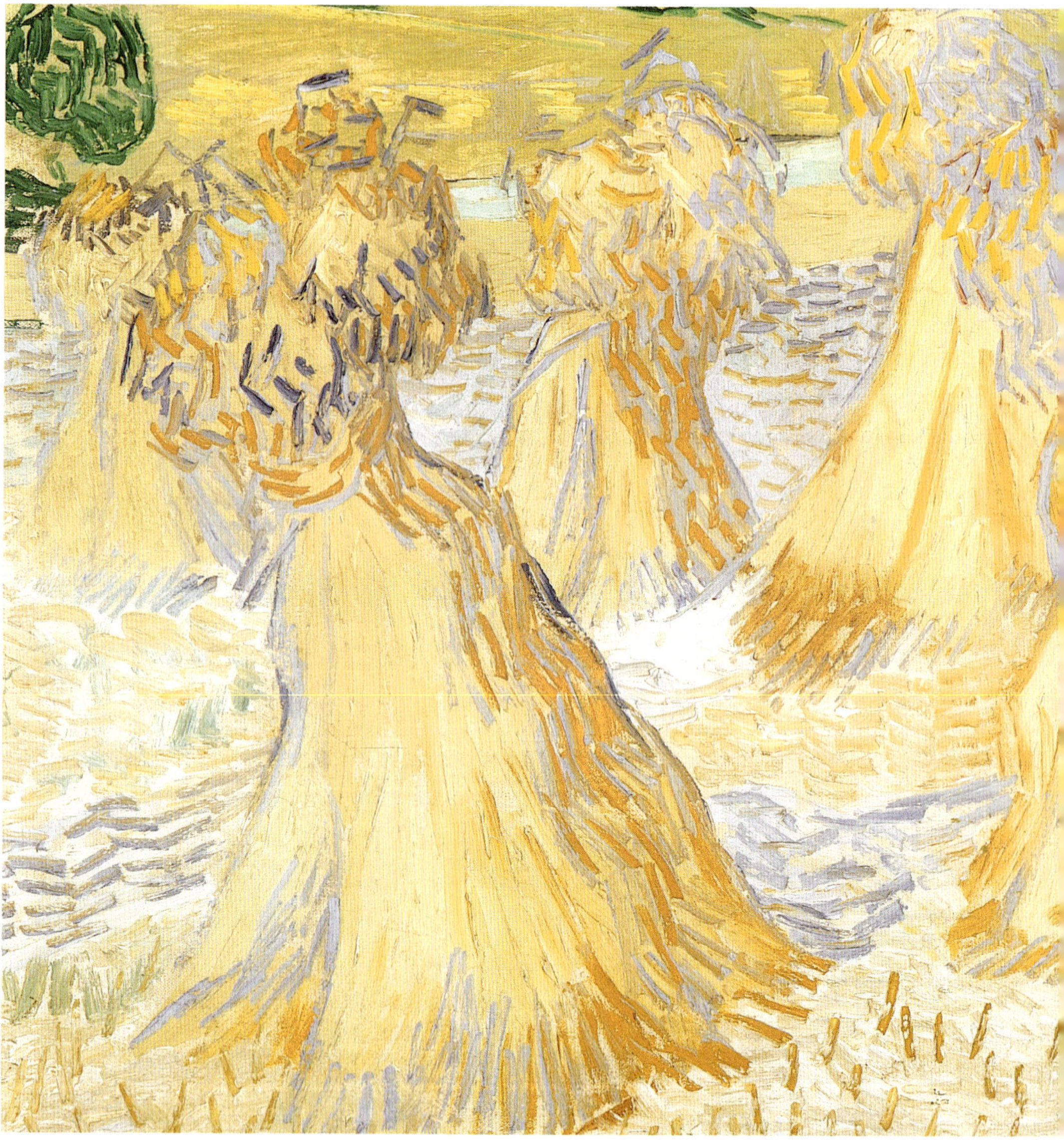

图190
《麦垛》
1890年
布面油画
50.5 cm × 101 cm
达拉斯美术馆

对大地的执着 凡·高的最后时光

300 凡·高

图191
《树干与根》
1890年
布面油画
50.5 cm × 100.5 cm
凡·高美术馆
阿姆斯特丹（文森
特·凡·高基金会）

对大地的执着　凡·高的最后时光

乐",也应该是一种粗腔横调的吵闹。大量的日晒侵蚀,让我们好像重新看到了《根》(图33),在那幅画中凡·高面对风暴的威胁,看到了一种"对土地强迫的、充满激情的执着"。凡·高的这幅《树干与根》延续了这个主题,而且将画面的抽象表现力几乎推到了极致,他对未来绘画艺术做出的最大贡献也在于此。

尽管《树干与根》暴露了凡·高紧张的心灵,但并没有进一步预示出自杀的信号,反而展现了他对于大地近乎任性的执着。凡·高的自杀很可能是没有预谋的,甚至是心不在焉的行为,在他的作品中没有任何预兆。

1890年7月27日,星期日,黄昏时分,艺术家站在小镇附近的麦田中开枪自杀。子弹只是射在了心脏下方,可见他当时是多么地犹豫不决。凡·高拖着重伤的身体回到了阁楼卧室,旅店老板听到了他在痛苦地呻吟,慌忙叫来了一位本地医生。在凡·高的一再坚持下,加歇医生也赶来了。经诊断,子弹已经无法取出,医生们束手无策,他则神志清醒地在那里抽着他的烟斗,听天由命。根据加歇回忆,凡·高当时说如果再这样耗下去的话,他一定会再给自己来上一枪的。

由于凡·高拒绝透露弟弟的地址,加歇只得向波索德和瓦拉东画廊发去消息。当提奥周一赶到奥维尔的时候,凡·高已经奄奄一息。提奥尽力安慰着哥哥,试图像在阿尔时候那样让哥哥振作起来,但是这一次凡·高真的是死意已决。在兄弟的陪伴下,凡·高表达了自己的遗愿"让我就这样离去吧"。最终,他在7月29日的第一个钟头永远地离开了人间,享年37岁。

凡·高当地和巴黎的朋友们(包括伯纳德和唐居伊)在周三聚集到他生活和死去的旅店房间。他的画架、凳子和画笔摆放在由他喜爱的向日葵和大丽花装饰的棺材前面,周围的画作中显露出了那张《圣殇图》。加歇医生简短的悼词多次被伤心的泪水打断,棺木在烈日之下被抬到山顶墓地下葬,提奥守在一旁悲痛欲绝,泣不成声。伯纳德哀叹道:"在美好的蓝天之下,你终于可以俯瞰这片收获之地了!"

超越生命　凡·高的后世声望

9

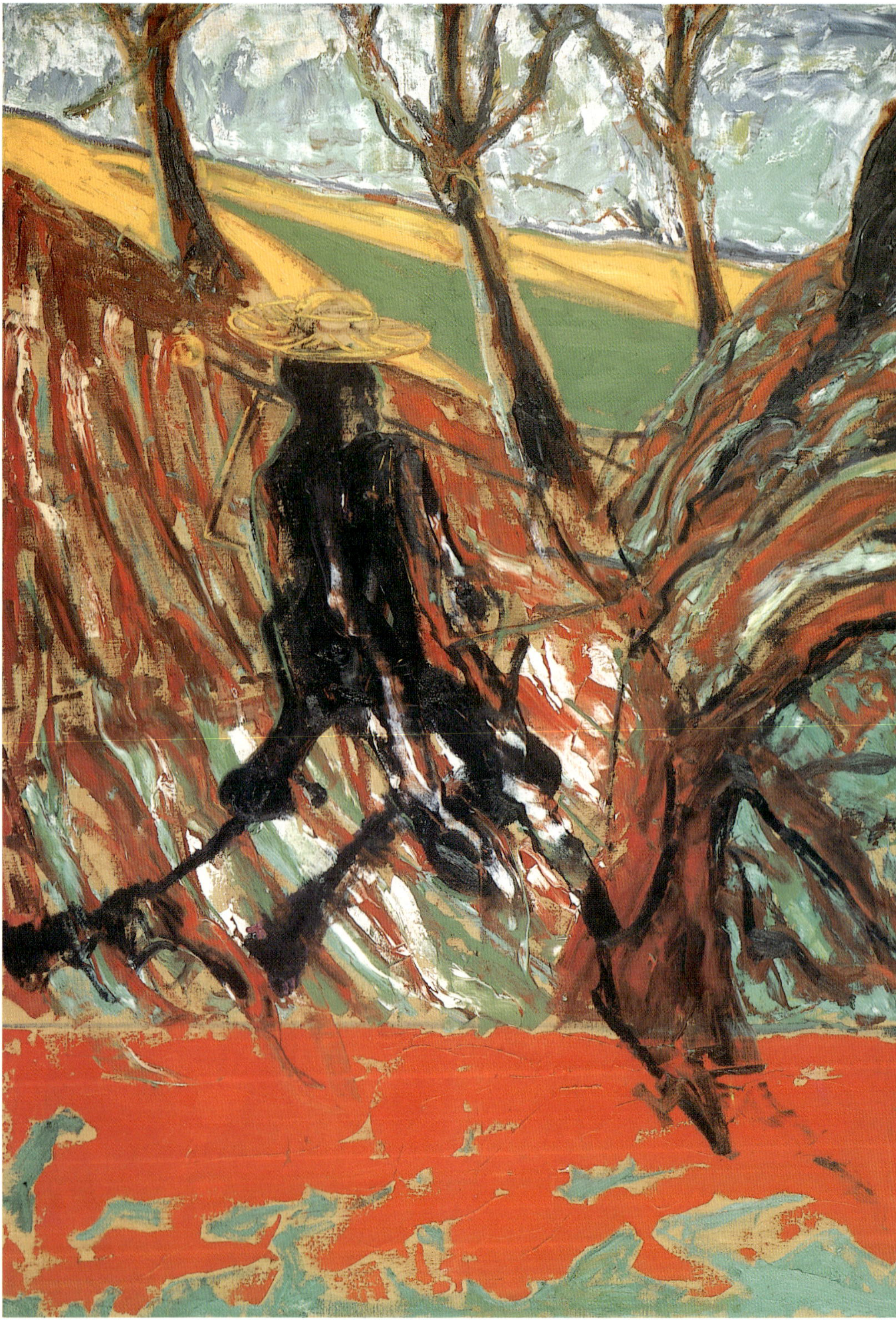

图192
弗朗西斯·培根
《文森特·凡·高的肖像画习作之六》
1957年
布面油画
198 cm × 142.2 cm
艺术委员会收藏
伦敦

作家、批评家奥克塔夫·米尔博在1891年批评学院派大师欧内斯特·梅索里埃去世时的盛大场面时，在《巴黎回声》中写道：就在几个月前，一个年轻的荷兰画家几乎不为人知地自杀了，这是一个"对艺术来说无比悲哀的损失"。

"没有民众来参加这场高尚的葬礼，可怜的文森特·凡·高，他的死亡意味着一种美丽的热情与天才的消逝，和他活着时候一样没人关注、默默无闻……"

尽管凡·高的早期崇拜者经常这样描述对他的感情，但这种对凡·高绘画生涯的看法忽视了故事中的某些方面：他与艺术世界的联系，弟弟提奥的资金支持，他关系良好的核心朋友圈子以及在死前数月中越发具有觉悟的作品。如果说他缺少像梅索里埃这样的艺术家的知名度的话，这位从事绘画仅有不到十年的时间、自学成才的荷兰人，其实在巴黎时就已经颇有精进了（尤其是他决定搬到普罗旺斯的那个时期），而且当凡·高结束了自己的生命之后，他在比利时和荷兰也开始有了很高的名望。

尽管凡·高很矛盾要不要把作品展示出来，但自1887年开始，他的画作开始在巴黎越来越多地亮相，塞嘉托莉就曾经用他的作品装饰自己的咖啡馆（图89），安德烈·安托万在自己的剧院里将《阿涅尔阿尔让松小路》（图 83）悬挂在修拉和西涅克作品的旁边，后来唐居伊老爹也开始在店里展示凡·高的作品（据凡·高自己说，他第一次卖画就是老爹用几块法郎收了他的几幅肖像画）。在凡·高就要离开巴黎之际，他在米莱餐厅第一次将自己最新的作品向公众做了展示。尽管很少有观众进来参观，但画商 P.F. 马丁还是来了，并且打算带走一部分作品做委托销售。

凡·高刚刚离开巴黎，提奥就开始维护哥哥慢慢增长的名声。他有意无意地在波萨德和瓦拉东画廊展示哥哥的作品（也展出过高更和其他艺术家的作品），在公寓里也挂满了画让鉴赏家来观摩。他还为哥哥的公开展览进行了幕后策划，面对着来自哥哥和艺术世界的双重阻力。1888 年秋天，凡·高拒绝了爱德华·迪雅尔丹要在《独立杂志》办公室为他做展览的邀请，他认为那是一个标新立异的地方，并称之为"黑洞"，那里平时往来出入的都是象征主义作家，他们对凡·高的浓厚兴趣非常令人意外。凡·高富于哲理地调和了一种暗示的、基于理念的艺术（而且比一些人标榜的更加像一位"象征主义者"），尽管如此，他还是不喜欢象征主义者将"最明白不过的事物"也要搞得迷乱不清的方法，而且除了期刊怪异的办公地点让他反感之外，他还察觉到了编辑的精英主义倾向，于是展览便因此搁置起来。凡·高自己选择了沙莱餐厅作为展览地点，说明他恪守了人民艺术为人民的承诺。他对迪雅尔丹展览提议的反应可能也受到了高更的影响，因为高更非常憎恶《独立杂志》对他所讨厌的新印象主义的鼓吹。

凡·高明显对独立艺术家社团（1884 年因为官方沙龙展的排外政策而感到失意的艺术家们自发成立的社团）组织的展览抱有更多的热情。尽管凡·高在巴黎并没有和独立艺术家一同展出过，不过在 1888 年到了阿尔之后，他同意提奥提交的满怀理想抱负的《巴黎小说》（图 109）和两幅蒙马特风景画参展。随后的一年，凡·高的两幅令人惊艳的作品入选了独立沙龙展：圣雷米时期的《鸢尾花》

和《罗讷河上的星夜》。这些作品中"凶狠的厚涂画法"和生动的"交响乐似的"用色引起了艺评家乔治·勒孔特的关注。同时，凡·高也得到了象征主义者古斯塔夫·卡恩和米克斯·费内翁不温不火的赞扬。

凡·高还获得了象征主义诗歌批评家乔治·阿尔伯特·奥里耶的支持，奥里耶同时谴责学院派的理想主义和自然主义的唯物主义，追求形式与内涵合二为一的以观念为驱动力的艺术。在伯纳德给他展示过凡·高的一些信件和画作后，奥里耶到提奥和唐居伊那里观摩了更多的作品。1889年春天，他曾在自己主编的一本杂志《现代主义者》中赞美凡·高的绘画"热情似火、强烈、充满阳光"。

可能预料到凡·高会表示反对，提奥在信中只是略微提了下奥里耶的党派偏见。另外，因为对象征主义者有所质疑，凡·高似乎经常对来自各界的批评、赞美保持着对抗的态度。当画家J.J.艾萨克森在荷兰杂志《画夹》中的定期栏目"法国来信"中称他为"独一无二的先驱者"的时候，凡·高反驳了其夸大其词的赞美并抱怨道："我倒宁愿他什么都别说。"然而，提奥却是一直非常欢迎媒体记者上门采访（荷兰摄影师兼批评家扬·费特和阿姆斯特丹报纸《每日商报》驻巴黎通信记者约翰·德·梅斯特都曾在1889年来到住所拜访凡·高），这无疑激发了奥里耶的兴趣。

奥里耶对凡·高较为成熟的思考在《法国墨丘利》的发刊词中得到了体现。这篇名为《孤独的人》的文章成为他介绍当代艺术家的系列评论的第一篇。奥里耶大标题中的"孤独"，按照象征主义者的看法，就是有意地从整个世界中分离出来以寻求强烈情感的意思。他对凡·高的介绍将画家"类似超现实"的意向带来的"令人困惑的陌生感"所产生的精神光辉，同奥里耶鼓励艺术家要远离的日常现实进行了对比。正如他觉察到一种能够反映凡·高的荷兰传统根基的现实主义倾向，奥里耶强调了凡·高对通过"线条、形状以及更多色彩的神秘特征"所获得的变形效果的长期关注。奥里耶记录了凡·高在"象征表现的过程中"如何运用"色彩与线条构成了令人目眩的交响乐",公开宣称凡·高既是一个现实主义者,又是一位象征主义者,尽管"他感到需要不断地在物质的遮蔽下……隐藏自己的想法"。奥里耶同时指出了凡·高绘画中的"无节制的狂欢"和"无所畏惧的简化",赞美了蕴含其中的暴力、天真以及酒后疯癫的表现。

作为将凡·高的画风同精神疾患联系起来的第一人,奥里耶通过画家的"疯狂"确立了凡·高成为古老的"幻想家俱乐部"成员的资格,这类人物富于创造力的幻想皆源自自身理智的丧失。早在公元1世纪时,剧作家塞内卡就曾经写道"没有些许的疯狂就绝不会有伟大的天才"。尽管凡·高是自愿地入院治疗且只是间歇性地失去理智,奥里耶的批评却还是强调了他"精神错乱"的一面,以此作为一种对画家风格特质的解释,这些特质有的非常野性迷人,有的则晦涩费解、烦乱、"不健康"。

奥里耶声称那些"懂得如何欣赏艺术的人们"很容易理解凡·高在绘画的"形态范围"内加入的意义("想法"),凡·高曾经这样表达他的心愿,"要按照这样的方式作画,所有的人,只要他们长着眼睛,就能够看懂我的作品",于是奥里耶便让自己成为了凡·高期待的那种观众。不管怎样,凡·高还是被《孤独的人》吓到了,他写信给奥里耶指出批评家的文章将他的作品渲染得"比实际情况更好……更丰富,充满了各种意义"。凡·高一直致力于让自己的艺术能够获得大众的关注,而奥里耶总是强调作品中的深奥晦涩的方面让他感到很不自在。凡·高觉得自己被贴上"与世隔绝"的标签无疑是一种蔑视。虽然(或因为)他的艺术生活和与朋友们的联系中断了很久,他此时强烈地渴望实现一种协同创作的理想。为了对奥里耶的奇特观点进行纠正,凡·高强调自己受到了其他很多艺术家的影响,从高更和蒙蒂塞利到梅索尼埃(奥里耶还曾经谴责过梅索尼埃)和毛沃都对他颇有教益。

凡·高很困惑为什么奥里耶能将自己想从作品中抹去的那些精神不正常时涂绘的痕迹形容成优点。他宣告自己只是个极度平凡的人。在给提奥的信中,凡·高坚称:"我宁愿做一个色彩的补鞋匠而不是音乐家。"他又对威尔说:"奥里耶论述的观点并不是我的个性,因为我们这样的印象派画家全都……多少都有点神经兮兮的。"尽管如此,凡·高还是叮嘱提奥要尽可能地传播《孤独的人》,并送给奥里耶一幅油画以示感谢。

奥里耶这篇文章的缩编版本刚好在1890年1月开幕的布鲁塞

图193
《红色葡萄园》
1888年
布面油画
75 cm × 93 cm
普希金国家美术博物馆
莫斯科

尔年度展期间再次发表了。此次前卫画展由比利时"二十人小组"策划,凡·高选送了两幅《向日葵》和四幅普罗旺斯风景画。鉴于独立沙龙展是一个不用评审的大聚会,其中充斥着各种信仰相异而且水平参差不齐的艺术家,所以这次由"二十人小组"策划的展览仅限于被邀请的艺术家参加。凡·高的画和塞尚、雷诺阿、西涅克、西斯莱以及劳特雷克的作品挂在了一起,说明他的艺术已经开始具有了一定的影响力。1890年,通过"二十人小组"的运作,画家安娜·宝赫(凡·高朋友尤金的姐姐,魏茵提斯茨委员会成员)花了400比

超越生命 凡·高的后世声望 309

利时法郎购买了凡·高送展的《红色葡萄园》。在这次成功之后，凡·高在 1890 年的独立沙龙展中引发了一次小轰动。莫奈和提奥说凡·高参展的一幅油画向日葵和九幅圣雷米风景是展览中最好的作品，而且高更和吉约曼都打算和凡·高交换一幅参展画作。

凡·高之死为此前已经很好的发展势头进一步添加了动力。随后提奥在给母亲的信中说："现在，经常都在发生着，所有人都对他的天才充满了溢美之词。"这些赞美主要集中在风景画方面，尽管凡·高在巴黎逐渐增长的声望因为他两个最为忠实的支持者——提奥和奥里耶的突然死亡（提奥因梅毒导致痴呆而被迫入院就医后不久，于 1891 年 1 月去世；奥里耶则在 1892 年死于食物中毒）而放慢了速度，不过凡·高还是以其充满幻想的泛神主义而名满天下了。随后他的作品由提奥的遗孀乔安娜运回了荷兰，在她的配合下，西涅克在 1891 年的独立沙龙上为凡·高策划了一次回顾展，当时米尔博为这位艺术家"福音传播者"宣读了饱含感情的悼词，"他始终不得安宁、受尽折磨……永恒地迈向了巅峰"。此后直到 1901 年，米尔博再也没有为凡·高写过文章（尽管当时他买了一些凡·高的精品，其中包括《鸢尾花》和《唐居伊肖像》）。

多亏伯纳德和诗人兼批评家朱利安·勒克莱尔的努力，凡·高的理念得以通过他的书信在公众之中传扬。1894 年，西涅克在日记中写道"现在的年轻人对凡·高充满了敬佩"（这里可能是指 1890 前后的法国独立绘画圈子，其中包括画家莫里斯·丹尼斯、保罗·塞律西埃和爱德华·维亚尔）。然而，就像凡·高自己曾经觉悟的，"画家应该通过自己的作品同下一代人进行对话"，因为画作一旦消失了，批评讨论就会随之萎靡。唐居伊老爹的商店在乔安娜离开巴黎后也仅仅支撑了三年。在这位画材商人在 1894 年去世之后（老爹持有的店铺股份也随之散尽了），画商安布鲁瓦兹·沃拉尔在他巴黎的画廊为凡·高举办过两次画展，但产生的影响很小。

凡·高死后十年间，他产生的文化震撼开始向北方转移。乔安娜·凡·高-邦戈回到祖国安顿下来之后，马上开始着手提升凡·高在荷兰的声望（凡·高的作品从未在荷兰展出过）。凡·高在荷兰的第一批支持者是在国外看过他的作品的人：象征主义者让·图洛普（1858—1928年），参观过1890年"二十人小组"策划的展览；通信记者艾萨克森和德·梅斯特；乔安娜曾在1890年秋天请到巴黎诊治提奥恶化的病情的老熟人，精神病医生兼小说家弗雷德里克·凡·伊登。

在荷兰，对凡·高艺术的早期评论（按照米尔博的方法）主要聚焦于他的扭曲、情感和在精神上对人物角色的探求。他的每幅作品对于作者来说都是独一无二的。艾萨克森强调了凡·高英雄般的主体性，而德·梅斯特的感觉则更偏向社会主义而非个人主义，所以他将凡·高看作推动民主的现实主义者（而不是奥里耶评论的那种孤立的象征主义者），认为凡·高在荷兰时期的作品充满了对底层阶级的执着之情。凡·伊登（凡·高很喜欢的作家）如是评价凡·高的绘画：一个门外汉都会被画作之美所倾倒，一个精神病学家会被作者的传奇经历所吸引，一个文化精英会将画家置于"普通大众称之为疯子的那些高贵而且不朽的人物中间，在我们的眼中，他们就是圣人"。凡·伊登在《新指南》中发表的评论文章让本地批评家R.N.罗兰德·霍尔斯特很懊恼，他警告人们不要透过凡·高的个人悲剧去看待他的艺术。不过他后来也承认，无论如何，"那些鼓吹者和作家们还是会继续将凡·高当作圣徒或者殉道者去赞美，这个事实已经无法改变了"。

罗兰德·霍尔斯特认为这些作品"粗糙""激烈""令人不安"，和荷兰民众熟悉的印象派作品完全不同，相信凡·高的艺术完全可以凭借自身固有的优点获得成功，而不需要去渲染艺术家生活的悲惨。霍尔斯特第一次见到凡·高的画作是1892年早期在阿姆斯特丹画廊由图洛普帮忙组织的小展览上。图洛普是魏茵提斯委员会成员，非常熟悉法国模式，从布鲁塞尔旅居归来之后成为荷兰文化

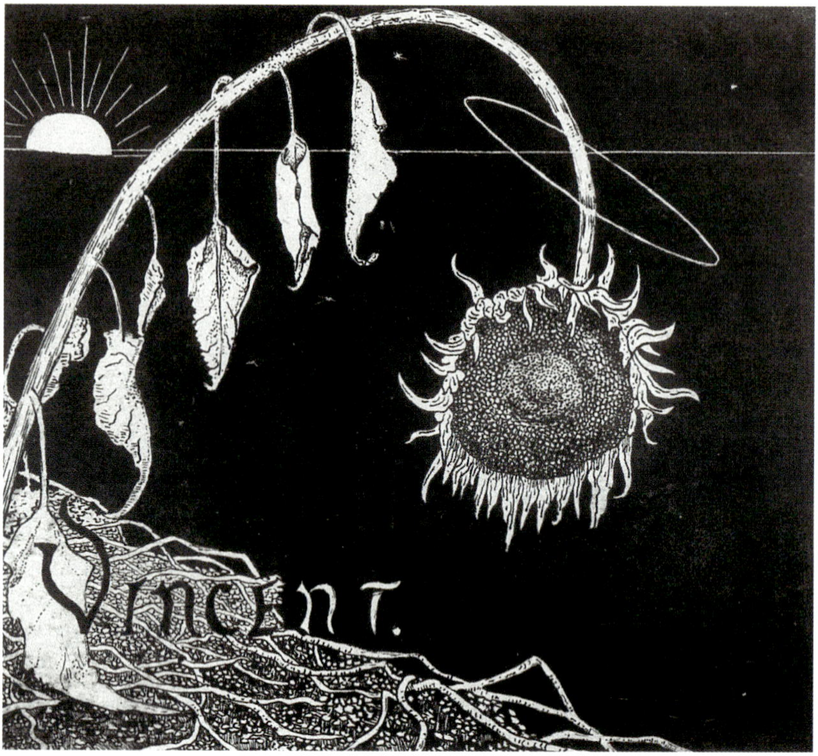
VINCENT.
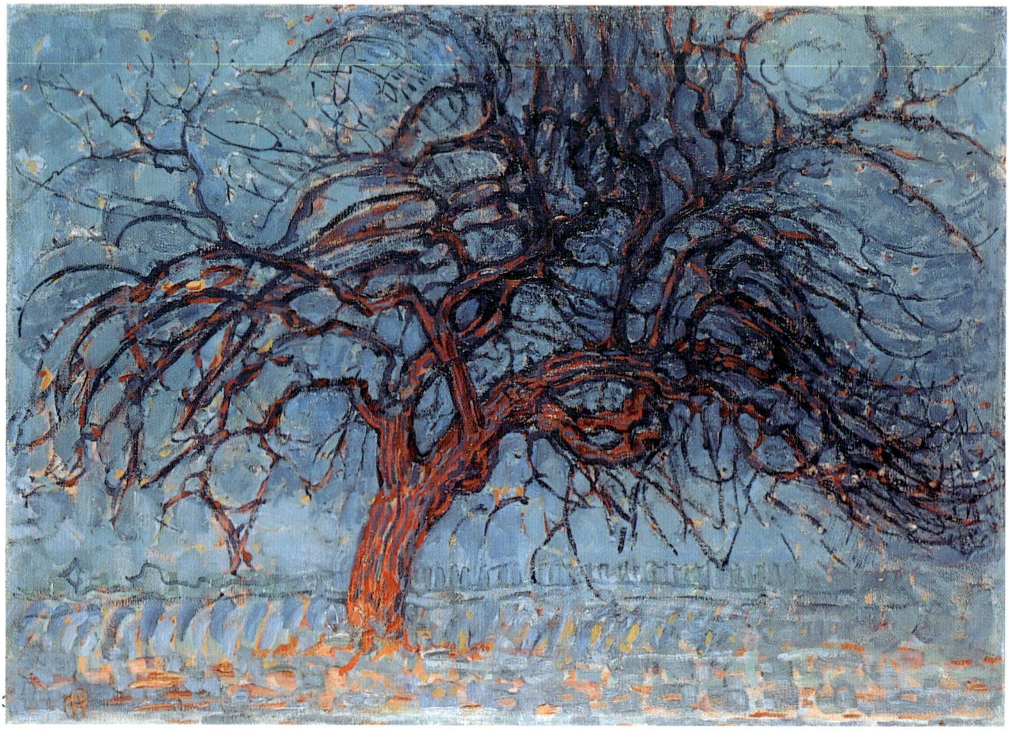

生活的重要推动者。尽管图洛普并不是特别喜欢凡·高的题材,但在阿姆斯特丹展览之后,他变成了凡·高的支持者,并积极策划在海牙继续为画家举办一次纪念展。因为海牙展览之前罗兰德·霍尔斯特刚刚于1892年12月在阿姆斯特丹全景画廊举办了一次全面的回顾展,所以海牙大展的规模更大,持续时间也极长。展览目录第一次将凡·高在信中对自己作品的解读收纳进来。这本简介起到了非常重要的作用,并且由罗兰德·霍尔斯特绘制了封面。霍尔斯特用一株带有灵晕光环的在太阳落山之际根深蒂固却又无力低垂的向日葵作为凡·高的象征(图194)。

向日葵,在传统意义上总是与忠诚联系在一起(因为它们始终朝向东方的圣光),凡·高在阿尔时就已经表达过这个观点。在1890年,他选择了这些油画花卉参加"二十人小组"和独立沙龙的展览,奥里耶称之为"太阳神话"中的"植物明星"。加歇医生最后在凡·高的棺木上放置的也是向日葵,伯纳德认为它们象征了病人"在绘画和心中梦寐以求"的圣光。向日葵成了凡·高的爱慕者们在他死后精心打造的角色替身,它们太阳般的颜色和形状使人们想起了驱动画家进行艺术创作的精神与肉体上的光明,同时向日葵花头灵晕光环似的花瓣也暗示了他的至善圣洁。

在19世纪90年代中期,凡·高已经成了祖国的文化英雄。他极具爆炸性表现力的作品反映了现代社会的内在张力,同时,在对心灵的追求中,他突破了陈规惯例,以其基督式的草根出身而为人敬仰(他年轻时的改宗经历在这种关系下被重新唤起了)。凡·高在社交上过于与象征主义的"孤独"相互关联,然而大众对他普遍的想象总是疏离的。早期评论将凡·高的精神病与画风绑定得如此紧密,以至他的技法流程已经无法从其"独一无二"的个人特质中分离出来了,因此凡·高的绘画是无法仿效的。即使图洛普和罗兰德·霍尔斯特这样的终极狂热者也难以在他的作品中找到有条理的头绪。

直到1905年,阿姆斯特丹市立美术馆再次展出了凡·高近500

图194
理查德·罗兰德·霍尔斯特
《文森特》(展览目录封面)
1892年
库勒-慕勒美术馆
奥特洛

图195
皮耶特·蒙德里安
《红树》
布面油画
70 cm × 99 cm
1908年
库勒-慕勒美术馆
奥特洛

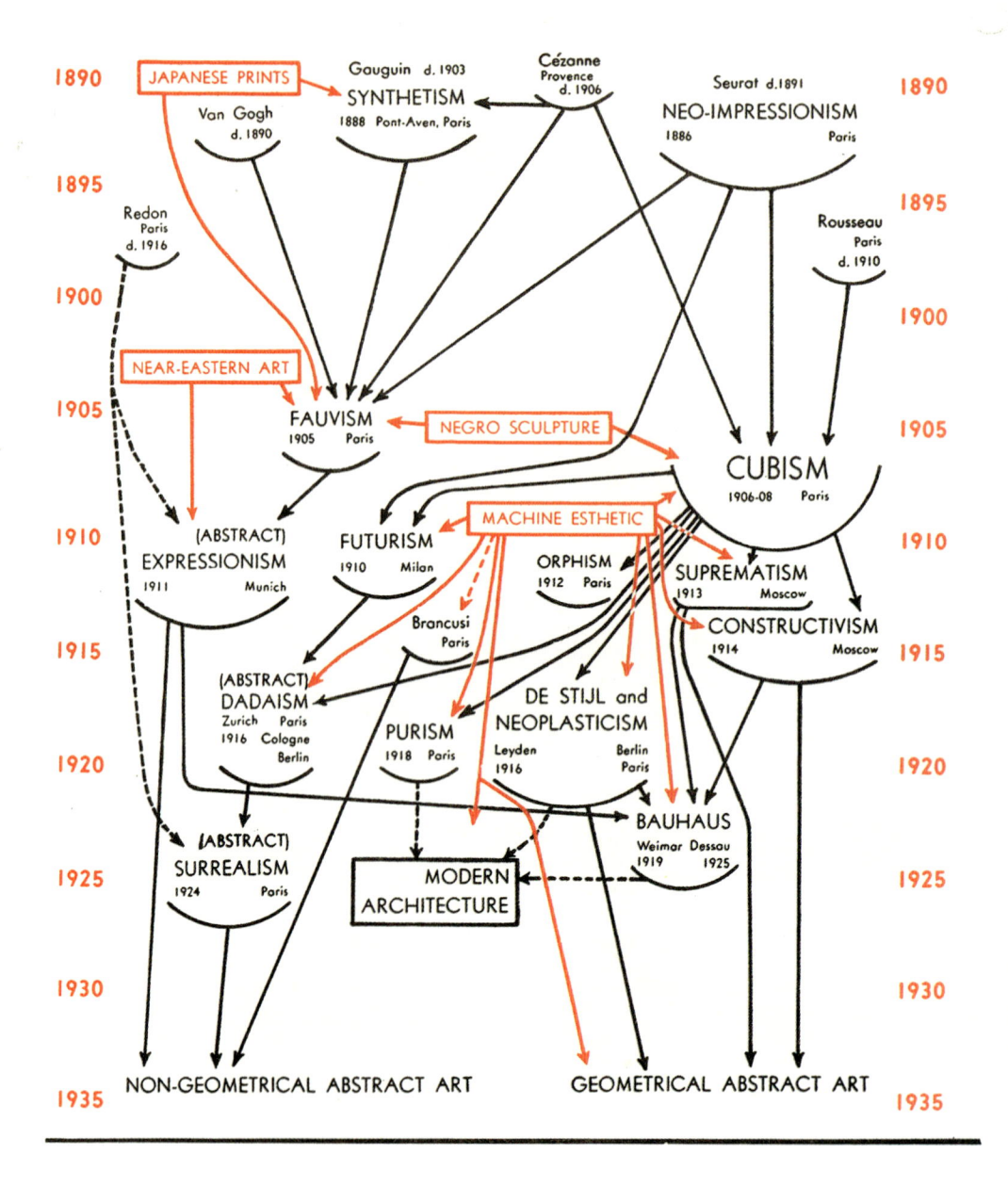

1890	JAPANESE PRINTS — Gauguin d.1903 / Cézanne Provence d.1906 / Seurat d.1891	1890
	Van Gogh d.1890 — SYNTHETISM 1888 Pont-Aven, Paris — NEO-IMPRESSIONISM 1886 Paris	
1895		1895
	Redon Paris d.1916 — Rousseau Paris d.1910	
1900		1900
	NEAR-EASTERN ART	
1905	FAUVISM 1905 Paris ← NEGRO SCULPTURE — CUBISM 1906-08 Paris	1905
1910	(ABSTRACT) EXPRESSIONISM 1911 Munich — FUTURISM 1910 Milan — MACHINE ESTHETIC — ORPHISM 1912 Paris — SUPREMATISM 1913 Moscow	1910
1915	(ABSTRACT) DADAISM Zurich Paris 1916 Cologne Berlin — Brancusi Paris — CONSTRUCTIVISM 1914 Moscow	1915
1920	PURISM 1918 Paris — DE STIJL and NEOPLASTICISM Leyden Berlin 1916 Paris	1920
1925	(ABSTRACT) SURREALISM 1924 Paris — MODERN ARCHITECTURE — BAUHAUS Weimar Dessau 1919 1925	1925
1930		1930
1935	NON-GEOMETRICAL ABSTRACT ART — GEOMETRICAL ABSTRACT ART	1935

幅作品,他的风格已经影响了图洛普圈子中的很多青年艺术家,其中就包括皮耶特·蒙德里安(1872—1944年),此时他已经沿着凡·高生前好友布莱特纳的轨道开始了自己的职业生涯。凡·高的画作给世俗的主题带来了令人迷醉的光环,蒙德里安经历了一次简短的"凡·高阶段",并在1908年达到了一个高峰。按照他自己的说法,后来放弃这个方向是因为他要在"自然色彩和纯粹色彩"中寻求"一种新的方式来体现自然之美"。蒙德里安的《红树》(图195)和一系列令人回味的枯花(包括向日葵)的图画证明了他的作品和凡·高油画表面触感之间的关联,他使用充满活力和非自然的颜色来描绘植物,通过这种方式来灌注情感。尽管阿尔弗雷德·巴尔的著名的现代主义流程图将他们放到了两个对角(图196),凡·高对纯色表现能力的发掘可能还是间接地影响了蒙德里安后来发展出来的动态色彩的网格形式和单独通过线条和色彩来进行表达的极简主义绘画。

图196
小阿尔弗雷德·巴尔为"立体主义和抽象艺术"画展目录封套制作的图表
现代艺术博物馆
纽约
1936年

诸如蒙德里安的《红树》这样的向凡·高致敬的作品在荷兰很少见,在那里人们的兴趣主要集中在艺术家的个人形象上面,尤其在1914年凡·高的书信集出版之后(由提奥的遗孀乔安娜组织编辑,以家族史和个人回忆录作为前言)。以前从国外传播过来的关于凡·高的研究在凡·高的祖国总显得有些外国腔调,所以现在好像连荷兰的画家们都更加痴迷于朱斯特·哈维拉对凡·高"悲剧人生"长篇的研究(1915年)。

凡·高的成熟模式诞生于法国,所以在那里他更容易被接纳。巴黎人对他的兴趣被勒克莱尔于1901年在贝尔南-热纳画廊策划的展览重新点燃了。这次展览带来了一系列连锁反应,引起了批评界的广泛关注(通过米尔博和其他人),已经开始购买凡·高的作品的亨利·马蒂斯(1869—1954年)也到场参观了展览,并且在那里遇到了他未来的同伴安德烈·德朗(1880—1954年)和莫里斯·弗拉蒙克(1876—1958年)。而保罗·毕加索(1881—1973年)是在1901年末搬到巴黎来的,所以没有看到这个展览,尽管如此,

图197
巴勃罗·毕加索
《卡萨吉玛斯之死》
1901年
木板油画
27 cm×35 cm
毕加索美术馆
巴黎

他依然接纳了凡·高。毕加索决定模仿凡·高的风格来为一位射杀自己的艺术家朋友创作一幅死后的肖像画，以此来表现他对荷兰人悲剧故事的认知（图197）。《卡萨吉玛斯之死》不但在母题（显示的伤口和燃烧的蜡烛）和色彩丰富的厚涂画法上和凡·高很相似，在情感层面也让人想起了凡·高的作品。

尽管在1901年就已经吸引了诗人和批评家安德烈·丰泰纳的注意，凡·高的作品还是花了很长时间才在法国绘画上刻上了强有力的烙印。丰泰纳评价了凡·高用色的随意性，他在《法国墨丘利》上撰文指出，艺术家通过将色彩从模仿的功能中释放出来，"让色彩发出了歌唱"。奥里耶将凡·高的色彩看作为潜在观念服务的"象征过程"的组成部分；丰泰纳与此相反，他认为这是一个更加自发的过程，色调可以脱离母题，直接地进行表现。直到1905年在独立沙龙展中为纪念凡·高去世15周年举办了回顾展，他毕生作品的脉络才被画家们完全认识清楚。很多艺术家都受到了凡·高随心所欲的用色、笔触以及朴素主题的刺激，马蒂斯、德朗、弗拉蒙克和鹿特丹出生的凯斯·凡·东根（1877—1968年）都名列其中，独立沙龙之后他们一起锻造出一种团体风格，在那年的秋季沙龙中集体亮相的时候，这种风格为他们赢得了"野兽派"的名号（图198）。

野兽派迅速引人注目地火爆起来，在20世纪头10年中期达到了弗拉蒙克所谓的"最大强度"，随后法国的凡·高时尚热潮开始迅速降温。当1908年贝尔南-热纳画廊再次举办凡·高回顾展的时候，前卫已经向下一步继续发展了。这里的下一步指的就是塞尚（于1906年去世，秋季沙龙为他做了纪念展）。凡·高与法国画家联系极其密切，但是接受了塞尚的空间和形式分析方法的法国画家们是个例外，他们抛弃了凡·高的方式。塞尚作品的井然有序吸引了法国艺术家和观众们对古典艺术根深蒂固的喜爱，而且他"庄严的"题材也非常符合第一次世界大战之前那几年笼罩着巴黎的忧郁气氛。虽然凡·高的创新为法国现代主义者所认可（他此后一直被看作野兽派之父，图 196），但他真正的贡献引起的关注却远远不及他的个人传奇，这些传说现在已经变成了引人注目的浪漫故事：一位被毁谤的天才艺术家为了自己的艺术而受尽苦难。

在 19 世纪以前，欧洲的画家通常都是受人尊敬的专业人士，同委托他们工作的富有的赞助人关系密切。但有些艺术家却背叛了学院阶层和那些历史悠久的主题、具象的陈规惯例和技术流程，经常为了艺术自由而牺牲物质赞助。19 世纪的历史画充满了这样的反叛。印象派的辩护者西奥多·迪雷在一项专题研究中就是按照这种方式来评述凡·高的，他注意到一个有关这个荷兰人的普遍观点：在凡·高的色彩理论和笔法过时之后，他不屈不挠的艺术意志依然被人们长久地赞美着。他孤军奋战实现了一个令人叹服的个人愿景，他对商业和批评上的成功漠不关心的态度也堪称后世典范。正如毕加索后来的评论所言，凡·高"本质上的孤独和悲剧经历"成就了"我们这个时代"典型艺术家的传奇故事。

凡·高的作品在德国长期以来被认为是倾向自然崇拜和表现主义的艺术。例如，评论家阿尔伯特·德雷福斯注意到了"画家个性中的德国浪漫主义"，保罗·费希特则在他的画中发现了"不可思议的哥特品质"。德国美术史家和美学家朱利叶斯·梅耶尔·格拉菲 1893 年在巴黎第一次购买了凡·高的作品，他在巴黎生活了九年，已经培养出了那些患上恐法症的同胞们完全拒绝接受的欣赏品位。梅耶尔·格拉菲开始将凡·高看作了装饰性目的，程式化地描绘自然的印象派画家，但随后的 20 年间，他慢慢地探究了凡·高的为人及其作品的完整面貌，他的评论也随之充满了变化，甚至让凡·高呈现出了相互矛盾的人物个性（比如既是无政府主义者又是传统主义者）。梅耶尔·格拉菲最终为凡·高英雄式的理想主义选定了一个超验的、与历史无关的形象，认为他的图画源自人类与自然之间的本质主义对抗，而这些伟大的艺术作品就是这场斗争的战利品。在印象派研究传记《文森特》（1921 年）一书中，梅耶尔·格拉菲

图198
莫里斯·弗拉蒙克
《夏图的房子》
1905—1906年
布面油画
81.9 cm × 100.3 cm
芝加哥美术学院

对凡·高个人传奇的痴迷由衷地显现出来，他将这本书的副标题定为"一个寻觅上帝的人"。

与此同时，各种凡·高画作的私人和公开的展览催生了柏林和慕尼黑的文化温床，并按照他们的方式影响了德国的其他城市。由于画商保罗·卡西尔的大力推广，凡·高画作在德国的销售量迅速超过了法国。在1901年贝尔南-热纳画廊"发现"了凡·高之后，卡西尔便把他的作品安排进了德国分离画派的年度大展中，1903年的慕尼黑分离画派展览他也是如法炮制。1905年，卡西尔策划了凡·高的专题展，在德累斯顿开馆之前，先从柏林到汉堡和维也纳做了巡展，辉煌的作品成就和外露的情感引起了刚刚成立的桥社的关注。桥社的创始人恩斯特·路德维希·基尔希纳（1880—1938年）、埃里希·黑克尔（1883—1907年）和卡尔·施密特-罗特鲁夫（1884—1976年）十分重视原创能力，所以后来他们都逐渐摆脱了凡·高尖锐的风格影响，被人们称为表现主义画派。从其情色和异域情调来看，表现主义艺术家的成形还受到了高更和马蒂斯的影响，甚至桥社的风景画还能够经由野兽派追溯到凡·高那里（图199）。无论如何，桥社的反对者还是将他们打上了"凡·高模仿者"（弗里茨·凡·奥斯梯尼的说法）的烙印。就像斐迪南·阿芬那留斯在1910年指出的：

"凡·高已经死了，但……每个人都被'凡·高化'了。那些健全的人们，可以在办公室或艺术家工作室里进行心安理得并且有效的表演……折磨他们的艺术感官直到抽搐不已。然而他们所发出的，只是许多的尖叫罢了。"

基于上述言论，我们就可以理解为什么桥社艺术家在思想上和凡·高发生关联的同时又否定凡·高了。和凡·高一样，基尔希纳和他的朋友们都是自学成才，对学院的疏远给他们的作品带来了视觉新鲜感，帮助他们从传统的幻觉主义中摆脱出来，支持主要通过变形和夸张来表现精神张力的个人风格。

凡·高的艺术形式对于青骑士社的影响很难同高更、蒙克、野兽派、"俄尔普斯主义"画家罗伯特·德劳内（1885—1916年）及其成员们所喜爱的巴伐利亚民间艺术割裂看待。此外，青骑士社的成员瓦西里·康定斯基（1866—1944年）、弗朗茨·马克（1880—1916年）、奥古斯特·梅克（1887—1914年）、加布里·芒特（1877—1916年）、阿列克谢·亚夫伦斯基（1864—1941年）以及保罗·克利（1879—1940年）都从来没有寻求或实践过一种统一的团体风格。

图199
卡尔·施密特−罗特鲁夫
《丹加斯特的庄园》
1910年
布面油画
86.5 cm × 94.5 cm
新国家美术馆
柏林

不过康定斯基曾钦佩地回忆，1908年凡·高在慕尼黑的展览有如投下了一颗"炸弹"，在他和马克一起编辑的《青骑士年鉴》（1912年）中收录了一幅凡·高的加歇医生肖像画，青骑士社与凡·高之间意义最为深远的联系是哲学性联系。

青骑士社的艺术家们不愿停留于模仿的阶段，致力于采用"音乐性的"绘画来突出表现效果。康定斯基写道："我们没有人要去探求如

超越生命　凡·高的后世声望　　321

何再现自然……我们的目标是赋予内在自然和精神体验以形式。"凡·高在追求一种超越模式,将观众的灵魂震颤,再加上他相信纯色、线条和形式具有象征潜力的坚定信念,指引着康定斯基在1910年开始了一种基于自然却又非具象的绘画方法(图200)——这是一个凡·高在1890年就发现但没有深入探索的领域(见《树干与根》,图191)。

当欧洲大陆艺术家正在20世纪早期开辟新天地的时候,英国画派却显得有些畏缩不前。罗杰·弗莱于1910年在伦敦格拉夫顿画廊组织的法国新兴艺术展览中对凡·高做了推介,尽管英国媒体为这位荷兰"疯子"的作品忙活了一阵子,但是也没有切实提升他的地位。弗莱自己也对凡·高的最终成就有些半信半疑,在1923年参观了在莱斯特画廊的凡·高画展后,他还是很担心凡·高"对材料结构的漠视"和幼稚的"自暴自弃"。弗莱最终判定"凡·高的艺术中存在着一种比任何完满的事物都要更为美丽和有趣的个性"。

图200
瓦西里·康定斯基
《作品五号》
1911年
布面油画
190 cm × 275 cm
私人收藏

两次大战之间的那些年，凡·高的仰慕者们实际上对其品格的热爱已经超过了他的艺术成就，有关凡·高画作的文章、著作也偏重描写画家心灵的扩展和精神的启示，而不关心其形式上的试验和商业性。大众通过20世纪二三十年代对凡·高手稿书信（在1914年首发之后，出现了无数的版本和译本）的阅读以及熟悉他的目击证人的言辞，逐步熟悉了他的作品。哲学家及精神病学家卡尔·雅斯贝尔斯在1923年发表了他所谓的《病历分析》，自此对凡·高完整的批评体系浮出了水面。雅斯贝尔斯对凡·高的作品和信件进行了精神病学评估，结合从画家密友的回忆中得来的确凿证据，做出了这样的结论：凡·高确实患有精神分裂症，并表明正是因为疾病，使得他从禁忌中解放出来，可以无意识地在创作中进行自由发挥。大量对雅斯贝尔斯的诊断的衍生言论和反驳随之而来。在通俗文学中针对凡·高作品的"心理传记学"方法成了一种风尚。

人们对凡·高艺术之外的兴趣急切地建构和消费了凡·高生活的浪漫版本，强调了画家的人生高峰和低谷，略过了他较为平稳的日常工作和生活，以及涉及世俗内容的信件内容（比如牙疼问题或是内衣的形态）。如果说梅耶尔-格拉菲的《文森特》开创了将凡·高生活小说化的趋势，那么欧文·斯通的小说《渴望生活》（1934年）就是这种趋势的终极典范，此书被翻译成了多种语言，最终还被改编成了电影（1956年）。斯通的人物传记是以凡·高那些用来展现生活的画作为创作来源的。对于历史学家A.M.哈马赫尔来说，这种方式在顺序上是颠倒的，妨碍了人们对凡·高作品的"正确理解"，不过他也承认这种处理方式确实让成千上万的人们关注了凡·高的艺术。

《渴望生活》无疑在20世纪30年代中期激发了哈马赫尔所谓的"不可预测的凡·高热"，这个时期美国的观众们热情地接受了这个男人和他的艺术。1913年，纽约声名狼藉的军械库展览收录了凡·高的三幅作品；1920年，纽约蒙特罗斯画廊展出了他的几十幅作品（但一幅也没卖掉）。随后芝加哥艺术学院、底特律艺术学院

超越生命 凡·高的后世声望

和堪萨斯艺术博物馆都收藏了凡·高的画作。然而他的作品在艺术圈之外并不是众人皆知的，直到 1935 年阿尔弗雷德·巴尔在纽约现代艺术博物馆组织了包括 125 件作品的回顾展，并在波士顿、克利夫兰和旧金山巡回展出之后，这种情况才得到了改善。在纽约现代艺术博物馆的展览（1929 年）以及他制作的立体主义和抽象艺术的谱系表（1936 年，图 196）中，巴尔就已经将凡·高当作一位现代主义的创始人了。当巴尔计划在纽约现代艺术博物馆为凡·高做一次专题展时，博物馆的顾问委员会很担心为一个已经死去 45 年的画家做庆典，可能会为这个相对当代的机构招来批评。

而纽约现代艺术博物馆的委托人（其中有五人为展览出借了作品）不为各路反对意见所动，发起了艺术世界的第一次震撼大展。人们甘愿排队数小时，目录销售一空，百货商店里到处陈列着"凡·高色彩"的时尚复制品。据现代艺术博物馆的馆史编纂者罗素·莱因斯的记载，这就是一场凡·高与商业的结合，围巾、浴帘和烟灰缸上面都印着《向日葵》的图案。莱因斯指出，纽约人因为大萧条带来的沮丧和凡·高的个人苦恼相一致，而且他们同时都想通过工作来让自己振作。入场费每人 25 美分，在两个月的运营中，纽约现代艺术博物馆共收入 20000 美元。旧金山的情况甚至还要好些。

尽管博物馆的新闻发布淡化了凡·高传记的轰动效应，全国的报纸还是在宣传斯通的这本叙事详尽的浪漫传记。美术史中的凡·高被现代艺术博物馆的咨询董事会看作一条旧新闻——印象主义的继承人、秘密的象征主义者、现代主义先驱者——被笼罩在"永远迷人"的神话里，凡·高模式在疯狂的天才中催生出来，看上去就像是在欧洲艺术的统一体中自由地飘浮着。沃尔特·帕克的《文森特·凡·高：一个对艺术家及其作品与时代关系的研究》（1936 年）也是旨在将凡·高的作品放置在一个语境关系中进行研究，有意地歌颂这位具有变形能力的艺术家。帕克几年前在对蒙特罗斯展览的回顾中就发现，"凡·高的象征符号就好比是火焰，在消耗掉哺育他的能量的同时回报以力量和光明"。

凡·高的个人英雄主义在美国特别受欢迎，整个20世纪中叶这个国家都沉浸在广为流行的牛仔神话之中。作为社会中的不安定因素，牛仔是一种寻找新天地的粗粝而又自由的精神，一种高贵的孤独者，他们的理想主义经常伴随着一种狂暴的倾向。当抽象表现主义画家杰克逊·波洛克（1912—1956年）在20世纪40年代到纽约寻求发展的时候，就将自己形容成一个枪手式的西部来客。波洛克通过其传说中的个人纵欲过度和过早且暴力的死亡以及很多人看作是一种表露心灵的身体动作技巧同凡·高联系起来。他在20世纪中期的名望和令人震惊的死亡与凡·高的风格和传说产生了新的共鸣，随后在波洛克去世同年上映的电影版《渴望生活》更是将凡·高变成了跨界的荧屏明星，极大地提高了凡·高的声望。

文森特·明奈利导演的《渴望生活》是一个综合了各种真实、捏造、省略和巧妙的修饰的大杂烩，他除了以斯通的畅销书为范本以外，还利用凡·高的信件（将其中的内容加入到影片对话之中）、治疗记录和凡·高的作品本身。影片场景中点缀了很多对画作的拍摄，其中很多著名的作品（《吃土豆的人》《夜间咖啡馆》《画家在塔拉斯贡的小路》）的出现都成了影片中极为生动的桥段。以饰演傲慢的无赖著称的柯克·道格拉斯是一位冉冉升起的新星，在影片中出演了这位天才，这位"温柔""不断与自己斗争"（剧中提奥的用语）的主人公。道格拉斯运用痛苦的表情、紧张的姿态和僵硬的动作来表现精神病人凡·高，这通过其他演员的台词得到了印证。尽管凡·高对伦勃朗、德拉克罗瓦和米勒的尊敬是很明显的，而且《渴望生活》中也记载了很多同伴都对他有过教诲和建议（毛沃、毕沙罗、修拉、高更），但明奈利的凡·高呈现了一个独特的现象，他的作品，就像在高更的电影（安东尼·奎因）中表现的："没有对任何人亏欠任何东西……任何东西。"

明奈利运用以真实主义效果闻名的媒体，以及外景拍摄带来的真实性，为诸如凡·高在帽子上插满蜡烛去画《罗讷河上的星夜》这样的传奇事件提供了永恒的视觉形式和一种确凿性。高更与挥舞着剃刀的凡·高交手的可疑说法，在电影的设定中也变得相对可信了，并且电影版的凡·高之死也加强了那种错误但却又经久不衰的认识：极具戏剧性的《麦田群鸦》（图189）是凡·高的最后一幅作品。明奈利对凡·高在奥维尔最后一次创作的渲染，通过凡·高在画架上绘制《麦田群鸦》的过程中得到了展现。当城镇居民们都在欢庆巴士底日之时（发生在凡·高死前两周的真实事件），抑郁的荷兰人因为其他人的快乐、喜庆而倍感煎熬，他本打算隐居到自然之中进行创作，没想到却不可思议地受到了一群极具攻击性的乌鸦的袭击（希区柯克电影《鸟》的雏形），在这种情况下艺术家终于无法忍受了，凡·高/道格拉斯呼喊着"这怎么可能！"在一张纸条上，明奈利塑造的凡·高记录下了自己发觉最终"无路可逃"时的悲痛之情。随着枪口发出的巨响，凡·高自尽的暴力在这里是通过听觉而非视觉来渲染的（明奈利在表现割耳朵情节时也使用了观众视线之外的惨呼）。临终场景之后是片尾曲，伴随着《收割者》的画面，一个画外音正在阐释着艺术家自己对于这张画作的评论，消解了死亡带来的"哀伤"。最后显示在银幕上的"剧终"字样，是飘浮在对凡·高毕生之作的全景展现上的，这种文字性的终结恰恰与"真正的艺术家会通过他的作品继续存在下去"的流行说辞背道而驰。

明奈利的《渴望生活》与其说是"终结"，倒更像是一种开始。十多年之后，影片依然是研究凡·高传说的范例，随后涌现的十多部相关的电影和视频——如罗伯特·奥特曼的《文森特与提奥》（1990年）、黑泽明的《梦》（1990年）以及其他很多影视作品——都是在此基础上的改编。道格拉斯备受赞誉的表演将我们热情、冲动的天才重新带回了人间，不断地传达着有关艺术家个性的流行观念，影响着现代绘画艺术，例如弗朗西斯·培根（1909—1992年）就通过创作"路上的游魂"（图192）来表达自己对凡·高焦虑不安的心灵的想象。培根非常精通美术史和凡·高的书信集，他非常钦佩前辈"几乎是如实的，但又可以将现实事物呈现出惊人幻象"的能力，这是培根在对17世纪中叶委拉斯开兹的名作《英诺森十世》的改造作品中明确追求的途径，原作中高雅稳坐的教皇被他改变成了疯狂的号叫者。1951年，培根用凡·高的自画像覆盖了英诺森扭曲的形象。五年之后，无疑是受到了《渴望生活》的影响，培根开始根据凡·高的"路上的画家"（图130）创作系列作品。这些画作和凡·高一样迎来了非常暴力的结局，在第二次世界大战的最后一个月中被燃烧弹击中，惨遭焚毁。培根在复制凡·高的作品时，似乎在通过如同融化般的热辣的色彩和构成来暗示当时的社会环境。在一系列战争疮痍的风景中，伴随着残树和焦土，培根笔下变形的、无畏的艺术家（劳动者）正在艰难地向前跋涉，这位存在主义战士的影子正拖在他的身前。

这个影子很长，如同从意大利到冰岛，再到日本的画家们，1958年，在东京和京都举办了凡·高的第一次大展，继续回顾了凡·高在艺术世界和大众想象中的地位。埃罗（1932—　）的《波洛克的背景》是根据巴尔的现代主义图表发展出来的有关美术史历史脉络的图画，追溯了从野兽派、立体主义、超现实主义和德国表现主义到蒙克和凡·高这个完整脉络中主要艺术根基的变迁，作品沿着那些著名画作的时间线，涵括了许多具有纪念意义的自画像。画中的凡·高被一只巨大的手中捏着的图钉扎进了头颅。作为对画面下方波洛克以手摸头姿态的回应（也因此强调了艺术家之间的关联性），停留在凡·高上方的手——凭借其巨大的比例、如同从画布上方进入的方式和对艺术家心智的攻击——看上去也是一种对神圣启示理念的讽刺。

还有一些人认为凡·高"外行式的"图画能够始终保持他名满世界的声誉是非常讽刺的事情。弗里德曼·哈恩非常痴迷于大众文化传媒和由此产生的名人效应，他于1981年在科隆看到培根的凡·高

1	2	3	4
5	6 7	8 9	10
11	12 13	14 15	16 17
18	19	20 21	22
23			
24			

组画之后，便开始着手创作自己的系列作品，他在从德·拉·法耶目录中撕下的纸张上进行覆盖，用密集、稠厚的油彩翻画《渴望生活》中的剧照（图202），随后还创作了《路上的画家》的变体画。哈恩的《〈渴望生活〉中的柯克·道格拉斯》在色调丰富的背景前面选取了一个恰当的形象展现人物的正面，记录了这位历史人物的现代明星身份。哈恩版本的《路上的画家》无法参考丢失的原作，通过明奈利和培根以及一张战前拍摄的画作照片来进行创作，提出了

图201
埃罗（古德蒙德·古德蒙森）
《波洛克的背景》
1966—1967年
布面丙烯
260 cm × 200 cm
画面背景中涉及的画作作者如下：
1. 马塞尔·杜尚
2. 文森特·凡·高
3. 爱德华·蒙克
4. 马克思·贝克曼
5. 马克·夏加尔
6. 保罗·克利
7. 胡安·格里斯
8. 阿列克谢·亚夫伦斯基
9. 马克思·恩斯特
10. 安德烈·德兰
11. 劳尔·杜菲
12. 巴勃罗·毕加索
13. 基诺·塞韦里尼
14. 皮耶特·蒙德里安
15. 埃米尔·诺尔德
16. 乌姆贝托·波丘尼
17. 乔治斯·布拉克
18. 塞尔瓦多·达利
19. 巴勃罗·毕加索
20. 亨利·马蒂斯
21. 瓦西里·康定斯基
22. 巴勃罗·毕加索
23. 皮耶特·蒙德里安
24 雷迪·巴特勒

图202
弗里德曼·哈恩
《〈渴望生活〉中的柯克·道格拉斯》
1982年
布面油画
270 cm × 256 cm
沃尔夫斯堡市立画廊

一个有关手绘原作的灵晕与新流行的大众市场图像复制品的灵晕之间关系的问题，后者将"凡·高"的形象铺满了整个城市的各个角落。

当大部分凡·高文学还停留在人物传记的时候，美术史家们越来越多地回避着艺术家传奇性的人物角色，开始专注于画家的作品，致力在文化、经济、社会政治以及重大事件方面入手研究。

这种努力已经改变了关于凡·高的学术书写方式，但还无法撼

超越生命 凡·高的后世声望 329

动大众对凡·高奇特个性的认知。这种流行认知在很多方面得到了强化，诸如阿姆斯特丹凡·高美术馆的开馆（1973年）和扩建（1999年）、艺术家去世一百周年庆典（1990年）、加歇医生肖像画拍卖到8200万美元价格（打破拍卖价格纪录并保持了十余年之久）以及持续不断的个人名望大爆发（门票费的疯涨导致画作的保险费也升至了一流作品的水平）。

在1970年的一篇文章中，哈马赫尔倡导应该在将画家作品湮没的文字洪流之中将具有历史意义的凡·高拯救出来。但是，又不能在不断吞噬他名声和作品的闹剧与夸张的浪潮中，硬拽出一些"真实"的凡·高，一些美术史家，在格丽泽尔达·波洛克的带领下，已经开始将大众建构的"凡·高"作为一个独立的存在加以关注，并将他们的视野转向了凡·高的"神话"。尽管流行文化版本的凡·高呈现了一个如何构建广受爱戴的艺术天才的极端范例，但这种构造过程并不是独一无二的。对凡·高神话的形成和塑造的解析与个人崇拜有着紧密的联系，这种研究形成了大量的美术史论述，并且引申到了艺术个性与实践的流行观念领域。

整个世界坚决地在凡·高传奇中融入了大众意识，抵制对其进行重大的修改。历史意义上的凡·高留下的重要遗产——他的书信和画作——从概念上讲反而是很易于处理的，这实在有些讽刺，其中蕴含的意义和内部关系依然需要思考，作者的意图依然需要讨论。艺术家的作品在很大程度上变成了后世选择的结果。在凡·高的个案中，他的画作因为当代观众的喜爱而充满了活力，甚至在凡·高的神话已经转向陈腐的时候，也保持了其特有的新鲜感。这些事实已经实现了凡·高自己的愿望："未来的人们将会继续长久地凝视着"他的画作。

名词解释 / 人物传略 / 年表 / 拓展阅读 / 致谢 / 图片版权

附录

名词解释

前卫（Avant-garde） 来源于法语"先锋"（在行军中冲在最前面的队列），"前卫"被文化历史学家用于指称那些引领先锋激进倾向的风格、实践和创造性人物（如作家、艺术家、音乐家）。

巴比松画派（Barizon School） 指在巴黎郊外的枫丹白露森林，特别是在森林边缘的小村庄巴比松附近进行创作的法国风景画家团体。巴比松艺术家拒绝接受法国风景画家克劳德·洛兰理想化的古典主义，而从17世纪荷兰画家和最近的英国画家约翰·康斯坦勃尔所绘制的更加具有自然气息的风景中汲取灵感。巴比松画派组织松散，活跃于19世纪30—70年代，成员包括纳西斯·迪亚兹、居勒·杜普雷、西奥多·卢梭和康斯坦特·特罗荣，1849年饱受争议的农民画家让-弗朗索瓦·米勒也加入了行列。巴比松画家致力于现实场景，直接观察外光，影响了法国和国外的年轻艺术家，而最重要的还在于他们为印象派实践打下了基础。

分隔主义（Cloisonnism） 由路易斯·安克坦和埃米尔·伯纳德在1887—1888年发展而来。分隔主义是一种反自然的绘画风格，以深重的轮廓线和大胆平面的色彩填充的简单形式为特色。特别是伯纳德的艺术实践（他的分隔主义回避了传统透视法），他的风格是一种充满自我意识的粗拙效果，或许和19世纪末原始主义的流行也有所关联。分隔主义受到了日本版画，或者也可能是窗花玻璃的启发，尽管这个由爱德华·迪雅尔丹授予的名称是从一种中世纪时期在金属隔断（类似景泰蓝）中添加釉彩的瓷釉技术中引用而来的。迪雅尔丹或许接受了好友安克坦的请求，在《独立评论》中指出分隔主义的风格类型反映了其实践者在"艺术上的象征主义观念"。这种理论前提以及被其所激发的抽象性，影响了高更、阿旺桥画派和纳比画派。

习作（Étude） 法语单词，是"研究"的意思，指一种面对模特或主题的快速、公平的自发回应。与初步的速写不同，习作有可能会深入为一种更加深思熟虑的创作。

海牙画派（The Hague School） 19世纪最后30年在海牙郊区和附近的渔村席凡宁根进行创作的荷兰风景和风俗画家团体。海牙画派的艺术家受到了法国巴比松画派的影响，经常在户外作画，倾向于平淡无奇的普通场景，以描绘沙丘和草地的狭长风景以及工人阶级家庭生活场景闻名于世。海牙画派艺术家偏爱低沉、近似的色调，为他们赢得了"灰色画派"的绰号。

日本艺术（Japonaiserie） 一个全面涵盖19世纪下半叶充斥巴黎的日本器物（如扇子、茶具、漆器、服饰）的价值的词汇。日本艺术同样指日本货物在欧洲的复制品（如小摆设、织物、装饰品）；西方艺术中对日本物品、环境和模特的描画；西方人对日本事物的狂热。

日本主义（Japonisme） 1872年由批评家菲利普·布尔蒂创造，用来"表示一个新的研究领域"。日本主义一词经常可以和日本艺术（Japonaiserie）交换使用，表达西方人对日本事物的热爱。而在20世纪末，日本主义在艺术史学家中具备了一种特殊的意义，他们用日本主义来表示西方艺术家对日本美学的吸纳，以及那些能够使日本的风格特征和构成图样改变西方艺术家描绘西方场景和模特方式的多样化（通常是精致）的途径。

自然主义（Naturalism） 艺术中的自然主义指那些基于直接观察真实的主题（不加虚构）和效果，以及致力忠实摹写的绘画。在文学方面的自然主义则因为小说家、批评家埃米尔·左拉而有了更加特殊的意义，他提倡一种需要公平地收集和记录实证证据的准科学式的创作实践。左拉1880年在《实验小说论》中概述了这种方法，将当代社会及其个体组成部分看作是由自然力量（遗传、环境、物理驱动）推动的有机体。左拉认为自然主义小说等同于一种文学实验，作家通过观察和分析精心收集来的实验样本，测试并"验证"那些有关人性及其相关问题的推测。

新印象派（Neo-Impressionism） 这个术语首次由批评家菲利克斯·费内翁应用于1886年乔治·修拉和他的学生们所展出的作品，"新印象派"承认这些画作与印象派的城市闲暇主题，以及通过户外写生观察到的自然光线和色彩效果之间的关系。无论如何，前缀中的"新"字强调了在修拉及其圈子的绘画中所呈现出的新颖性，这是一种存在于画面中有秩序的构成、表面上安静的主题和细小的笔触中的新颖性，新印象派绘画也因此得以成立。修拉发明了以细密小点和少量线段完成作品的画法，即点彩画法。无数细小的色彩笔触紧紧地并置在一起，彰显并促进了修拉所谓的"分光法"的分析过程：这个准科学的"分解法"将色调分解为各个组成部分，通过人眼对色彩相互关系的实际认知，变成事物"真实的"色彩（例如，相邻物体反射的色彩、阳光的黄色效果）。

锦绘（Niohiki o） 源自日语"织锦"，指始于1765年的彩色木版画。

外光画法（Plein-air） 源自法语"露天"，外光绘画指那些在户外露天条件下，用眼睛直接观察自然真实写生完成的画作，通常带有转瞬即逝的效果。外光画法与印象派有着最为紧密的联系，并在远早于他们之前就出现了，其最早的产物是那些可以辅助艺术家在工作室中创作自然效果的习作和前期速写。巴比松画派画家对外光画的推崇影响了随后几代艺术家，他们的户外创作因为便携画架的管装颜料的发展也得到了有力的推动。随着印象派的崛起，艺术家采用外光画法创作展览作品成了司空见惯的事情。

沙龙（Salon） 在巴黎由政府赞助的当代艺术展览。第一次沙龙展在1667年由皇家绘画和雕塑学院主办。这是一次学院院士作品展，因作品陈列于巴黎卢浮宫的阿波罗沙龙而得名。从1737年开始，沙龙每两年举办一次。1789年法国大革命后沙龙几乎成为了一项年度展示，而且非学院人士也能够投稿，提交他们的作品给保护沙龙评审委员会进行评审。因为参展作品过多，填满了很多房间，沙龙在19世纪初搬到了皇宫举办，1857年移至香榭丽舍大道的万国博览会，那时落选的作品数量大概和入选数量相当，人们普遍对评审委员会的保守排外不再抱有希望。遭到拒绝的艺术家渴望展示自己的作品，他们在19世纪最后的十年中针对沙龙展策划了几个替代方案。

独立沙龙（Salon des Independants） 一个针对官方沙龙的替代展览。独立沙龙是一个由独立协会主办的年度展览，这个兼容并蓄的艺术家组织在1884年由奥迪隆·雷东、乔治·修拉、保罗·西涅克以及其他反对排除异己的法国艺术政策的人们所建立。独立沙龙为任何想参加展览（并支付酬金）的艺术家提供展览空间，不会造成任何伤害，在19世纪80年代中期到1914年间是前卫艺术的主要展示场所。

象征主义（Symbolism） 象征主义的文学运动是和自然主义文学相对立的。象征主义致力于富有想象力地唤起无定形的内心状态，而非单纯地描述物质现实。象征主义运动19世纪80年代中期在巴黎愈演愈烈，左拉以前的学生乔伊斯·卡尔·修伊曼斯在1884年凭借其作品《背道而驰》（一篇激烈探讨深奥的唯美主义的赞歌）激起了波澜，随后诗人让·莫利亚里和古斯塔夫·卡恩在《巴黎日报》发表了象征主义宣言。随着史蒂芬·马拉美成为象征主义的指路明灯，模糊

名词解释 333

不清的暗喻便成了象征主义文学的标志。视觉艺术家们只要还停留在写实再现的层面，就会热衷于表现那些挣扎在对等隐喻中的内心状态。虽然其中一些人已经发掘了那些不自然的色彩、夸张的空间和线条所具有的表达潜能，但是很多世纪末画家还是渴望"象征主义"能够通过回归传统符号和寓言来传达意义。

画作（Tableau） 法语单词，意为"图画"和"绘画"，指一张已经完成的、用作展示之用的作品。

二十人小组（Les Vingt） 一个比利时展览社团，1883年由一群非传统艺术家创建，后来在1893年集体投票解散了这个组织。开始只有11名成员（包括詹姆斯·恩索尔、弗尔南多·赫诺普夫、提奥·凡·里斯尔伯格等），他们随后邀请了其他进步艺术家加入，在"二十人小组"10年的历史中，有32位艺术家先后成为了会员（安娜·宝蒙、费利西安·洛普斯、保罗·西涅克和扬·托洛普等）。"二十人小组"致力于发扬艺术自由，不保守于任何一种风格，而是和很多运动都有所关联（印象派、新印象派、新艺术运动）。团体通过自己的官方杂志《现代艺术》（1881—1941年）宣扬先锋音乐、诗歌和装饰艺术，这本期刊发行时间比社团早，持续时间比社团长，当时赞助的也都是比利时和法国最前沿的作品展览，取得了卓越的成就。

浮世绘（Ukiyo-e） 源自日语单词"浮世"（uriyo），通常翻译为"关于飘浮世界的图画"，是一个特指德川幕府统治时期江户（现东京）艺伎区的专有名词（作为普通名词，浮世的意思是现实现世。）后缀"e"指的是图画或者绘画。浮世绘的画作描绘了俗世的欢娱享乐，这在德川幕府时期（1615—1868年）即江户时代的作品中体现尤为明显。最早的浮世绘版画体现了其名字所暗示的当代城市主题，在随后的江户时代，风景画变得流行起来。浮世绘与印象派在风格和主题上都有紧密的联系，但后来的法国画家都对其形式而非主题更加兴趣。

人物传略

路易斯·安克坦（Louis Anquetin，1861—1932年） 年轻的安克坦在蒙马特的费尔南多·柯尔蒙工作室学习的时候接触过印象派和新印象派，随后他和埃米尔·伯纳德一起创造了后来被称为分隔主义的日本化风格。安克坦在巴黎前卫圈子中有过短暂的恶名，不过他很快就放弃了分隔主义那种强烈、黑暗的轮廓线和不经调和的色彩。他在19世纪90年代调整了方向，转向寓意和描述性主题，向大师寻求形式灵感。

乔治·阿尔伯特·奥里耶（Georges-Albert Aurier，1865—1892年） 奥里耶是一位象征主义诗人、剧作家和小说家，他以在1890年前后的《法国墨斤利》上发表的精彩评论而闻名于世。奥里耶接受的是律师培训，但他从未入行，而是沉浸于主观主义哲学之中，并且定期在象征主义期刊上发表诗歌。与埃米尔·伯纳德的相识，强烈地激发了他对当代艺术，尤其是凡·高、高更和纳比画派成员的兴趣。奥里耶推崇一种思想性的艺术，在1891年发表的论文《绘画中的象征主义》中认定高更就是此种艺术的顶级代表。第二年，他死于食物中毒。

埃米尔·伯纳德（Émile Bernard，1868—1941年） 伯纳德在少年时期就已经是法国画坛的一支新生力量，早早曾经从先锋艺术中退出。他自己撰写的艺术文章（尤其是他发表的与塞尚的对话录以及凡·高回忆录中与他的通信）和在19世纪80年代末创作的新颖作品是众所周知的。1884—1886年，他在法国院士费尔南多·柯尔蒙的工作室中创作，在那遇到了后来一起发展分隔主义的搭档路易斯·安克坦。伯纳德的分隔主义作品《草地上的布列顿妇女》的激进风格引起了高更的注意，他在1888年选用这种风格营造了《布道之后的幻想》中的强烈效果。然而在19世纪90年代，伯纳德和高更闹翻，归复到一种更加传统的方式。在以后的生活中，他因为批评家没有充分地认识到他对现代主义进程做出的贡献而深感失望。

齐格弗里德·宾（Siegfried Bing，1838—1905年） 宾是一位新艺术运动的关键人物，曾经是一位画商和收藏家，后来成为巴黎世纪末趣味的裁定人。他在故乡德国的专业是工业设计师，随后在巴黎继续求学。10世纪70年代，宾从远东旅行回来后，在法国首都开了一家亚洲工艺品商店。他在19世纪80年代成了一位著名的日本主义的拥护者、鉴赏家和学者。宾拥有超乎想象的私人收藏，他组织各种展览，并在自己的刊物《日本艺术》（1888—1891年）中传播自己的观点。他在1900年的万国博览会上也拥有自己的"新艺术·宾"展厅。

查尔斯·布朗克（Charles Blanc，1813—1882年） 布朗克受过雕刻师训练，曾在开明政府中担任法国美术总监。然而他最初喜欢的是批评写作和批评理论。布朗克在1859年创建了经久不衰的杂志《美术报》，在法国大学教授美学，撰写了被人们广泛阅读的著作《各画派画家历史总览》（1859—1875年）、《我的时代中的艺术家》（1876年）和《视觉艺术法则》（1867年）。

乔治·亨德里克·布莱特纳（George Hendrik Breitner，1857—1923年） 布莱特纳在海牙接受过素描和绘画的训练（研究威廉姆·马尔斯），他同时也是一位摄影师。尽管在海牙画派的影响下选择了平光画法，布莱特纳还是拒绝了他们的美景如画的田园风光，而更加偏爱那些他在巴黎、伦敦和祖国荷兰创作的城市景观。作为一位瞬间效果和城市动感生活的爱好者，他在19世纪80年代中期定居在阿姆斯特丹后加入了当地的印象派。

费尔南多·柯尔蒙（Fernand Cormon，1845—1924年） 柯尔蒙是学院派画家亚历山大·卡巴内尔和尤金·弗罗芒坦的学生，他于1868年首次亮相沙龙，1875年获得沙龙大奖。他专攻寓言和叙事作品，包括史前生活的场景。他的大型版面油画装饰在包括巴黎自然历史博物馆和小皇宫博物馆在内的很多公共空间中。尽管柯尔蒙自己很保守，但却主持着一个相当自由开放的画室。除了安克坦、伯纳德，图卢兹-劳特累克和凡·高，年轻的亨利·马蒂斯也在那里学习过。

阿尔丰斯·都德（Alphonse Daudet，1840—1897年） 都德出生在普罗旺斯的尼姆，在搬到巴黎之前做过监学，后来成为小说家、剧作家和短片故事作家。他的作品经常采用自传体方式，以其温暖、幽默和生动的刻画而广受赞扬。在小说《小弗洛蒙与大里斯勒》《流亡之君》《富豪》中，都德描述了第二帝国时期（1852—1870年）巴黎人的社会生活。而普罗旺斯的生活背景则成就了他备受欢迎的《戴达伦三部曲》和《磨坊书简》（1869年）。

西奥多·迪雷（Théodore Duret，1838—1927年） 迪雷的父亲允许他投身于艺术收藏、艺术批评以及左翼政治。他是爱德华·马奈的朋友和支持者，同时也对印象派和英国艺术状况产生了积极的兴趣。迪雷对浮世绘的热情开始于1870年前往远东的一次旅行。此后，他成了日本版画、插图和图集的著名收藏家和鉴赏家，并且也是法国在此领域最为敏锐的评论家之一。迪雷的《印象派画家的历史》将印象派风格同浮世绘和巴比松画派建立了联系。在评论文集《前卫》（1855年）中迪雷对当代哲学、音乐以及马奈和北斋的艺术进行了反思，彰显了他广泛的兴趣和渊博的学识。

保罗·高更（Paul Gauguin，1848—1903年） 高更是一位天才的画家、陶艺家和雕塑家，最出名的是在南太平洋创作的绘画。他生于巴黎，在利马和秘鲁的外祖父家（西班牙殖民者的后裔）度过了童年早期时光。高更7岁回到巴黎，在新奥尔良接受教育，随后应征加入商船队。经过了五年的海上漂泊，他定居巴黎并在股票交易所找了份工作。与卡米耶·毕沙罗的熟识引领高更开始创作并收藏艺术。他在1881年首次和印象派团体亮相，并在1883年离开了金融领域。对一种节俭的非城市生活的追求，促使他前往布列塔尼、巴拿马和马尔提克旅行，并且到法国南部在凡·高那里做过短暂停留。1888年高更与埃米尔·伯纳德一起创作，这成为他事业的转折点：在分隔主义的影响下，高更发展出他所谓的"综合主义"个性，将自己广泛的爱好综合起来（如德加的构图、塞尚的笔触、日本风格以及他在1889年巴黎世博会上所中意的文物的"原始"形式）。综合主义最为突出的方面，也许在于其对想象力而非直接观察到的主题的赞美，这是一种和当时流行的文学象征主义合拍的反自然主义。高更的首次塔希提之旅（1891—1893年）让他的日记《芳香，芳香》得以发表，助长了他作为原始主义者的名望，表达了殖民者的感受，形成了他那种通过充满活力的色彩渲染出的异国天堂般的图画。高更于1895年返回南太平洋，随后死在了马库萨斯群岛。

埃德蒙德和朱尔斯·德·龚古尔兄弟（Edmond and Jules de Goncourt，1822—1896年，1830—1870年） 龚古尔兄弟都是艺术家出身，但是作为一个兄弟团队，他们却是因为写作小说、戏剧、艺术与社会历史以及主办一份详尽表述1851—1896年的巴黎社会的杂志（在朱尔斯死后，埃德蒙德继续经营）而赢得了声望。作为18世纪的风格和方法的狂热爱好者，龚古尔兄弟刊发了关于18世纪的主要艺术家、妇女以及法国大革命（1789—1791年）和督政府时期的法国人生活的专刊。他们的小说则聚焦于19世纪产业女工的生活状况，这是以前的文学很少问津的社会片段。在朱尔斯死后，埃德蒙德在小说《臧加诺兄弟》（1879年）中写了一篇缅怀兄弟合作的悼词，并再次创作了两本反映当代妇女的小说《女郎艾丽莎》（1877年）和《谢丽》（1884年）。当决定《谢丽》可能是他最后的小说作品时，埃德蒙德在其序言中回顾了兄弟二人的成就，他认为《热曼妮·拉瑟顿》的出版才真正引发了埃米尔·左拉宣称自己发起的自然主义运动。按照埃德蒙德遗愿所建立的龚古尔学院，至今持续每年颁发一次年度小说大奖。

安藤广重（Ando Hiroshige，1797—1858年） 安藤广重是用色大胆、阴影微妙的风景版画大师，是最高产也是最受欢迎的浮世绘艺术家之一。他年轻时和歌川画派的艺术家们学习，同时也注意到了在长崎出现的受到西方影响的风景画。安藤广重在多色版画（浮世绘）的全盛时期走向成熟，设计创作了5000多幅彩色版画，其中大都是著名景观和旅游胜地的抒情式效果图。

葛饰北斋（Katsushika Hokusai，1760—1849年） 北斋是一位产量巨大而且多才多艺的艺术家，以其精湛的技术、灵巧的构图和幽默的异想天开而闻名于世。北斋丰富多彩的个性和近乎残酷的自我鞭策，使他成为杰出的浮世绘实践者，将风景画增加到浮世绘的保留主题之中。北斋出了名的怪癖在他广受推崇和模仿的《富岳三十六景》（1831年）中表露无遗，这套画中自然主义与夸张风格相互融合，著名的富士山为了映衬前景主题而经常屈居次位。除了那种广为流行的彩色版画，安藤广重在他70年的事业历程中创作了至少30000张黑白素描，收录在他著名的15卷本画集中，为安藤广重笔下的日本提供了一个生动的概观，在19世纪末的西方具有特别的影响力。

皮埃尔·洛蒂（Pierre Loti，1850—1923年） 洛蒂是一名法国海军军官，1910年以上尉军衔退役，兼职写一些小说和旅行册子。他那类将地点设定在异国他乡的流浪冒险小说，例如关于塔希提的小说《洛蒂的婚礼》（1880年）和有关日本的《菊花夫人》，赞美了他从成千上万的殖民者身上见证的"原始主义"和性冒险主义。而评论家则更偏爱在普罗旺斯展开的忧郁故事，其中包括《冰岛渔夫》（1880年），这个布列顿渔夫的传记为洛蒂赢得了法国学院奖，使他在1891年打败了埃米尔·左拉入选了学院机构。

居伊·德·莫泊桑（Guy de Maupassant，1850—1893年） 莫泊桑出身于一个诺曼底贵族家庭，早年是古斯塔夫·福楼拜的门生，在投身于小说写作之前曾经从事了近十年的政府公务员工作。虽然是六部小说的作者，但他最为著名的还是360多篇短篇故事。莫泊桑用自己讽刺的智慧、表现地域色彩的诀窍和关注细节的眼睛为作品打上了鲜明的烙印。1880年，他的一篇故事发表于埃米尔·左拉和他的朋友们出版的一份故事集中，使他的文学得以首次登台亮相。随着他日后和艺术圈子的深入交往，尽管他不承认自己是任何一个团体的成员，莫泊桑还是接纳了很多自然主义的观念。梅毒引发的痴呆导致了莫泊桑的自杀倾向，最终转为精神错乱。

安东·毛沃（Anton Mauve，1838—1888年） 毛沃出生于赞丹，师从动物画家彼得-弗瑞德里克·范·奥斯。受到19世纪法国风景画家的极大影响，毛沃同样吸收了巴比松画派的自然主义方法和柯罗喜爱的那种银色色调。作为1871—1885年海牙画派的主要领导者，毛沃专攻海景画和家畜画。他在1874年娶了凡·高的表姐捷特·卡本图斯为妻，并在1881—1882年教授凡高素描和水彩画。毛沃晚年隐退到拉伦度过了几年小镇生活。

儒勒·米什莱（Jules Michelet，1798—1874年） 米什莱是一位怀有伟大浪漫情怀的历史学家，以多卷本的《法国历史》（1833—1867年）闻名。在19世纪30—40年代，米什莱担任国家档案馆部门主管和法国大学教授，他强烈地反对君主、贵族和天主教会对法国社会的统治。当他在1851年拒绝向新成立的第二帝国宣誓效忠的时候，米什莱被免去了这两个职务。他在晚年时期转向了研究自然和浪漫爱情的书籍。

让-弗朗索瓦·米勒（Jean-François Millet，1814—1875年） 米勒是著名的农民画家，出身于富裕农户，成长于诺曼底乡村。米勒在和保罗·德拉罗什学习之后成了一名肖像画家，并有一张肖像画入选了1840年的沙龙展览。在与西奥多·卢梭相遇后，米勒和巴比松画派的圈子熟识起来，随后在1849年搬进了乡村。他在那里用质朴的色彩和粗野的手法描绘乡村风俗主题，其中很多都带有诺曼农场的回忆的气息。在迫使国王路易·菲利普退位并建立短暂的共和政府的政治风潮中，米勒选择了无产阶级主题。在那种语境下，米勒的风俗画被当作政治话语来解读，同时受到了左右翼批评家热情洋溢的评论。到1860年时，米勒的作品已经备受世人尊重。米勒在1967年世博会举办了回顾展，随后在1868年获得了法国荣誉勋章。综观他的创作生涯，他的毕生之作似乎更加保守而非激进，充满了对持久而安心的乡间生活的怀旧式赞美。

安东·里德尔·凡·拉帕德（Anthon Ridder van Rappard，1858—1892年） 拉帕德作为一名贵族子弟，在阿姆斯特丹学院开始学习艺术。他在巴黎与法国的学院派大师让-里昂·热罗姆学习时遇到了提奥·凡·高，随后他在进入布鲁塞尔皇家美术学院时同文森特·凡·高成为好友。拉帕德作为一名绘图师、水彩画家和油画家，始终沉浸在技巧问题之中。他起初是一位风景画家，慢慢对现代人物肖像产生兴趣（这可能要感谢凡·高），后来开始绘制工业场景和肖像画。

泰奥菲勒·托雷（Théophile Thoré，1807—1869年） 托雷因为在早期的批评文章中拥护德拉克罗瓦和巴比松画派而确定了他反政府的立场。托雷是坚定的共和党人，在拿破仑三世掌权时期被流亡国外，这十年的时间（1849—1859年）正好可以让他能够研究北方画派的画家。托雷用威廉·比尔热为笔名继续写作，认为17世纪荷兰的现实主义是当时民主社会的自然产物，赞美其脚踏实地的平易近人以及流行的吸引力。他参与了对弗兰斯·哈尔斯的重新评价，并带头进行了针对扬·维米尔的19世纪"再发现"。

埃米尔·左拉（Émile Zola，1840—1902年） 左拉成长在普罗旺斯的埃克斯，1858年搬到巴黎，在开始自己的文学事业之前，左拉想成为一名记者。在19世纪60年代，左拉进入了马奈的视野（马奈在1868年为左拉画了肖像），并开始发表艺术评论探讨包括莫奈和毕加索在内的前卫画家的成因。同时，在小说家奥诺雷·巴尔扎克、实证主义哲学家希波利特·泰纳和心理学家克劳德·伯纳德的影响下，左拉开始认定自己应该去写小说。左拉希望能给小说艺术带来革命，他从科学的观察中获得线索，在对当代生活的近距离检视中塑造人物性格，并将小说当作一个类型实验室，因为泰纳曾有一个断言：个体个性是由基因、环境和其所在的时代精神共同建构发展的。左拉的方法被称为自然主义，其长篇巨著《卢贡·马卡尔家族》（1871—1893年）是那个时期的不朽之作。这是一部由20篇长篇小说汇总的庞大作品，只描述了一个大家族的故事（其成员来自社会各阶层），和左拉其他名著（《小酒店》《萌芽》《土地》《衣冠禽兽》）一样，虽然是虚构的，但都是按照自然与社会的历史进行构思的。书中各卷本探索了法国上流社会令人毛骨悚然的要害，揭露了腐败政客和无良商人之间的罪恶交易，直言不讳地记叙了劳动者的生存状态。尽管左拉坚定地主张"科学的"真实性，但他也是一位很感性的作家，他的散文也会因其粗俗的隐语、下流的幽默和诗意的描写而显得活泼生动。左拉的许多艺术文集都号召艺术家要真实地面对自然，但最重要的是忠于自己，比如左拉就将艺术定义为"透过自己的性情去看待自然"。左拉反映艺术世界的小说《作品》使他与画家朋友们日渐疏远（包括他从小就认识的塞尚），但在1898年左拉赢得了来自政治领域的赞赏：《我控诉》的发表勇敢地捍卫了陆军上尉阿尔弗雷德·德雷福斯（一个因被诬陷为间谍而被驱逐出境的阿尔萨斯犹太人），导致左拉流亡国外一年之久。

年表

生平及艺术作品

1853 文森特·凡·高3月30日生于荷兰布拉班特省北部的松丹特。

历史事件

1853 克里米亚战争开始（至1856年）。美国海军准将马修·C.佩里抵达日本，率领舰队打开了与西方的贸易通道。1854签署条约。
乔治斯·奥斯曼开始改造巴黎。
C.H.司布真开始在伦敦布道。

1854 狄更斯，《艰苦岁月》。

1855 利文斯敦发现"维多利亚瀑布"。

1856 日本主义最早的支持者费利克斯·布拉克蒙无意中在一个巴黎商店中发现了北斋的漫画。

1857 米勒创作《拾穗者》。

1859 达尔文，《物种起源》。

1861 美国南北战争爆发（至1865年结束）。

1862 俾斯麦成为普鲁士总理。
两个日本商店在巴黎开业：德苏莉夫人的商店和中国门商店。
雨果，《悲惨世界》

1863 巴黎举办"落选沙龙"。
马奈展出《草地上的午餐》。
雷南，《人子耶稣》。
德拉克罗瓦逝世。

1864 被送到泽文伯根的寄宿学校。

1864 路易斯·巴斯德发明巴氏灭菌法。

1865 亚伯拉罕·林肯被刺杀。

年表 339

			龚古尔兄弟，《热曼妮·拉瑟顿》。
1866	在蒂尔堡读初中，向康斯坦丁·修伊曼斯学习（到1868年）。	1866	普鲁士在萨多瓦的战役中击败奥地利。 阿尔弗雷德·诺贝尔发明炸药。 左拉，《我的仇恨》。
		1867	皇帝弗朗茨·约瑟夫一世成为匈牙利国王（奥地利匈牙利君主专制政体持续到1916年）。 墨西哥革命。 加拿大成为主权国家。 巴黎的万国博览会上展出日本版画作品。 马克思，《资本论》，卷1。 查尔斯·布朗克，《视觉艺术法则》。 龚古尔兄弟，《玛内特·所罗门》。
1869	搬到海牙，加入古皮尔公司。	1869	苏伊士运河竣工。 日本结束封建制度。 都德，《磨坊书简》。 柏辽兹和托雷（布格尔）逝世。
		1870	普法战争爆发。 海因里希·施里曼开始挖掘特洛伊。
		1871	威廉一世加冕德意志皇帝。 普鲁士攻占巴黎，签署停战协议。 巴黎公社的兴衰。 斯坦利和利文斯敦在乌吉吉相遇。 左拉，第一部《卢贡·马卡尔家族》。 威尔第，《阿依达》。
1872	开始和提奥通信。	1872	D.L.穆迪和桑吉开始在英国召开宗教复兴会议。 托马斯·爱迪生发明了电报。 雷明顿公司成功制造出第一台打印机。 艺术商人保罗·杜朗–卢埃尔在伦敦举办了四个印象派联展中的第一个展览。 都德，第一部《达达兰三部曲》。
1873	提奥加入古皮尔公司，开始在布鲁塞尔分公司，随后转到海牙，高·凡在5月调到伦敦办公室。途中高·凡第	1873	拿破仑三世死于英格兰。 巴黎市场崩盘，法国进入了六年的经济萧条期。

一次去了巴黎。

1874	感情上的失败让凡·高很沮丧。	1874	第一次印象派展览。
1875	调到古皮尔巴黎办公室。	1875	米勒和柯罗逝世。 爱德蒙德·杜兰蒂，《新绘画》。
1876	在1月份被古皮尔公司解雇后，凡·高搬到了英国，开始担任教师工作并协助托马斯·斯莱德·琼斯牧师。凡·高牧师在11月进行了第一次布道，随后回到荷兰和家人一起度过了圣诞节。	1876	亚历山大·格拉汉姆·贝尔获得电话机的专利权。 托马斯·爱迪生发明了留声机。 瓦格纳的拜罗伊特节日剧院开业，当日，歌剧《尼伯龙根的指环》在此首演。 高更的作品在沙龙展出。
1877	在父母的坚持下，凡·高放弃了返回英国的打算。几个月后在多德雷赫特做了书商，他在阿姆斯特丹的一个叔叔家安顿下来，准备大学入学考试。	1877	英国宣布德兰士瓦成为其殖民地。 维多利亚女王宣布成为印度女皇。 左拉，《小酒店》。 龚古尔兄弟，《女郎艾丽莎》。
1878	在7月放弃了预科学习后，在比利时加入了一项传教士训练计划。他在那里过得很不愉快，接受了一项去往比利时南部矿区博里纳日的任务，在那里做了牧师助理。	1878	在巴黎世博会日本厅的众多作品中出现了菲利普·比尔蒂和齐格弗里德·宾收藏的青铜器和漆器。 杜比尼逝世。
1879	宗教委员会解除了凡·高的牧师职务，认可了他的献身精神，但认为他不适合传教。凡·高对未来感到绝望。	1879	托马斯·爱迪生发明电灯。 德兰士瓦共和国宣布成立。
1880	阅读比彻·斯托、狄更斯和雨果的"问题小说"。进入他所谓的"蜕变时期"，决定投身于艺术创作。除了在博里纳日画过矿工，凡·高开始学习查尔斯·巴尔格的《流行绘画手册》，并临摹让-弗朗索瓦·米勒的人物作品。秋天，他搬到了布鲁塞尔，在那里遇到了安东·凡·拉帕德。提奥同时晋升到古皮尔的巴黎分部（现在由波索德·瓦拉东管理），并开始为他的哥哥提供财政支持。	1880	布尔人在南非掀起反抗英国人的叛乱。 电灯照亮了纽约街道。 克劳德·德彪西的第一部钢琴作品诞生。 罐装食品开始进入市场。
1881	重新回到荷兰，和他的父母居住在小	1881	俄国亚历山大二世被暗杀。

村庄埃顿。接触荷兰风景；和来访的拉帕德一起创作；继续临摹巴尔格和米勒的作品。爱上新近的寡妇表亲，但没有得到回应。9月，访问海牙，重新联络了做画商时认识的画家们，其中最重要的是安东·毛沃。11—12月，和毛沃一起创作。在圣诞节与父亲争吵后，凡·高再次返回海牙，这次一待就是20个月。

西门子在柏林建造了第一辆有轨电车。
加拿大太平洋铁路建成。
日本女人被允许上台表演。
卡莱尔逝世。

1882　1月，凡·高和毛沃一起工作，并在海牙的美育画室练习人体画。遇到布莱特纳并和他一起工作，完成了由科尔叔叔拟定制的一套城市风景画。和科拉希纳（茜恩）·赫尼克建立了家庭关系，使他同毛沃和其他人疏远。他在秋天完成了第一幅油画。

1882　奥地利加入德国和意大利结成三国同盟。
戴姆勒成功研制出汽油发动机。
第一座水电厂在威斯康星州阿普顿建成。
英国提出海洋隧道的方案，遭到军事当局的反对。
德国细菌学家罗伯特·科赫发现结核杆菌。

1883　与赫尼克关系破裂。9月，凡·高离开海牙去往荷兰东北省份的德伦特开始一次绘画远征。12月，搬回家和在纽南的父母居住了两年时间。

1883　保罗·克鲁格成为南非共和国总统。
纽约大都会歌剧院建成。
芝加哥建成第一幢摩天大楼（共10层）。
布鲁塞尔成立了"二十人小组"。
左拉，《妇女乐园》。
莫奈和瓦格纳逝世。

1884　绘制了一系列织工画作。在附近镇子收了三名学生。学习查尔斯·布朗克的《视觉艺术法则》，开始对色彩理论感兴趣。和女邻居爆出丑闻，以她的自杀告终。还是绘制他的系列画《人民的头像》。

1884　"二十人小组"首次展览。
独立艺术家协会在巴黎成立，并举行了第一个展览，修拉展出了他的代表作《安涅尔浴场》。
埃德蒙·德·龚古尔，《谢丽》。
左拉，《生之喜悦》。

1885　父亲去世。创作《吃土豆的人》，和不喜欢这幅作品的冯·拉帕德绝交。凡·高被指控让一个为他做模特的当地未婚女子怀孕，受到村子神父的谴责并被以前的模特封杀；转向静物画来代替人物创作。去阿姆斯特丹旅行后，在一个充满活力的艺术团体中燃起了对生活的渴望。年底，离开纽南

1885　刚果邦建立，成为比利时国王利奥波德二世的私人财产。
德国宣布坦噶尼喀和桑吉巴尔为其殖民地。
戴姆勒改进内燃机和卡尔·奔驰制造了单缸汽油发动机汽车。
在阿姆斯特丹的进步荷兰诗人创建《新指南》。

342　凡·高

赶往安特卫普，在那里住了三个月。发现了日本版画。

左拉，《萌芽》。
莫泊桑，《漂亮朋友》。

1886　1月和2月，在安特卫普学院创作。3月搬到巴黎。和提奥一起生活，提奥向他介绍了印象派。在最后一次印象派展览和独立沙龙展中审视了乔治·修拉及其学生的新印象派作品。在费尔南德·柯尔蒙的画室创作，结识了路易斯·安克坦、埃米尔·伯纳德、约翰·拉塞尔和亨利·德·图卢兹–劳特累克。频繁出入位于蒙马特的朱利恩·唐居伊的美术品商店，遇到查尔斯·安格朗和保罗·西涅克。创作花卉静物和蒙马特街景。

1886　英国吞并缅甸。
右翼强硬民族主义者乔治斯·布朗热任陆军部长。
纽约港自由女神像落成。
最后一次印象派展览（第八回）。
修拉展出了《大碗岛星的期天下午》。
左拉，《作品》。
洛蒂，《冰岛渔夫》。
黎施潘，《勇敢的人》。

1887　在蒙马特小铃鼓咖啡馆展出自己越来越多的日本版画收藏。向安克坦和伯纳德介绍自己最喜欢的浮世绘来源——齐格弗里德·宾的商店。春天同保罗·西涅克一起工作，受到点彩画法的吸引，但西涅克在5月离开巴黎后，凡·高又回归了宽大的笔触。此后经常和安克坦与伯纳德一起创作。三人都在探索日本主义绘画。绘制肖像画，其中两幅被唐居伊卖掉。11月，组织策划在大汤饭店小木屋举办自己和朋友们的新作展。遇见保罗·高更（刚从马提尼克回来）；用自己的两幅画交换了一幅高更的新作。

1007　英国吞并祖鲁兰并召开第一次殖民会议。特许成立英国东非公司。
戴姆勒制造出以内燃机为动力的四轮汽车。
海因里希·赫兹成功发射无线电波。
巴黎艾菲尔铁塔开始施工。
宾在巴黎装饰艺术中央联盟组织策划日本艺术展览。
洛蒂，《菊花夫人》。

1888　2月，离开巴黎前往阿尔。创作花果园，在浮世绘的影响下重新确立自己的绘画风格。5月，租下了鼓励他想要在阿尔成立艺术家团体（南方画室）的"黄房子"。他的新工作室空间很适合肖像画创作，他开始描绘祖阿夫士兵、阿尔妇人以及从"农民"到"诗人"再到"邮差"的各种人物类型。还创作了他的《卧室》、一系列《向日葵》和《夜间咖啡馆》。高更和他待了几周时间，但竞争以及艺术与个性的差异导致的紧张不安，在

1888　威廉二世继位为德意志新皇帝。
巴斯德学院在巴黎成立。
乔治·伊斯特曼生产"柯达"盒式照相机。
宾开始出版《日本艺术》杂志。
高更，《布道后的幻想》（委托提奥·凡·高出售）。

12月23日引发了两人的暴力冲突。巨变之后，凡·高割下了自己的左耳垂并入院就医。高更返回巴黎。

1889 凡·高1月份反复发病，但创作了好几个版本的《摇篮曲》。4月，提奥娶乔安娜·邦格为妻。5月，凡·高自愿进入圣雷米的莫索尔圣保罗疗养院治疗。起初在围墙内画画，但很快就扩展到了周围地区和山麓丘陵。6月，创作《星月夜》。8月，重访阿尔，其间几次崩溃。秋天凡·高的作品参展独立沙龙；"二十人小组"邀请凡·高参加1890年早期在布鲁塞尔举办的展览；他给伯纳德和高更写了关于艺术创作的热情洋溢的信。创作《疗养院花园》，开始将喜欢的版画翻画成油画。圣诞节期间再度病倒。

1890 1月，"二十人小组"成员安娜·宝赫在布鲁塞尔的群展上看到凡·高作品后购买了《红色葡萄园》。阿尔伯特·奥里耶对凡·高热情赞誉的文章发表于《法国墨丘利》。提奥的儿子在1月31日出生；随后凡·高几次精神崩溃。当他在圣雷米为了康复而挣扎的时候，有10幅作品在独立沙龙上展出。凡·高离开疗养院并于5月中旬在巴黎逗留数日，随后安顿在奥威尔，在那里和保罗·加歇医生成为好友。创作数幅肖像画（包括加歇医生）和很多长方形的地平线风景画。在7月初去巴黎一日游后，提奥的财政危机加重了凡·高的精神压力。在7月27日，凡·高向自己开枪。在提奥的陪伴下死于7月29日。9月，伯纳德协助组织了在提奥巴黎的公寓中举办的追悼展。

1889 布朗热竞选法国议员，但是政府害怕发生政变，以阴谋颠覆国家罪逮捕他。布朗热逃亡布鲁塞尔。
刚刚竣工的埃菲尔铁塔成为巴黎万国博览会中心。庆祝法国大革命100周年。世博会吸引了2800万参观者。
日本确立君主立宪制政体。
红磨坊酒吧在巴黎蒙马特开业。
爱德华·蒙克的首次巴黎之旅。

1890 威廉二世解除俾斯麦职务。
卢森堡大公国彻底摆脱荷兰国王的统治，由威廉明娜女王继位。
日本第一次大选。
泰晤士河第一条隧道地铁建成。
皮埃尔·皮维·德·夏凡纳、奥古斯特·罗丹和来自法国美术家协会的艺术家，以建立一个自由的沙龙替代展为目标，在战神广场举办了第一次展览。

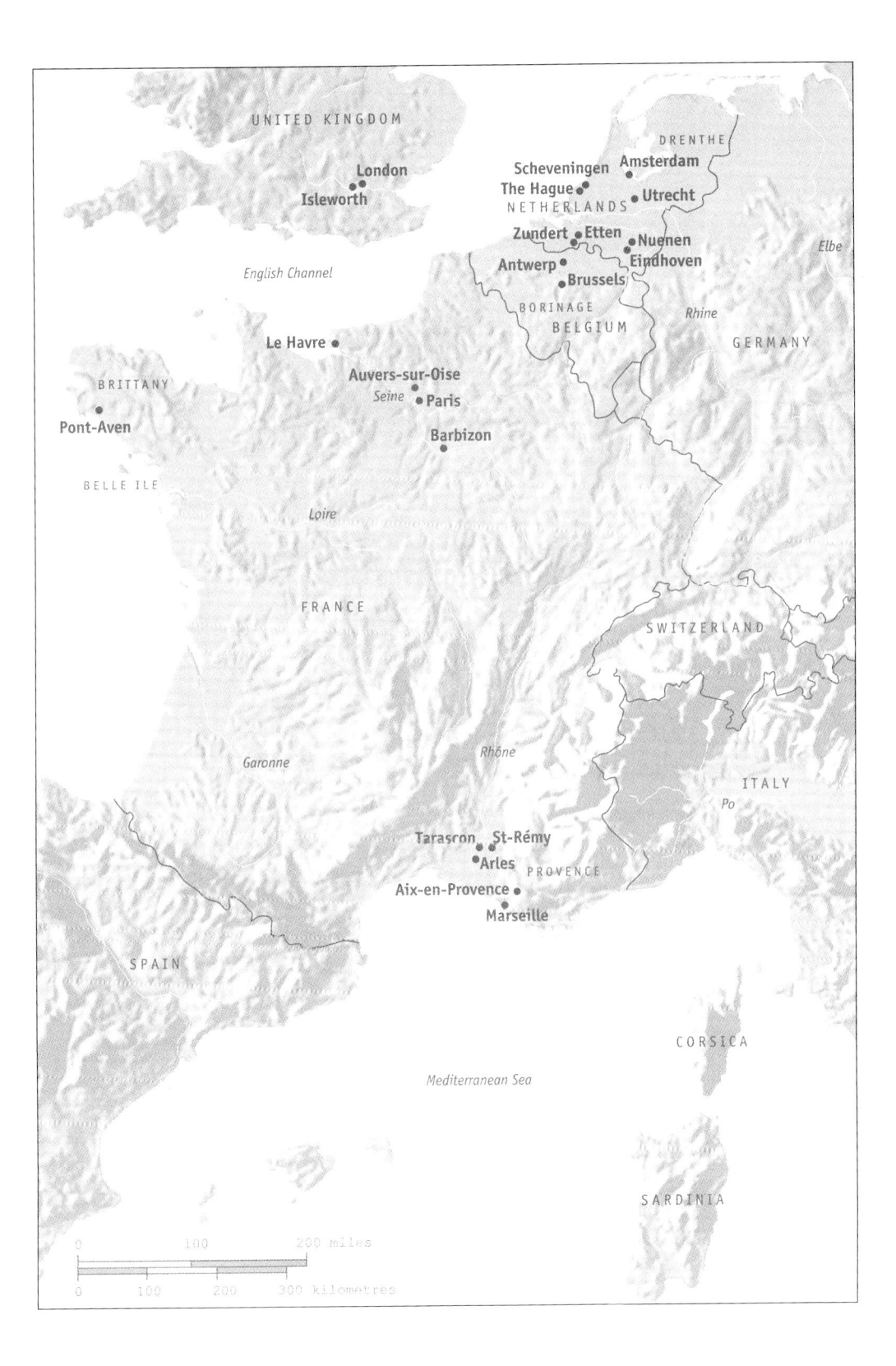

拓展阅读

综合参考

Douglas Druick and Peter Kort Zegers, Van Gogh and Gauguin: The Studio of the South (exh. cat., The Art Institute of Chicago; Van Gogh Museum, Amsterdam, 2001)

Vincent van Gogh, The Complete Letters of Vincent van Gogh (Boston, 2000)

Jan Hulsker, Vincent and Theo van Gogh: A Dual Biography (Ann Arbor, MI, 1990)

—, Vincent van Gogh: A Guide to His Work and Letters (Amsterdam, 1993)

—, The New Complete van Gogh: Paintings, Drawings, Sketches (Amsterdam and Philadelphia, 1996)

Sven Løvgren, The Genesis of Modernism: Seurat, Van Gogh, Gauguin and French Symbolism in the 1880s (Stockholm, 1959)

John Rewald, Post Impressionism: From Van Gogh
  to Gauguin (New York, 1956)

Mark Roskill, Van Gogh, Gauguin, and the Impressionist Circle (Greenwich, CT, 1970)

Meyer Schapiro, Van Gogh (New York, 1950)

Susan Alyson Stein, Van Gogh: A Retrospective (New York, 1986)

Judy Sund, True to Temperament: Van Gogh and
  French Naturalist Literature (New York, 1992)

David Sweetman, The Love of Many Things: A Life of Vincent van Gogh (London, 1990)

Evert van Uitert and Michael Hoyle (eds), The Rijksmuseum Vincent van Gogh (Amsterdam, 1987)

Evert van Uitert, Louis van Tilborgh and Sjraar van Heugten, Vincent van Gogh: Paintings (exh. cat., Rijksmuseum Kröller-Müller, Otterlo and Rijksmuseum Vincent van Gogh, Amsterdam, 1990)

Bogomila Welsh-Ovcharov (ed.), Van Gogh in Perspective (Englewood Cliffs, NJ, 1974)

Johannes van der Wolk, Ronald Pickvance and E B F Pey, Vincent van Gogh: Drawings (exh. cat., Rijksmuseum Kröller-Müller, Otterlo and Rijksmuseum Vincent van Gogh, Amsterdam, 1990)

第 1 章

Martin Bailey, Van Gogh in England: Portrait of the Artist as a Young Man (exh. cat., Barbican Art Gallery, London, 1992)

Elisabeth Jay, The Religion of the Heart: Anglican Evangelicalism and the Nineteenth-Century Novel (Oxford, 1979)

Frances Suzman Jowell, Thoré-Bürger and the Art of the Past (New York, 1977)

Tsukasa Kōdera, Vincent van Gogh: Christianity
  versus Nature (Amsterdam and Philadelphia, 1990)

John Silevis, Ronald de Leeuw and Charles Dumas, The Hague School: Dutch Masters of the 19th Century (exh. cat., Royal Academy of Arts, London, 1983)

Louis van Tilborgh and Marie-Piere Salé, Millet, Van Gogh (exh. cat., Musée d'Orsay, Paris, 1998)

第 2 章

William J Burg, The Visual Novel: Emile Zola and
  the Art of his Times (University Park, PA, 1992)

Griselda Pollock, 'Stark Encounters: Modern Life
  and Urban Work in Van Gogh's Drawings of The Hague 1881–1883', Art History, 6 (1983), pp.330–58

Lauren Soth, 'Fantasy and Reality in The Hague Drawings', in Van Gogh Face to Face: The Portraits (exh. cat., Detroit Institute of Arts, 2000), pp.61–77

Carol Zemel, 'Sorrowing Women, Rescuing Men:
  Images of Women and Family', in Van Gogh's Progress: Utopia, Modernity, and Late-Nineteenth-Century Art (Berkeley, CA, 1997), pp.15–52

第 3 章

Griselda Pollock, 'Van Gogh and The Poor Slaves:
  Images of Rural Labour as Modern Art', Art History, 11 (1988), pp.406–32

Frances S Jowell, 'The Rediscovery of Frans Hals', in Seymour Slive (ed.), Hals (exh. cat., National Gallery of Art, Washington, DC; Royal Academy of Arts, London; Frans Halsmuseum, Haarlem, 1989), pp.61–86

Misook Song, Art Theories of Charles Blanc, 1813–1882 (Ann Arbor, MI, 1984)

Louis van Tilborgh et al., The Potato Eaters by Vincent van Gogh (Zwolle, 1993)

Carol Zemel, 'The "Spook" in the Machine: Pictures of the Weavers in Brabant', in Van Gogh's Progress: Utopia, Modernity, and Late-Nineteenth-Century Art (Berkeley, CA, 1997), pp.55–85

第 4 章

Wilfred Niels Arnold, 'Absinthe', in Vincent van Gogh: Chemicals, Crises, and Creativity (Boston, 1992), pp.101–37

Louis Emile Edmond Duranty, 'La nouvelle peinture', in Charles S Moffett (ed.), The New Painting: Impressionism 1874–1886 (exh. cat., The Fine Arts Museums of San Francisco; National Gallery of Art, Washington, DC, 1986) pp.477–84

Linda Nochlin, 'Impressionist Portrait and the Construction of Modern Identity', in Colin B Bailey (ed.), Renoir's Portraits: Impressions of an Age (exh. cat., National Gallery of Canada, Ottawa; The Art Institute of Chicago; Kimbell Art Museum, Fort Worth, 1997), pp.53–75

John Rewald, 'Theo van Gogh, Goupil, and the Impressionists', Gazette des beaux-arts, 81 (1973), pp.1–108

Aaron Sheon, 'Monticelli and Van Gogh', in Monticelli, His Contemporaries, His Influences (exh. cat., Museum of Art, Carnegie Institute, Pittsburgh, 1978)

Richard Thomson, 'The Cultural Geography of the Petit Boulevard', in Cornelia Homburg (ed.), Vincent van Gogh and the Painters of the Petit Boulevard (St Louis, 2001), pp.65–108

Bogomila Welsh-Ovcharov, Vincent van Gogh and
  the Birth of Cloisonnism (exh. cat., Art Gallery of Ontario, Toronto; Rijksmuseum Vincent van Gogh, Amsterdam, 1981)

—, Van Gogh à Paris (exh. cat., Musée d'Orsay, Paris, 1988)

第 5 章

Elisa Evett, The Critical Reception of Japanese Art in Late Nineteenth Century Europe (Ann Arbor, MI, 1982)

Tsukasa Kōdera, 'Van Gogh's Utopian Japonisme',
  in Catalogue of the Van Gogh Museum's Collection of Japanese Prints (Amsterdam, 1991), pp.11–53

Gerald Needham, 'Japanese Influence on French
  Painting 1854–1910', in Gabriel Weisberg

(ed.), Japonisme: Japanese Influences on French Art 1854-1910 (exh. cat., Cleveland Museum of Art, 1975), pp.115–31

Fred Orton, 'Van Gogh's interest in Japanese prints', Vincent, 1 (1971), pp.2–12

Ronald Pickvance, Van Gogh in Arles (exh. cat., Metropolitan Museum of Art, New York, 1984)

Mark Roskill, 'The Japanese print and French painting in the 1880s', in Van Gogh, Gauguin, and the Impressionist Circle (Greenwich, CT, 1970), pp.57–85

Debora Silverman, 'Self Portraits', in Van Gogh and Gauguin: The Search for Sacred Art (New York, 2000), pp.17–46

Carol Zemel, 'Brotherhoods: The Dealer, The Market, The Commune', in Van Gogh's Progress: Utopia, Modernity, and Late-Nineteenth-Century Art (Berkeley, CA, 1997), pp.171–205

第 6 章

M H Abrams, 'Imitation and the Mirror' and 'Romantic Analogues of Art and Mind', in

The Mirror and the Lamp: Romantic Theory and the Critical Tradition (Oxford, 1953), pp.30–69

Roland Dorn, 'The Arles Period: Symbolic Means,
　Decorative Ends', in Van Gogh Face to Face: The Portraits (exh. cat., Detroit Institute of Arts, 2000), pp.135–71

Vojtěch Jirat-Wasiutyński et al., Vincent van Gogh's Self-Portrait Dedicated to Paul Gauguin: Art Historical and Technical Study (Cambridge, MA, 1984)

—, 'Van Gogh in the South: Antimodernism and Exoticism in the Arlesian Paintings', in Lynda Jessup (ed.), Antimodernism and Artistic Experience: Policing the Boundaries of Modernity (Toronto, 2001), pp.177–91

Marsha L Morton and Peter L Schmunk (eds), The Arts Entwined: Music and Paintings in the Nineteenth Century (New York, 2000)

Joanna Woodall, 'Facing the Subject', in Woodall (ed.), Portraiture (Manchester, 1997), pp.1–25

第 7 章

H Arikawa, 'La Berceuse: an Interpretation of Van Gogh's Portraits', Annual Bulletin of the Museum of Western Art, Tokyo, 1982, pp.31–75

A Boime, 'Van Gogh's Starry Night: A History of Matter and a Matter of History', Arts Magazine, 59 (1984), pp.86–103

Cornelia Homburg, The Copy Turns Original: Vincent van Gogh and a New Approach to Traditional Art Practice (Amsterdam and Philadelphia, 1996)

Vojtěch Jirat-Wasiutyński, 'Vincent van Gogh's
　Paintings of Olive Trees and Cypresses from St-Rémy', Art Bulletin, 75 (1993), pp.647–70

Ronald Pickvance, Van Gogh in St-Rémy and Auvers (exh. cat., Metropolitan Museum of Art, New York, 1986), pp.21–192

Debora Silverman, 'Gauguin's Misères' and 'Van Gogh's Berceuse', in Van Gogh and Gauguin: The Search for Sacred Art (New York, 2000), pp.267–369

Judy Sund, 'Favoured Fictions: Women and Books
　in the Art of Van Gogh', Art History, 11 (1988), pp.255–67

— 'Van Gogh's Berceuse and the Sanctity of the Secular', in Joseph D Masheck (ed.), Van Gogh, 100 (Westport, CT, 1996), pp.205–25

— 'Famine to Feast: Portrait-Making at St-Rémy and Auvers', in Van Gogh Face to Face: The Portraits (exh. cat., Detroit Institute of Arts, 2000), pp.183–209

Bogomila Welsh-Ovcharov, Van Gogh in Provence
　and Auvers (New York, 1999)

第 8 章

Anne Distel and Susan Alyson Stein, Cézanne to Van Gogh: The Collection of Doctor Gachet (exh. cat., New York, 1999)

Ronald Pickvance, Van Gogh in St-Rémy and Auvers (exh. cat., Metropolitan Museum of Art, New York, 1986), pp.193–287

Aimée Brown Price, 'Two Portraits by Vincent van Gogh and Two Portraits by Pierre Puvis de Chavannes', Burlington Magazine, 1975, pp.714–18

Meyer Schapiro, 'On a Painting by Van Gogh', Modern Art: 19th and 20th Centuries (New York, 1977), pp.87–99

Carol Zemel, '"The Real Country": Utopian Decoration in Auvers', in Van Gogh's Progress: Utopia, Modernity, and Late-Nineteenth-Century Art (Berkeley, CA, 1997), pp.207–45

第 9 章

Albert Aurier, 'The Isolated Ones: Vincent van Gogh' (trans. and annotated by Ronald Pickvance), in Van Gogh in St-Rémy and Auvers (exh. cat., Metropolitan Museum of Art, New York, 1986), pp.310–15

Ronald Dorn et al., Vincent van Gogh and Early Modern Art, 1890–1914 (exh. cat., Museum Folkwang, Essen; Rijksmuseum Vincent van Gogh, Amsterdam, 1990)

A M Hammacher, 'Van Gogh and the Words', in J B de la Faille et al., The Works of Vincent van Gogh – His Paintings and Drawings (Amsterdam, 1970), pp.9–37

Tsukasa Kōdera (ed.), The Mythology of Van Gogh (Amsterdam, 1993)

Russell Lynes, Good Old Modern: an intimate portrait of the Museum of Modern Art (New York, 1973)

Debra N Mankoff, Sunflowers (New York, 2001)

Griselda Pollock, 'Artists' Mythologies and Media. Genius, Madness, and Art History', Screen, 21 (1980), pp.57–96

Rudolf and Margot Wittkower, Born Under Saturn, the character and conduct of artists: a documentary history from Antiquity to the French Revolution (New York, 1963)

Carol Zemel, The Formation of a Legend: Van Gogh Criticism, 1890–1920 (Ann Arbor, MI, 1980)

致谢

我会永远感激 Ted Reff，是他教会了我如何看画，并激发了我对凡·高的兴趣。我尤其要感谢 Colin B Bailey, Martin Bailey, Pat Barylski, Elizabeth C Childs, Julia MacKenzie 和 Carol Tognieri 在成书过程中给予我的帮助。特别感谢 Leovigilda Sierra 日复一日的支持。我最深挚的感激要留给 Scott Gilbert，正是他伟大而宽厚的慷慨情谊成就了我的著作（以及其他一切）。

图片版权

Aberdeen Art Gallery and Museums: 60; AKG, London: 107, 166, Wadsworth Atheneum, Hartford, Connecticut 108; Amsterdam University Library: (ms X111 C 13a) 5; The Art Institute of Chicago: Helen Birch Bartlett Memorial Collection (1926.202) 68, (1926.224) 73, gift of Mr and Mrs Maurice E Culberg (1951.19) 198, gift of Mr and Mrs Gaylord Donnelly (1969.696) 160; Bildarchiv Preussischer Kulturbesitz, Staatliche Museen zu Berlin: 52, Nationalgalerie (B86a), photo Jörg P Anders 199; Bridgeman Art Library, London: Arts Council Collection, London 192, Jean Loup Charmet 16, Chester Beatty Library and Gallery, Dublin 106, Gemeentemuseum, The Hague 30, 195, Private collection 117, Towneley Hall Art Gallery and Museum, Burnley 57; British Library, London: 158; © British Museum, London: 100, 116; © Christie's Images Ltd 2002: 110, 186; Chrysler Museum of Art, Norfolk, Virginia: gift of Walter P Chrysler Jr 157; Courtauld Institute Galleries, London: 86; Dallas Museum of Art, Wendy and Emery Reves Collection: 190; Flowers East, London: 202; Foundation E G Bührle Collection, Zurich: 51; Freer Gallery of Art, Smithsonian Institution, Washington, DC: purchase (F1957.7) 90; Gemeentemuseum, The Hague: 8, 26; J Paul Getty Museum, Los Angeles: 137, 161; Ian Bavington Jones: 15; Koninklijk Museum voor Schone Kunsten, Antwerp: 155; Koninklijke Bibliotheek, The Hague: 7; Kröller-Müller Museum, Otterlo: 19, 21, 22, 33, 34, 35, 36, 41, 43, 63, 70, 84, 127, 131, 136, 140, 154, 163; © Kunsthaus, Zurich: 74, 162; Royal Cabinet of Paintings, Mauritshuis, The Hague: 10, 67; Metropolitan Museum of Art, New York: bequest of Sam A Lewisohn, 1951 (51.112.3), photo © 1979 Metropolitan Museum of Art 129, bequest of Mary Livingston Willard, 1926 (26.186.1), photo © 1996 Metropolitan Museum of Art 118; Mountain High Maps © 1995 Digital Wisdom Inc: p.341; Museum of Art, Rhode Island School of Design, Providence: gift of Mrs Murray S Danforth, photo Cathy Carver 119; Musées Royaux des Beaux-Arts de Belgique, Brussels: 48, 144; Museum Boymans-van Beuningen, Rotterdam: 49; Museum of Fine Arts, Boston: bequest of Anna Perkins Rogers (21.1329) 105, gift of Quincy Adams Shaw through Quincy A Shaw Jr and Mrs Marian Shaw Haughton (17.1485) 20, 1951 Purchase Fund, 104, Museum Folkwang, Essen: 62, 171; Digital Image © The Museum of Modern Art, New York/Scala, Florence: 164, 165; Museum für Ostasiatische Kunst, Cologne: (inv. no. R 54,14) photo Rheinisches Bildarchiv, Cologne 103; National Gallery, London: 126, 149; National Gallery of Art, Washington, DC, photos © 2002 Board of Trustees: Chester Dale Collection 134, Ailsa Mellon Bruce Collection 120, Collection of Mr and Mrs Paul Mellon 91, Widener Collection 66; National Museums and Galleries of Wales, Cardiff: 72; Norton Simon Art Foundation, Pasadena: 135; Panorama Mesdag, The Hague: photo Ed Brandon 24; Photothèque des Musées de la Ville de Paris: 78; Private collection 87; Rijksmuseum, Amsterdam: 65; RMN, Paris: photo G Blot 94, 142, 167, 180, photo H Lewandowski 2, 85, 92, 97, 139, 185, photo F Raux 197, photo Peter Willi 201; Scala, Florence: 101; State Hermitage Museum, St Petersburg: 88; Stedelijk Museum, Amsterdam: 80; © Tate, London 2002: 99, 182; Toledo Museum of Art, Ohio: gift of Arthur J Secor (1922.22) 23; Van Gogh Museum, Amsterdam (Vincent van Gogh Foundation): 1, 3, 6, 9, 11, 12, 17, 18, 29, 37, 38, 40, 42, 44, 45, 46, 47, 50, 55, 56, 58, 59, 61, 64, 69, 71, 75, 76, 77, 79, 82, 83, 89, 95, 96, 98, 111, 114, 121, 122, 123, 128, 132, 143, 146, 148, 150, 156, 169, 175, 176, 177, 178, 184, 189, 191, 194; Von der Heydt Museum, Wuppertal: 53; Wadsworth Atheneum, Hartford, Connecticut: bequest of Anne Parrish Titzell 147; Walsall Museum and Art Gallery: 32; Witt Library, Courtauld Institute of Art, London: 4, 14

Original title: Van Gogh © 2002 Phaidon Press Limited

This Edition published by BPG Artmedia (Beijing) Co. Ltd under licence from Phaidon Press Limited, Regent's Wharf, All Saints Street, London, N1 9PA, UK, © 2019 Phaidon Press Limited.

All rights reserved. No part of this publication may be reproduced, stored in a retrieval system or transmitted, in any form or by any means, electronic, mechanical, photocopying, recording or otherwise, without the prior permission of Phaidon Press.

图书在版编目（CIP）数据

凡·高 /（美）朱迪·松德著；赵宏伟译. — 北京：北京美术摄影出版社，2019.2

（艺术与观念）

书名原文：Van Gogh(Art and Ideas Series)

ISBN 978-7-5592-0016-7

Ⅰ.①凡… Ⅱ.①朱… ②赵… Ⅲ.①凡高(Van Gogh, Vincent 1853-1890)—人物研究 Ⅳ.①K835.635.72

中国版本图书馆CIP数据核字(2017)第106455号

北京市版权局著作权合同登记号：01-2016-2934

责任编辑：耿苏萌
责任印制：彭军芳

艺术与观念

凡·高
FAN GAO

［美］朱迪·松德　著
赵宏伟　译

出　　版	北京出版集团公司
	北京美术摄影出版社
地　　址	北京北三环中路6号
邮　　编	100120
网　　址	www.bph.com.cn
总 发 行	北京出版集团公司
发　　行	京版北美（北京）文化艺术传媒有限公司
经　　销	新华书店
印　　刷	广东省博罗县园洲勤达印务有限公司
版 印 次	2019年2月第1版第1次印刷
开　　本	700毫米 × 1000毫米　1/32
印　　张	11
字　　数	340千字
书　　号	ISBN 978-7-5592-0016-7
审 图 号	GS（2017）1802号
定　　价	89.00元

如有印装质量问题，由本社负责调换
质量监督电话　010-58572393